D1868504

Heft 5/1989

Integrierter Pflanzenbau

Landwirtschaft und Trinkwasserqualität

von

Eckart Toussaint

Fördergemeinschaft
Integrierter Pflanzenbau

Hrsg. Fördergemeinschaft Integrierter Pflanzenbau e. V., Bonn
Integrierter Pflanzenbau 5/89
NE: Fördergemeinschaft Integrierter Pflanzenbau [Hrsg.]

Die Schriftenreihe „Integrierter Pflanzenbau" erscheint in zwangloser Folge.

Lieferbare Hefte:

1/87 Integrierter Pflanzenbau, Inhalt und Ziele

2/87 Integrierter Pflanzenbau, Bestandsaufnahme und Vorschläge

3/88 Integrierter Pflanzenbau, Bodenbearbeitung

4/88 Integrierter Pflanzenbau, Naturschutz und Landwirtschaft

5/88 Integrierter Pflanzenbau, Landwirtschaft und Trinkwasserqualität

Herausgeber: Fördergemeinschaft Integrierter Pflanzenbau e. V. (FIP)
Poppelsdorfer Allee 58
5300 Bonn 1

Autor: Eckart Toussaint, Ministerialrat a. D., Stuttgart
(früher Ministerium für Ländlichen Raum, Ernährung, Landwirtschaft und Forsten, Baden-Württemberg)

© 1989 FIP

Druck: Rheinischer Landwirtschafts-Verlag G.m.b.H., Bonn

ISSN 0933-0135 ISBN 3-926898-04-6

Vorwort

„Lebensmittel Nr. 1" wird es genannt, das Trinkwasser. Leben ohne Wasser ist auf der Erde nicht denkbar. Insoweit ist verständlich, daß man immer schon um eine möglichst hohe Qualität des Trinkwassers bemüht war. So bezogen bereits die Römer ihr Wasser nicht aus dem Rhein oder ortsnahen Quellen, sondern aus dem Freiraum, und leiteten es z. B. aus der Eifel nach Köln, um die Stadt mit gesundem und vor allem hygienisch einwandfreiem Trinkwasser zu versorgen.

Aus Seuchengründen verlangt die Trinkwasserhygiene auch heute noch die größte Beachtung. So wird bei der Trinkwasseraufbereitung weiterhin eine Chlorung des Wassers trotz nicht unbeachtlicher gesundheitlicher Risiken in Kauf genommen, um den Keimgehalt des Trinkwassers unter gesundheitsgefährdenden Grenzen zu halten. Um so erstaunlicher ist, daß Einträge von chemischen Substanzen in das Wasser — auch wenn sie quantitativ und toxikologisch ohne Bedeutung sind — in der öffentlichen Erörterung das Übergewicht bekommen haben.

In jüngerer Zeit gelangen chemische Begleitstoffe des Trinkwassers in die Diskussion, von der die Landwirtschaft im Hinblick auf Nitrat und Pflanzenschutzwirkstoffe betroffen ist. Für beide Parameter sind in der EG-Trinkwasserrichtlinie aus dem Jahre 1980 bzw. der Trinkwasserverordnung der Bundesregierung von 1985 Grenzwerte vorgegeben, die teilweise überschritten werden oder überschritten zu werden drohen. Zwar ist die Diskussion um die Gefährdung des Trinkwassers durch Nitrat und Pflanzenschutzwirkstoffe im Vergleich zu den Gefährdungspotentialen durch andere Belastungsfaktoren unausgewogen, dennoch ist es aus Sicht der Landwirtschaft notwendig, sich auch kritisch mit den von ihr ausgehenden Beeinflussungen auseinanderzusetzen. Nitrat und Pflanzenschutzwirkmittel gelangen als unerwünschte, jedoch nicht ganz zu vermeidende Austräge infolge der zielgerichteten Anwendung im Rahmen der Landbewirtschaftung in Grund- und Oberflächengewässer, aus denen dann Trinkwasser gewonnen wird.

Es entspricht dem Eigeninteresse des Landwirts, daß sowohl Nitrat wie auch Pflanzenschutzmittel, die für den Landwirt teure Betriebsmittel darstellen, am vorgesehenen Wirkungsort verbleiben und möglichst nicht ausgetragen werden. So unbestritten diese Vorstellung als Ziel nicht nur von Gewässerschützern, sondern auch von der Landwirtschaft selbst verfolgt wird, so eindeutig muß auch zur Kenntnis genommen werden, daß eine Forderung nach Null-Emissionen im vom Menschen belebten Raum und erst recht im Bereich der Landwirtschaft nicht eingehalten werden kann. Im Gegensatz etwa zu industriellen Fertigungsprozessen ist die Landwrtschaft nicht in einem geschlossenen, sondern in einem offenen System — der natürlichen Umwelt — tätig und greift dabei in fast alle Stoffkreisläufe der Natur ein. Zudem ist Nitrat als natürlicher und lebensnotwendiger Stoff im Kreislauf der Natur lediglich im Übermaß unerwünscht, ansonsten jedoch unverzichtbar.

Die Festsetzung eines Quasi-Null-Wertes für Pflanzenschutzwirkstoffe im Trinkwasser macht eine Null-Emission — und damit grundsätzlich Unmögliches — bei der Anwendung dieser Stoffe erforderlich. Dadurch und durch voreilige Verbote werden die Möglichkeiten der Landwirtschaft, sich den Qualitätsanforderungen für Trinkwasser zu stellen, erheblich eingeschränkt und der für die Entwicklung von Minimierungsstrategien notwendige Freiraum zum Gestalten drastisch beschnitten. Dies ist gerade auch deshalb besonders kritisch zu bewerten, weil die Festsetzung dieses Quasi-Null-Wertes weder toxikologisch noch ökotoxikologisch zu begründen ist und sich in einer Größenordnung bewegt, die sich der menschlichen Vorstellungskraft entzieht.

Der Beirat der Fördergemeinschaft Integrierter Pflanzenbau hat sich mit dieser Schrift zum Ziel gesetzt, die Zusammenhänge zwischen landwirtschaftlicher Tätigkeit und der Qualität des Trinkwassers aus den verschiedensten Blickrichtungen zu erörtern und kritisch die Grundlagen der Diskussion zu hinterfragen. Auf dieser Basis aufbauend soll aufgezeigt werden, welche Möglichkeiten und Maßnahmen die Landwirtschaft unter den gegebenen Rahmenbedingungen ergreifen kann, um zu einer möglichst geringen Beeinträchtigungen der Gewässer zu gelangen und gleichzeitig weiterhin wirtschaftlich optimal zu arbeiten.

Es ist dem Autor dieser Schrift, Herrn Ministerialrat a. D. Eckart Toussaint, als außerordentliches Verdienst anzurechnen, die vielfältigen Perspektiven zum Thema zusammengetragen und umfassend, aber dennoch übersichtlich und gut lesbar dargestellt zu haben. Aus seinem Wissen um die Zusammenhänge der Beeinflussung der Gewässer durch die Landbewirtschaftung und um die Situation in der Landwirtschaft hat er tatsächliche Lösungswege im Rahmen des Möglichen aufgezeigt. Die Fördergemeinschaft Integrierter Pflanzenbau darf mit dieser Veröffentlichung für sich in Anspruch nehmen, auch aufbauend auf Erfahrungen um eine Minderung des Nitrateintrages in die Gewässer ein grundlegendes Papier und gleichzeitig ein Konzept vorgelegt zu haben, aus dem praktikable Lösungsansätze herleitbar sind. Ihr selbstkritisches Hinterfragen der eigenen Tätigkeit mag für die handelnde Politik zeichensetzend sein, mit eben dem gleichen Maß der Selbstkritik auch in anderen Bereichen zu agieren und notwendige Schlüsse zu ziehen.

Reiner Latten
Vorsitzender der Fördergemeinschaft Integrierter Pflanzenbau

Vorwort des Autors

Dem Wunsche des Beirats der FIP zur Mithilfe an der Erstellung der vorliegenden „Wasser-Schrift" bin ich 1988 gerne gefolgt, nachdem ich als „Pflanzenbau-Mann" einige Jahre im Stuttgarter Landwirtschaftsministerium an der Erarbeitung des Baden-Württembergischen Wasserschutzkonzepts mitgewirkt hatte. Viele Ergebnisse stammen daher aus diesem Lande; es lagen hier auch die meisten Erfahrungen vor.

Für aktive und konstruktive Hilfe habe ich mich bei Vertretern vieler Institutionen aus Landwirtschaft, Wasserwirtschaft, Wissenschaft, Verbänden, Industrie und Behörden, vor allem aber bei den Beiratsmitgliedern, den Kollegen in den Ländern und der Geschäftsstelle der FIP zu bedanken. Zahlreiche Anregungen, Hinweise und Gedanken haben mir eine vielseitige Sicht ermöglicht. Für die Erarbeitung des Textes konnte ich nicht alle Aspekte aus den Stellungnahmen verwerten, weil es natürlich divergierende Blickwinkel gibt. Ich habe versucht, das Thema sachgerecht und möglichst ausgewogen darzustellen. Dennoch bin ich mir bewußt, daß die vielfältige Problematik noch stark im Fluß, und daß der Inhalt nicht ohne Fehl ist.

Um das Auffinden von Grafiken und Tabellen zu erleichtern, habe ich alle Darstellungen einheitlich als „Abbildungen" bezeichnet und durchnumeriert.

Ich bin überzeugt, daß „Landwirtschaft und Trinkwasserschutz" ein lösbares Problem ist. Es kommt darauf an, schnell und entschlossen zu handeln. Die verfügbaren Erkenntnisse reichen für einen erfolgversprechenden Anfang aus. Es hindert uns niemand, ein begonnenes Konzept später zu vervollkommnen.

Goethe sagte: Alles ist aus dem Wasser entsprungen!
Alles wird durch das Wasser erhalten!

Helfen wir also mit!

Eckart Toussaint

Gliederung

1. Einleitung

Wasser ist Lebenselixier, unentbehrlich für jegliches Leben auf der Erde. Tiere und Pflanzen enthalten zwischen 60 und 90 % Wasser. Etwa drei Viertel der Erdoberfläche sind von Wasser bedeckt, das maßgeblich das Klima bestimmt. Die Bundesrepublik liegt in der gemäßigten Klimazone und hat einen mittleren jährlichen Niederschlag von 837 mm. Er variiert von über 2500 mm/Jahr (Alpenrand) bis 500 mm/Jahr (Rheintalgraben). Da die mittleren Jahresniederschläge in Europa 734 mm betragen, gehört die Bundesrepublik keineswegs zu den wasserarmen Regionen der Erde und hat keine grundsätzlichen Mengenprobleme (1).

Für den Menschen liegt die Bedeutung des Wassers vor allem darin, daß Trinkwasser ein wesentliches Lebensmittel ist. Darüber hinaus wird Wasser aber vielfältig genutzt

- für die Hygiene und als Lösungsmittel,
- als Brauchwasser für Industrie, Gewerbe und Landwirtschaft,
- zur Produktion und Verarbeitung von Nahrungsmitteln,
- als Transportmittel,
- als Vorfluter für die Abläufe von Kläranlagen,
- als Kühlwasser für den Betrieb von Kraftwerken,
- zur Energiegewinnung,
- für Erholung und Freizeit (2).

Die Ansprüche an Trinkwasser sind in den vergangenen Jahren stark gestiegen. Während der Mengenbedarf derzeit nicht zunimmt, bedürfen die Qualitätsansprüche, insbesondere an das Trinkwasser, wegen z. T. steigender Verunreinigungen der Lösung.

Neben anderen Verursachern und Belastungen trägt auch die Landwirtschaft zur Verunreinigung des Grundwassers bei. Einerseits handelt es sich um Einträge an Nitrat, die regional eine steigende Tendenz aufweisen, und andererseits um die Einwaschung von Pflanzenschutzmitteln, wie sie in den letzten Jahren nachgewiesen wurde. Die verantwortlichen Stellen der Landwirtschaft, der Wasserwirtschaft, der Wissenschaft, der Industrie und der Verwaltung sind um Lösungen bemüht und haben bereits konkrete Maßnahmen in die Wege geleitet.

Obwohl schon eine große Anzahl von Kenntnissen und Ergebnissen vorliegt, sind die Zusammenhänge der Ursachenkette noch nicht endgültig geklärt sowie die Möglichkeiten für Abhilfe noch nicht überall bekannt. Es handelt sich zudem um Maßnahmen, die erst nach einer gewissen Zeit Wirkung zeigen, so daß breite Aufklärung und konsequentes Umsetzen im Interesse des Gemeinwohls vonnöten sind.

Mit dieser Broschüre will die Fördergemeinschaft Integrierter Pflanzenbau über bereits Bekanntes informieren und denjenigen Hilfestellung leisten, die sich direkt oder indirekt mit dem Problemkreis auseinanderzusetzen haben. Sie will außerdem Landwirte, Berater, Interessenverbände, Politiker, die betroffenen Wirtschaftszweige sowie Kommunen und die Verwaltung zu entschlossenem und sachgerechtem Handeln motivieren. Obwohl den Aussagen dieser Schrift viele wissenschaftliche Publikationen zugrunde liegen, wird versucht, die komplizierte Materie möglichst einfach und anschaulich darzustellen.

Abbildung 1: Der natürliche Wasserkreislauf mit Bilanzgrößen in mm und Mrd. m³ (in Klammern) für die Bundesrepublik Deutschland,
Mittelwerte 1931—1960,

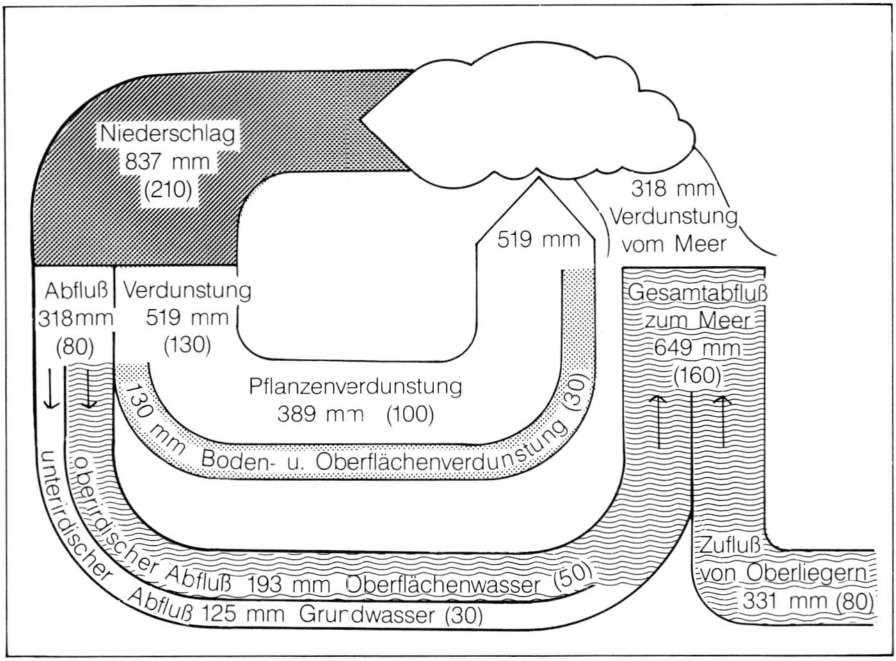

abgeändert nach Rohmann-Sontheimer 1985, S. 14 (3)

2. Zusammenfassung

Der Gewässerschutz spielt seit Jahren eine dominierende Rolle in der Umweltpolitik und der Öffentlichkeit der Bundesrepublik Deutschland. Wirtschaft und Konsumgesellschaft haben im Rahmen einer allgemeinen Umweltbeeinträchtigung auch die Gewässer nach Art und Ausmaß unterschiedlich belastet. Für zahlreiche betroffene Bereiche wurden Rechtsvorschriften erlassen oder verschärft und Schutzmaßnahmen durchgeführt oder eingeleitet.

In den letzten Jahren wurden regional zunehmende Einträge von Nitrat in das Wasser und Belastungen mit Pflanzenschutzmitteln bekannt. Beide Stoffbereiche stehen eng mit der landwirtschaftlichen Nutzung im Zusammenhang, so daß sich zunehmende Aktivitäten entwickelten, um die Ursachen der Belastung zu beseitigen. Beteiligt sind daran sowohl staatliche, gesetzgebende und übernationale (z. B. Europäische Gemeinschaft) Stellen als auch Wasserwirtschaft, Industrie und die Landwirtschaft selbst.

Da das Trinkwasser als wichtigstes Lebensmittel und bedeutender Funktionsträger in Natur und Wirtschaft betroffen ist, wird die Problematik ernsthaft, entschieden und oft auch emotional behandelt.

In der vorliegenden Schrift werden die fachlichen und rechtlichen Zusammenhänge sowie Lösungsmöglichkeiten und bereits eingeleitete Maßnahmen dargestellt.

Die fachlichen Einsichten stützen sich teils auf abgesicherte Erkenntnisse, teils auf festgestellte Tendenzen. Für die landwirtschaftlichen Trinkwasserschutzmaßnahmen kommt dem Integrierten Pflanzenbau besondere Bedeutung zu.

Wasserversorgung

In der Bundesrepublik werden mehr als 95,8 % der Bevölkerung von der öffentlichen Wasserversorgung mit Trinkwasser beliefert. Knapp drei Viertel des Trinkwassers werden aus Grundwasser gewonnen. Industrie und Kraftwerke versorgen sich weitgehend selbst, und zwar überwiegend aus Oberflächengewässern.

Der hohe Anteil des Grundwassers an der Trinkwasserversorgung hat seinen Grund nicht nur im verhältnismäßig reichen Grundwasservorkommen, sondern auch darin, daß Grundwasser in der Regel durch die natürliche Bodenpassage besser vor Verunreinigungen geschützt ist als Oberflächenwasser. Um diesen Schutz abzusichern, bestehen seit langem rechtlich verbindliche Wasserschutzgebiete in Deutschland, in denen grundwassergefährdende Handlungen untersagt sind. Die Anzahl und Ausdehnung der Schutzgebiete haben sich nach Bekanntwerden von Stoffeinträgen durch bestimmte Formen der Landbewirtschaftung erhöht. Heute gibt es in der Bundesrepublik 9335 Wasserschutzgebiete, die knapp 1,9 Mio. ha und damit 7,6 % der Gesamtfläche der Bundesrepublik umfassen. Eine Erweiterung auf 13,3 % ist vorgesehen.

Rechtsvorschriften

Wasser genießt in zahlreichen Rechtsvorschriften besonderen Schutz, der in den vergangenen Jahren für mehrere Bereiche noch verschärft wurde. Das Wasserhaushaltsgesetz regelt (zusammen mit entsprechenden Landesgesetzen) die Pflicht zur Reinhaltung der Gewässer einschließlich der Ausweisung von Wasserschutzgebieten. Mit der

Änderung des Wasserhaushaltsgesetzes 1986 wurden die Möglichkeiten zu Nutzungsbeschränkungen in der Landwirtschaft vergrößert, aber auch ein Rechtsanspruch auf Ausgleichsleistungen festgeschrieben.

Nach dem Abfallgesetz sollen vor allem Nachteile für das Wasser durch Abfälle verhindert werden. In zwei Bundesländern wurden darauf Gülleverordnungen gestützt, die zum Schutz des Grundwassers die Ausbringung von flüssigen Wirtschaftsdüngern je Flächeneinheit begrenzen. Ein Bundesland hat eine Güllebeschränkung mit dem Immissionsschutzgesetz geregelt.

Das Pflanzenschutzgesetz dient dem Wasserschutz sowohl durch das Anwendungsverbot von wassergefährdenden Pflanzenschutzmitteln in Wasserschutzgebieten als auch durch Vorschriften über ordnungsgemäßen Pflanzenschutz (gute fachliche Praxis). Pflanzenschutzmittel werden nur zugelassen, wenn keine schädlichen Auswirkungen auf das Grundwasser zu befürchten sind.

Die Bundesregierung hat in einem Gesetzentwurf die Änderung des Düngemittelgesetzes vorgeschlagen, um den Nitrateintrag in das Grundwasser durch Vorschriften über die „gute fachliche Praxis" bei der Anwendung von Düngemitteln zu reduzieren.

Die wichtigsten Rechtsvorschriften für das Trinkwasser sind in der Trinkwasserverordnung vom 22. 5. 1986 nach dem Lebensmittelgesetz (und dem Bundesseuchengesetz) enthalten. Sie beziehen sich mit einigen Änderungen auf die „EG-Richtlinie über die Qualität von Wasser für den menschlichen Gebrauch". Diese Vorschrift hat die Wasserschutzmaßnahmen u. a. dadurch entscheidend aktiviert, daß der bisherige Grenzwert für Nitrat drastisch gesenkt und ein äußerst niedriger Wert für Pflanzenschutzmittel festgesetzt wurde.

Ein Blick auf die Qualität des Trinkwassers zeigt, daß unter den von Menschen beeinflußten (anthropogenen) Fremdstoffen Nitrat regional steigende Tendenz aufweist. In den letzten Jahren wurden auch Pflanzenschutzmittelrückstände nachgewiesen, jedoch können steigende Tendenzen bisher nur vermutet werden, weil die Analytik für den Ultra-Spurenbereich, in dem der Grenzwert festgelegt wurde, erst jüngst entwickelt wurde und die notwendigen Laborkapazitäten nicht vorhanden sind. (Es gibt auch Stimmen aus der Wissenschaft, die einen Rückgang der Werte annehmen.)

Die Herabsetzung des Nitrat-Grenzwertes und die extrem niedrige Größenordnung des Pflanzenschutzmittel-Grenzwertes sind zwar geltendes Recht und Grundlage für ausführende Maßnahmen, sie werden aber auch kritisch beurteilt. Das Absenken des Nitratwertes von 90 auf 50 mg/l wurde einerseits mit einer (in den vergangenen Jahrzehnten nicht mehr aufgetretenen) Bluterkrankung bei Säuglingen, der Methämoglobinämie (Blausucht), begründet und andererseits mit der Möglichkeit des Entstehens von krebserregenden Nitrosaminen. Obwohl der letztgenannte Zusammenhang nicht nachgewiesen ist, muß im Falle dieser für möglich gehaltenen Krebserkrankungsgefahr die Entscheidung aus Vorsorgegründen akzeptiert werden.

Im Falle der Pflanzenschutzmittel wurde ein Grenzwert festgesetzt, der — mit 0,1 µg/l für jede einzelne Substanz und mit 0,5 µg/l als maximaler Summenwert für alle Substanzen — zum Zeitpunkt der Einigung in Brüssel (Anfang der 70er Jahre) und der Verabschiedung der EG-Richtlinie (1980) für die meisten Pflanzenschutzmittel unterhalb der analytischen Nachweismöglichkeiten lag. Er kam bewußt als „Quasi"-Nullwert zustande, weil man der Meinung war, daß Stoffe dieser Art grundsätzlich nicht in das Trinkwasser gehören.

Die Schwierigkeit mit dem Pflanzenschutzmittel-Grenzwert liegt darin, daß er, wie Ergebnisse mit den inzwischen vorliegenden empfindlichen Analysemethoden vermuten lassen, bei einer Reihe von Wirkstoffen nicht wird eingehalten werden können. Er ist aber nicht nur humantoxikologisch unbegründet, er dürfte auch aus der Sicht einer verantwortungsbewußten Vorsorge unverhältnismäßig sein. Die Wasserwirtschaft und die Landwirtschaft werden in Liefer- und Produktionsschwierigkeiten gebracht, die Kosten für Analytik und Kontrolle sind sehr hoch, und der Aufwand im Zulassungsverfahren wird beachtlich vergrößert, so daß die Frage nach der Verhältnismäßigkeit der Vorschriften bleibt. Daher sind die zuständigen Gremien zu bitten, Begründung und Maßstab zu überprüfen.

Ursachen

Die Ursachen für die regional gestiegenen Nitratgehalte im Grundwasser sind vielfältig und können punktuell aus Abwasserversickerung, Abfalldeponien, Auftaumitteln usw. stammen. Den überwiegenden Teil nehmen die großflächigen (diffusen) Belastungsquellen ein, an denen die landwirtschaftliche und gärtnerische Bodennutzung maßgeblich beteiligt sind. Ein kleiner, wenn auch steigender Teil geht auf Luftverunreinigungen zurück, mit denen eine Stickstoffmenge von 10 bis 30 kg/ha jährlich den Boden erreicht.

Die Leistungssteigerungen der Landwirtschaft in den vergangenen Jahrzehnten wurden durch verbesserte Produktionstechnik (Bodenbearbeitung, Düngung, Saat, Pflanzenschutz), Züchtungsfortschritte, höheren Viehbesatz und rationellere Betriebsorganisation erreicht. Die Nährstoffumsätze im Boden wurden mit dem Ertrags- und Qualitätszuwachs der Produkte erhöht. Mehr Nutzfläche, auch auf „ärmeren" Standorten, wurde erschlossen. Neue hochleistungsfähige Futterpflanzen (z. B. Mais) waren u. a. Anlaß, Grünland in Ackerland umzuwandeln.

Nitrataustrag

Regional bestehen hinsichtlich des Nitrataustrages große Unterschiede. Bindige Böden mit hoher Wasserhaltefähigkeit haben im allgemeinen geringe, durchlässige Standorte hohe Auswaschungsraten. Jedoch gibt es weitere Unterschiede, die z. B. die Denitrifikationskapazität (Nitratabbau) betreffen.

Die Ursachenschwerpunkte, die auch für Gegenmaßnahmen wichtig sind, lassen sich wie folgt zusammenfassen:

— Der in vielen Regionen erfolgte großflächige Umbruch von Dauergrünland hat große, im Humus über Jahrzehnte gespeicherte Stickstoffmengen freigesetzt, die über Jahre von Kulturpflanzen nicht voll verwertet werden können.

— Der höhere Viehbesatz und der stärkere Einsatz von Zukauffutter als Basis größerer Leistungsfähigkeit hat die anfallende Menge an Wirtschaftsdüngern vergrößert. Der darin enthaltene Stickstoff wird jedoch nur zum Teil und verzögert (je nach Witterung und Jahreszeit) pflanzenverfügbar, er kumuliert im Boden und ist schlecht kalkulierbar.

- Die verengten Fruchtfolgen bestehen verbreitet nur aus wenigen (rentabel ein- und absetzbaren) Kulturpflanzenarten. Da Spätsaatkulturen (z. B. Mais) zugenommen haben und der übrige Feldfutterbau stark zurückgegangen ist, sind relativ viele Ackerflächen über Winter ohne Bewuchs (Zwischenfrucht oft nicht möglich), wodurch die Gefahr der Nitratauswascung erhöht ist.
- Eine bedarfsgerechte Bemessung der Stickstoffdüngung war (und ist) nicht überall gegeben, weil es an praktikablen Meß- und Schätzmethoden mangelte und weil häufig der Wirtschaftsdünger-Stickstoff stark unterbewertet wurde.

Pauschale Berechnungen weisen (trotz aller Mängel solcher Kalkulationsmethoden) für die Bundesrepublik eine positive Stickstoffbilanz von etwa 100 kg/ha N und Jahr aus. Dabei muß jedoch die Grundrate des unvermeidlichen Stickstoffaustrags von 20—40 kg/ha berücksichtigt werden, d. h. von der Belastungsmenge, die der Landwirtschaft zuzuordnen ist, abgezogen werden.

Unbestritten ist regional die Gefahr steigender Nitratausträge gegeben. Die Belastung durch landwirtschaftliche Ursachen muß reduziert werden. Das Hauptaugenmerk ist dabei auf die Optimierung der Düngung, insbesondere beim Einsatz von Wirtschaftsdüngern, auf die Nährstoffversorgung von Intensiv- und Sonderkulturen und auf den Grünlandumbruch zu richten.

Pflanzenschutzmittelaustrag

Die Gehalte an Pflanzenschutzmitteln im Grundwasser gehen vorwiegend auf die breitflächige Anwendung in der Landwirtschaft, im Obstbau, im Gartenbau und im Weinbau zurück. Punktuelle Belastungen werden meist durch Betriebsunfälle und unsachgemäße Handhabung ausgelöst und betreffen oft Oberflächengewässer. Grob geschätzt werden etwa 80 % der landwirtschaftlich genutzten Ackerflächen jährlich ein- bis mehrmals mit Pflanzenschutzmitteln behandelt. Maßgebend für den Austrag in das Grundwasser sind vor allem Substanzeigenschaften, Bodenqualität usw.

Bisher wurden im Grundwasser Gehalte über dem EG-Grenzwert in größerer Anzahl vor allem bei Atrazin, einem im Maisanbau und auf Nichtkulturland (Bahn- und Straßentrassen usw.) eingesetzten Herbizid, gefunden. Atrazin hat eine hohe Beweglichkeit im Boden und im Wasser. Seine Anwendung ist inzwischen für Wasserschutzgebiete verboten worden. Der Zusammenhang mit der Anwendung hat sich auch dadurch bestätigt, daß Atrazinrückstände in Fließgewässern und Niederschlägen periodisch zu Zeiten ihrer Ausbringung beobachtet wurden.

Die Problematik bei der Kontamination des Wassers durch Pflanzenschutzmittel liegt einerseits darin, daß bereits kleinste Spuren leicht ins Wasser gelangen und nachgewiesen werden können, so daß der Grenzwert erreicht oder überschritten wird (ohne auch nur annähernd gefährdend für den Verbraucher zu sein). Andererseits ist mit dem erwünschten schnellen Abbau von Pflanzenschutzmitteln im Boden häufig das Entstehen von Abbauprodukten (Metaboliten) verbunden, die hinsichtlich Mobilität und Beständigkeit andere Eigenschaften besitzen können als der Ausgangswirkstoff. Nach dem gegenwärtigen Kenntnisstand besteht keine potentielle Gefährdung der Gesundheit durch Pflanzenschutzmittelrückstände im Trinkwasser, es besteht aber eine potentielle Gefahr, daß der im Ultra-Spurenbereich liegende Grenzwert nach Anwendung bestimmter Wirkstoffe überschritten wird.

Mit Rechtsvorschriften wurde eine Verschärfung der Zulassungsprüfung und eine Einschränkung der Anwendung für bestimmte Wirkstoffe in Wasserschutzgebieten veranlaßt.

Minderung des Nitrat- und Pflanzenschutzmittelaustrages

Es ist vorherrschende Meinung, daß Grundwasserbeeinträchtigungen aus grundsätzlichen, volkswirtschaftlichen und Kostengründen nicht durch technische Aufbereitung des Rohwassers, sondern vor allem durch Beseitigung der Ursachen, in diesen Fällen in der landwirtschaftlichen Produktion, vermieden werden müssen.

Die Möglichkeiten der Landwirtschaft zur Minderung des Nitrataustrages sind vielseitig, konzentrieren sich aber wegen ihrer Wirksamkeit auf die folgenden wichtigsten Bereiche:

— Vermeidung von Grünlandumbruch in Wasserschutzgebieten, selbst wenn dieser zur sofort folgenden Grünlandansaat durchgeführt werden soll.

— Einsatz der Wirtschaftsdünger kurz vor und während der Vegetationsperiode zwecks hoher Ausnutzung ihres Stickstoffgehaltes durch die Pflanzen. Hierzu bedarf es ausreichender Lagerkapazität und einwandfrei arbeitender Ausbringetechnik.

— Sorgfältige Einrechnung des Wirtschaftsdünger-Stickstoffs in den Düngeplan, wobei auch in viehstarken Betrieben im allgemeinen ein Teil (etwa 20—25 %) des Gesamtstickstoffbedarfs in Form von Mineraldünger angewandt werden sollte, weil mit diesem zuverlässiger das Pflanzenwachstum gesteuert, der zeitliche Ernährungsbedarf besser gedeckt und insgesamt Überdüngung vermieden werden kann. Auch die Ausnutzung des organischen Stickstoffs wird dadurch günstiger und die Auswaschung verringert. Wenn zu viel Wirtschaftsdünger im Betrieb vorhanden ist, müssen Lösungen in Form von Verkauf, Austausch oder Reduzierung des Viehbestandes gefunden werden.

— Die Fruchtfolge sollte nach Möglichkeit nach dem Prinzip „Immergrün" einschließlich des Zwischenfruchtanbaus erweitert werden.

— Die Beachtung aller Grundsätze des Integrierten Pflanzenbaus ist geboten, vor allem die exakte Bemessung der Düngung nach dem tatsächlichen Nährstoffbedarf unter Einrechnung aller natürlichen Nachlieferungen und Zufuhren sowie der organischen Dünger. Das trifft auch zu, wenn nur Mineraldünger ausgebracht werden. Auch der gezielte Einsatz von Pflanzenschutzmitteln kann dazu beitragen, mit gesunden Pflanzenbeständen die Stickstoffausnutzung zu verbessern.

Im Pflanzenschutz sind es vor allem die folgenden Möglichkeiten, die eine Verringerung des Eintrags von Pflanzenschutzmitteln bewirken können:

— Mit Hilfe der Zulassungsprüfung sollen der Landwirtschaft durch Neuentwicklungen nach neuesten Erkenntnissen nur solche Mittel zur Verfügung gestellt werden, die bei sachgerechter Anwendung keine Gefahr der Auswaschung in das Grundwasser befürchten lassen. Dazu gehört auch, daß die Abbauprodukte der Wirkstoffe im Boden keine Gefährdung der Gewässer nach sich ziehen.

- Der Anwender von Pflanzenschutzmitteln hat die Grundsätze der „guten fachlichen Praxis" zu beachten, so daß beim Umgang mit den Präparaten und bei ihrer Anwendung keine Auswirkungen auf das Grundwasser und die Umwelt entstehen.
- Im Sinne eines integrierten Pflanzenschutzes müssen zunächst alle natürlichen sowie acker- und pflanzenbaulichen Möglichkeiten ausgenutzt werden, um Schadorganismen von den Kulturpflanzen fernzuhalten.
- Ein Zwiespalt zwischen dem Anwendungsverbot nach der Pflanzenschutzmittel-Verordnung einerseits und der Zulassungsauflage der Biologischen Bundesanstalt andererseits ist zu harmonisieren. Das Verbot bedeutet, daß das betreffende Mittel nicht in „Wasserschutzgebieten" angewendet werden darf.

  Die Auflage als Bestandteil der Zulassung bringt zum Ausdruck, daß der betreffende Wirkstoff nicht in „Wassereinzugsgebieten und Zuflußbereichen" eingesetzt werden darf. Diese Bereiche sind aber oft nicht Bestandteil des rechtlich festgesetzten Wasserschutzgebietes. Eine Entscheidung vor Ort könnte individuell unterschiedlich (und willkürlich) ausfallen. Daher sollten die Wasserschutzgebiete, wenn erforderlich, um diese Bereiche erweitert und damit klar festgelegt werden.

Nutzungsbeschränkungen und Ausgleichsleistungen

Die Neufassung des Wasserhaushaltsgesetzes hat den Anspruch der Landwirte rechtskräftig gemacht, daß für Einbußen, die durch angeordnete Nutzungsbeschränkungen in Wasserschutzgebieten entstehen, in Form von Ausgleichsleistungen an den Landnutzer zu ersetzen sind.

Baden-Württemberg hat als erstes Bundesland derartige Regelungen geschaffen. Durch eine landesweit geltende Vorschrift wurden Nutzungsbeschränkungen für alle Wasserschutzgebiete verfügt. Diese werden durch das Land in Geld ausgeglichen.

In Bayern wurden die Kreisverwaltungsbehörden ermächtigt, erhöhte Anforderungen für Wasserschutzgebiete nach den örtlichen Bedürfnissen zu erstellen. Die Ausgleichsleistungen werden vor allem in den Wasserversorgungsunternehmen getragen. Hamburg verfährt ähnlich. Nordrhein-Westfalen hat im März 1989 entsprechende Regeln mit der Änderung seines Wassergesetzes in Kraft gesetzt.

Die übrigen Bundesländer bereiten derzeit Regelungen vor, die voraussichtlich vorwiegend dezentral (wie in Bayern) konzipiert sein werden. Wo es erforderlich ist, müssen in Wasserschutzgebieten Nutzungsbeschränkungen angeordnet und kontrolliert werden.

Forschung und Beratung

Ein Blick auf die Forschung zeigt, daß in der Bundesrepublik in den letzten Jahren in zahlreichen Projekten Probleme bearbeitet werden, die die Bemühungen um einen wirksamen Schutz des Trinkwassers vor Beeinträchtigungen durch landwirtschaftliches Tätigsein unterstützen. Hieran sind gleichermaßen staatliche Institutionen wie private und industrielle Forschungseinrichtungen beteiligt. Auch die betroffene Wasserversorgung trägt durch Untersuchungen zu Lösungen bei.

Durch die Forschungsergebnisse wird die verbreitete Einsicht bestätigt, daß es sich um ein sehr vielschichtiges und kompliziertes Problem handelt. Nur mit gemeinsamen Anstrengungen der Behörden, der landwirtschaftlichen Praxis und ihrer Vertreter, der Industrie, der Wissenschaft, der Beratung und der Wasserwirtschaft kann eine befriedigende und bald wirksam werdende Lösung gefunden werden.

Aus jüngsten Erkenntnissen in Gebieten mit bereits verschärften Nutzungsbeschränkungen geht hervor, daß die betroffenen Landwirte bereit sind, aktiv mitzuwirken. Es wurde dabei aber auch ebenso deutlich, daß die komplizierte und im vollen Fluß befindliche Materie erhebliche Anstrengungen der laufenden Kenntnisaneignung erfordert. Daher dürfte ein besonders wirksamer Hebel in der nennenswerten und qualifizierten Verstärkung von Aufklärung und Beratung liegen.

Als wichtigste Ziele sollten dabei

- einerseits die exaktere und auf moderne Methoden gestützte Durchführung der ordnungsgemäßen Landbewirtschaftung auf breiter Basis (u. a. Vermeidung von Fehlern) und
- andererseits die Anpassung der Wirtschaftsweise an die angeordneten Nutzungsbeschränkungen in Wasserschutzgebieten

verfolgt werden.

3. Derzeitiger Sachstand

Wasser war noch um die Jahrhundertwende ein fast „freies" Wirtschaftsgut, das in ausreichenden Mengen vorhanden war und deshalb auch keinen Marktpreis besaß. In der Zwischenzeit ist es zu einem bedeutsamen Wirtschaftsfaktor geworden. Infolge der Verdoppelung der Bevölkerung, des gesteigerten Hygienebewußtseins, der Änderungen im Konsumverhalten des Menschen und der Ausweitung der industriellen Produktion wurde Wasser zu einem wertvollen Gut, das im marktwirtschaftlichen Sinne „knapp" ist und seinen Preis hat (2).

Um die Bedeutung des Grundwassers innerhalb der gesamten Wasserversorgung und insbesondere der Trinkwasserversorgung zu verstehen sowie die Notwendigkeit des Wasserschutzes deutlich zu machen, werden zunächst die Trinkwasserversorgung, die Wasserschutzgebiete, die bestehenden Rechtsvorschriften und die derzeitige Qualität des Wassers dargestellt.

Abbildung 2: Anschlußgrad an die öffentliche Wasserversorgung in % der Bevölkerung.

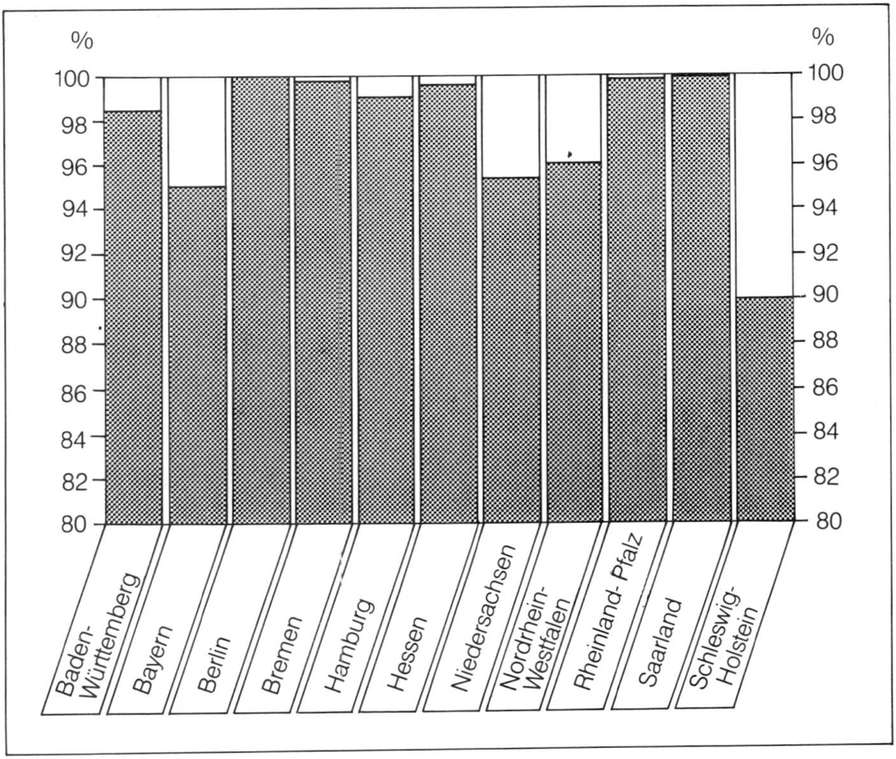

Quelle: Wasserversorgungsbericht BMI 1982, S. 23 (1)

3.1 Trinkwasserversorgung in der Bundesrepublik Deutschland

Schon seit Mitte des 19. Jahrhunderts wurde in Deutschland mit dem Aufbau einer zentralen öffentlichen Wasserversorgung begonnen (2). Heute versorgt sie mehr als 95,8 % der Bevölkerung. Nur wenige Streusiedlungen und Einzelgehöfte sind nicht an das öffentliche Netz angeschlossen (1). Wie Abbildung 2 zeigt, gibt es gewisse strukturbedingte Unterschiede zwischen den Bundesländern.

Die Wasserförderung der öffentlichen Wasserversorgung besteht zu knapp drei Vierteln aus Grund- und Quellwasser. Der Rest ist Oberflächenwasser aus Uferfiltrat, Fluß-, See- und Talsperrenwasser und angereichertem Grundwasser (z. B. Oberflächenwasserversickerung). Hinzu kommt der Bezug von Wasser von Dritten (z. B. Industrie, Mineralbrunnen, anderen Wasserversorgungsunternehmen). Das um den Eigenverbrauch der öffentlichen Wasserversorgung und die Verluste verminderte Wasseraufkommen wird an die Abnehmergruppen Haushalt und Kleingewerbe, Industrie, Weiterverteiler und sonstige abgegeben. Die Abbildung 3 veranschaulicht die Größenordnungen am Beispiel der Zahlen für 1987.

Einen wesentlichen Anteil haben Haushalte und Kleingewerbe. Der Wasserverbrauch je Einwohner und Tag hat sich im bundesweiten Durchschnitt von 118 Litern im Jahre 1970 auf 146 Liter im Jahre 1986 erhöht (4).

Die genannten Zahlen der Abbildung 3 unterliegen gewissen Unsicherheiten, weil die zugrundeliegende BGW-Statistik (BGW = Bundesverband der Deutschen Gas- und Wasserwirtschaft) nur 84 % der insgesamt von der öffentlichen Wasserversorgung geförderten Wassermenge repräsentiert. Außerdem können bei den Zahlen hinsichtlich der Abgabe an Weiterverteiler Doppelzählungen vorliegen. Dennoch bietet die Aufstellung einen relativ guten Überblick über das Wasseraufkommen.

Die amtliche Wasserstatistik des Statistischen Bundesamtes weist für 1983 eine Gesamtwasserförderung von 40.014 Mio. m³ mit folgender Aufteilung auf:

Öffentliche Wasserversorgung	5.041 Mio. m³
Industrie	10.194 Mio. m³
Wärmekraftwerke	25.556 Mio. m³
Beregnung und Berieselung	223 Mio. m³
Landwirtschaft	(34).

Der Wasserbedarf der Industrie ist weitaus größer als ihr Bezug aus der öffentlichen Wasserversorgung, der nur 13 % des öffentlich geförderten Wassers umfaßt (Abbildung 3). Die Eigengewinnung 1983 von etwa 10.200 Mio. m³ entstammt zu 72 % Oberflächengewässern und zu 28 % Grund- und Quellwasser. Diese Menge wird im Durchschnitt dreimal genutzt. Der größte Teil davon (1983: 79 %) wird als Kühlwasser verwendet (1, 34).

Die 181 Wärmekraftwerke für die öffentliche Stromversorgung decken ihren Wasserbedarf von etwa 25.600 Mio. m³ fast ausschließlich selbst, und zwar aus Oberflächengewässern. Auch hier erfolgt Mehrfachnutzung (1, 34).

Die Verwendung von Wasser für die Beregnung in der Landwirtschaft ist dagegen mit rund 223 Mio. m³ von untergeordneter Bedeutung.

Abbildung 3: Wasseraufkommen und Wasserabgabe der öffentlichen Wasserversorgung 1987 in Mio. m³.

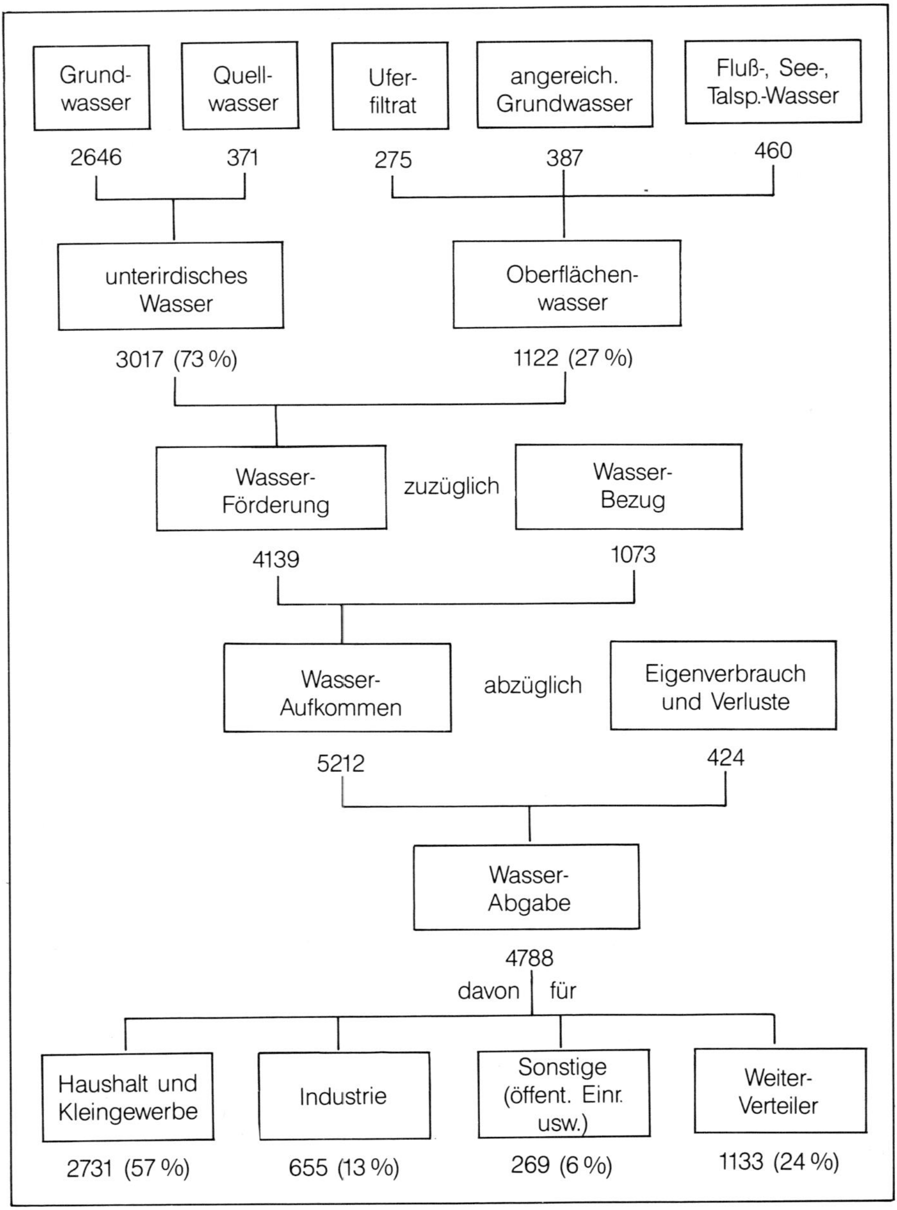

nach BGW-Statistik 1988 (4, 34)

Die Anteile der Bundesländer an der Wasserabgabe und der Wassergewinnung einschließlich der Förderherkunft (Grundwasser, Uferfiltrat, Oberflächenwasser) ergeben sich aus Abbildung 4.

Der sparsame Umgang mit dem Wasser ist insbesondere mit Rücksicht auf die Umwelt geboten. Eine Überforderung könnte zu Schäden und Versorgungsschwierigkeiten — vor allem nach Jahren mit geringen Niederschlägen und damit geringerer Grundwasserneubildung — führen. Der Bundesgesetzgeber hat dem im Wasserhaushaltsgesetz (5. Änderungsgesetz vom 25. 7. 1986 § 1 a Abs. 2) Rechnung getragen. Danach ist jedermann verpflichtet, Wasser sparsam zu verwenden. In mannigfachen Initiativen wird darauf hingewirkt; auch aus ökonomischen Gründen (der durchschnittliche Wasserpreis ist gestiegen) wird nach Möglichkeiten zur Reduzierung des Verbrauchs gesucht.

Bei der Industrie kommen vor allem die Umstellung auf Oberflächenwasser sowie die Verwendung wassersparender Technologien und die Kreislaufführung des Wassers in Betracht. Bei den öffentlichen Wasserversorgungsunternehmen könnten Erfolge durch die Verminderung des eigenen Verbrauchs und durch die Vermeidung von Wasserverlusten im Leitungsnetz erzielt werden.

Abbildung 4: Öffentliche Wasserversorgung in den Bundesländern 1983.

Land	Bevölkerung	An öffentl. Wasserversorgung angeschl.	Wasserabgabe an Letztverbraucher		Wassergewinnung insges.	davon		
						Grund- + Quellwasser	Uferfiltrat + anger. Grundw.	Oberflächenwasser
	Mio.	%	Mio. m³	l/Einw./d	Mio. m³	%	%	%
Bund 1975	61,821	95,8	4273,0	198	4833,9	74,9	16,4	8,7
1983	61,307	97,8	4515,2	206	5041,2	74,9	15,1	10,0
Baden-Württemb.	9,243	99,2	622,6	186	755,9	78,7	0,2	21,1
Niedersachsen	7,249	96,7	470,3	184	561,4	86,8	0,1	13,1
Nordrhein-Westfalen	16,837	97,1	1373,4	230	1475,9	38,9	44,6	16,4
Hessen	5,565	99,8	391,7	193	450,0	94,0	5,4	0,6
Rheinland-Pfalz	3,634	99,8	235,1	177	258,8	87,8	6,9	5,3
Bayern	10,970	96,6	804,2	208	930,8	95,5	3,4	1,2
Saarland	1,053	99,9	67,0	174	72,8	100,0	—	—
Hamburg	1,610	99,5	131,9	224	110,5	74,8	25,1	—
Bremen	0,677	100,0	44,8	181	9,3	100,0	—	—
Berlin West	1,855	100,0	189,1	279	193,8	100,0	—	—
Schleswig-Holstein	2,617	94,3	185,2	206	222,1	99,4	—	0,6

Quelle: Statistisches Landesamt Baden-Württemberg

Für die privaten Haushalte, die den Hauptteil der öffentlichen Wasserabgabemenge verwenden, ergeben sich die wirkungsvollsten Ansatzpunkte für einen sparsameren Umgang mit dem Trinkwasser, zumal ihr Anteil am Gesamtverbrauch von 1970 (37 %) bis 1987 (43 %) bemerkenswert gestiegen ist (4).

Wie aus Abbildung 5 ersichtlich ist, nehmen die Toilettenspülungen (32 %) sowie Baden und Duschen (30 %) den größten Anteil ein, während nur 2 % des Trinkwassers tatsächlich für Trinken und Kochen verwendet werden.

Die weitgehende Einhaltung von Empfehlungen und die technische Fortentwicklung können im Haushalt Einsparungen erbringen. Bei der Körperhygiene sind „Duschen statt Wannenbad" und „Mischwasserthermostat" die Hauptstichworte. In der Toilette können Spülkastenmodelle mit Spartaste 40 % weniger Spülwasser bedeuten. Für Geschirrspülen und Wäschewaschen gibt es sparsamere Geräte und Techniken. Auch beim Autowaschen und im Garten läßt sich Wasser (und Geld) sparen (5). Der Einsatz einer Regentonne etwa kann dabei helfen.

Wegen des geringen Trinkwasseranteils für Ernährungszwecke wurde auch schon über die Trennung von Trink- und Brauchwasser im Leitungsnetz nachgedacht. Bisher

Abbildung 5: Verwendung des Trinkwassers im Haushalt.

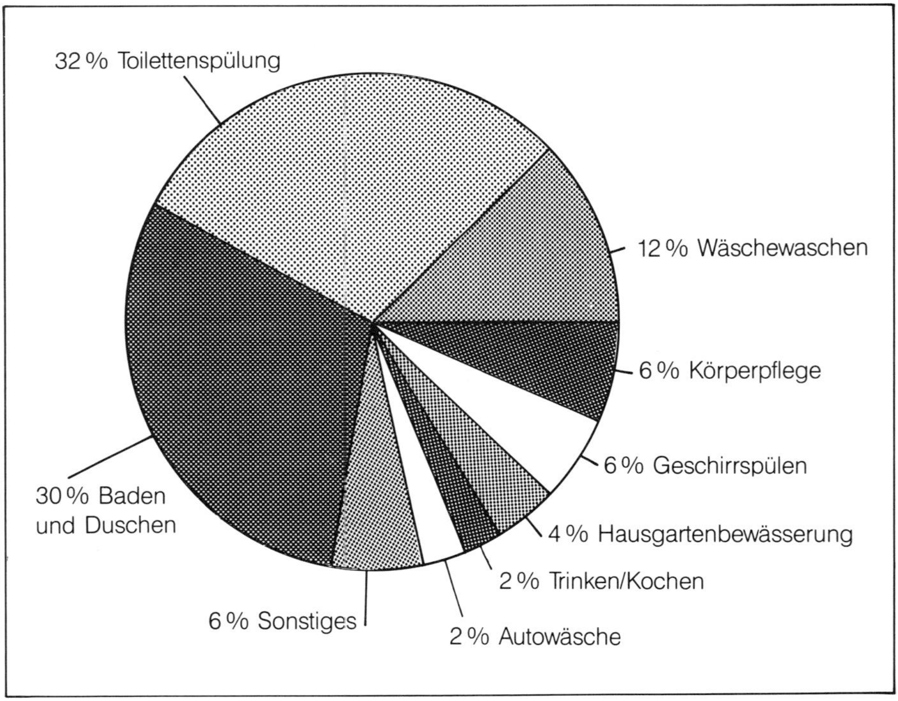

Quelle: LAWA-Faltblatt 1988 (5)

wurden Planungen in dieser Richtung nicht realisiert, weil zwei Leitungssysteme bis zum Verbraucher erhebliche Probleme nach sich ziehen würden:

— Die Kosten für das Versorgungsnetz (Anlage, Unterhaltung, Betrieb) würden sich in etwa verdoppeln, und der Wasserpreis müßte beträchtlich ansteigen.
— Die unterschiedlichen Qualitätsstandards (einschließlich Hygiene und Lebensmittelüberwachung) müßten nicht mehr beim Verteiler, sondern bis zum letzten Haushalt kontrolliert werden.
— In Leitungen mit langsamem Wasserdurchfluß ist die Gefahr der Vermehrung von Mikroorganismen größer.

Ähnlich aussichtslos wäre der Weg über Trinkwasseraufbereitungsanlagen für den privaten Kleinverbraucher. Geräte mit gleicher Qualität und Sicherheit wie bei den Wasserwerken wären unerschwinglich. Die auf dem Markt befindlichen Filter befreien Rohwasser lediglich von einzelnen Stoffen und bergen zudem große hygienische Gefahren.

Eine aktive Sparsamkeit im Umgang mit dem Trinkwasser ist derzeit die aussichtsreichste Möglichkeit, die vielfältigen Nutzungen des Wassers für unseren Lebensbereich auf hohem Niveau des Lebensstandards zu gewährleisten. Das schließt nicht aus, daß auch die technischen Möglichkeiten einer rationelleren Verwendung von Wasser fortzuentwickeln sind. Für wassersparende Druckspüler und Durchflußbegrenzer, für elektronische Einzelsteuerungen bei Duschanlagen, für wassersparende Spülkästen und abwasserarme Autowaschanlagen ist das Umweltzeichen bereits vergeben worden.

Neben diesen mehr quantitativen Betrachtungen kommen die Fragen zur Trinkwasserqualität in Kapitel 3.4 zur Sprache.

3.2 Wasserschutzgebiete

Grundwasser ist in der Regel von Natur aus weit besser vor Verunreinigungen geschützt als Oberflächenwasser. In der Bundesrepublik Deutschland bestehen hierfür allgemein günstige hydrogeologische Verhältnisse. Es gibt natürlich auch hydrologisch ungünstige und damit problematische Standorte. Die Reinigung findet zwar im wesentlichen in der belebten Bodenzone statt, hängt aber auch maßgeblich von der Mächtigkeit, Ausdehnung und Beschaffenheit der über der Grundwasseroberfläche liegenden Schichten (Deckschichten) ab (6, 7).

Aus diesem Grund fördern die öffentlichen Wasserwerke, wie Abbildung 3 zeigt, insgesamt 72 % Grundwasser, 7 % Uferfiltrat, 10 % angereichertes Grundwasser und nur 11 % See- und Flußwasser. Natürlich bestehen von Region zu Region erhebliche Unterschiede. Da die örtlichen Bedingungen hinsichtlich der Bodenverhältnisse und Gefahrenherde sehr verschieden sind, erscheinen vorsorgliche Maßnahmen zum Schutz des Grundwassers vor Verunreinigungen und sonstigen Beeinträchtigungen im Interesse der Allgemeinheit erforderlich.

Der Gesetzgeber hat daher im Wasserhaushaltsgesetz (§ 19) die Möglichkeit eingeräumt, erforderlichenfalls Wasserschutzgebiete festzusetzen. In diesen können bestimmte Handlungen verboten oder für nur beschränkt zulässig erklärt und die Eigentümer zur Duldung bestimmter Maßnahmen verpflichtet werden. Die Festsetzung bedarf eines förmlichen Verfahrens (Wasserschutzgebietsverordnung), das im allgemeinen das Landratsamt als Untere Wasserbehörde durchführt (8).

Zur Sicherung einer einwandfreien Wasserqualität und zwecks einheitlicher Handhabung im Bundesgebiet hat der Deutsche Verein für das Gas- und Wasserfach (DVGW) im Februar 1975 Richtlinien für die erforderlichen Verbote und Nutzungsbeschränkungen bei der Ausweisung von Wasserschutzgebieten mit dem Arbeitsblatt W 101 für Grundwasser (7) herausgegeben. Außerdem liegt der Entwurf für ein DVGW-Merkblatt W 104 vor, das sich unter dem Titel „Richtlinien für Wasserschutzgebiete — Bodennutzung und Düngung" eingehend mit grundwasserschonender Landbewirtschaftung befaßt. Darin werden u. a. Hinweise auf Nutzungsformen gegeben, die in der Regel für den Wasserschutz als tragbar erscheinen. Es wird sowohl nach Schutzzonen als auch nach unterschiedlich empfindlichen Standortgruppen differenziert. Das Papier, an dem auch landwirtschaftliche Institutionen mitarbeiten, dürfte für die Beratung und Praxis eine nützliche Unterlage werden (114).

Durch die offizielle Beteiligung der Länderarbeitsgemeinschaft Wasser (LAWA) haben die Richtlinien des Arbeitsblattes W 101 als anerkannte Regeln der Technik normativen Charakter (3). Das wird nach dem Inkrafttreten auch für das neue Arbeitsblatt W 104 zutreffen. Außerdem gibt es die DVGW-Arbeitsblätter W 102 für Trinkwassertalsperren und W 103 für Seen (1).

Vor der Abgrenzung eines Schutzgebietes sind sorgfältige, vor allem hydrologische Untersuchungen erforderlich. Das Reinigungsvermögen eines Standortes ist von verschiedenen Faktoren und ihrer Wechselwirkung abhängig. Zu ihnen zählen vor allem:

- Art und Häufigkeit der Verunreinigung oder sonstigen Beeinträchtigung,
- Mächtigkeit und Art der Deckschichten,
- Bodennutzung und bodenkulturelle Beschaffenheit,
- Mächtigkeit und Beschaffenheit des Grundwasserkörpers (Aquifer),
- Flurabstand und Schwankung der Grundwasseroberfläche,
- Länge des Sicker- und Fließweges bis zum Grundwasser und
- Klima- und Witterungs-Verhältnisse.

Um den unterschiedlichen Auswirkungen der Gefahren Rechnung zu tragen, wird das Schutzgebiet im allgemeinen in die folgenden Schutzzonen gegliedert:

- Weitere Schutzzone = Zone III
  Sie kann in die Zonen III A bis 2 km von der Fassung und III B ab 2 km Entfernung unterteilt werden und sollte das gesamte Einzugsgebiet umfassen.
- Engere Schutzzone = Zone II
  Sie soll bis zu einer Linie reichen, von der aus das Grundwasser 50 Tage bis zum Eintreffen in der Fassung benötigt. In dieser Zeit ist mit dem Absterben von bakteriellen und einer Verminderung sonstiger wasserhygienischer Beeinträchtigungen zu rechnen.
- Fassungsbereich = Zone I
  Sie ist meist sehr klein, soll von jeglicher Benutzung freigehalten werden und ist oft im Eigentum des Wasserversorgungsunternehmens.

In der Abbildung 6 sind die Verhältnisse schematisch dargestellt.

Abbildung 6: Grundriß und Schnitt eines Wasserschutzgebietes.

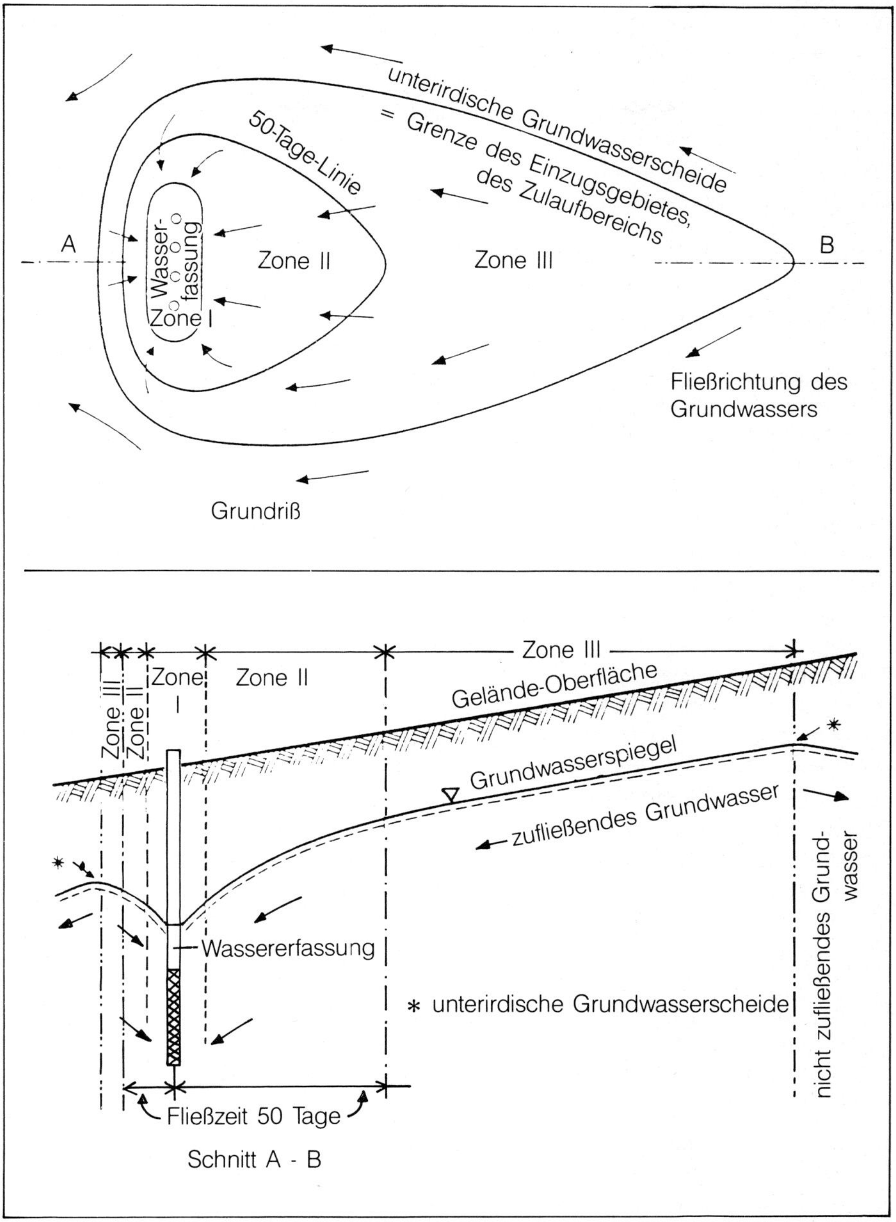

Quelle: M. H. Antze 1975 (9)

Die Verbote und Beschränkungen verschärfen sich im allgemeinen mit zunehmender Annäherung an die Brunnenfassung, jedenfalls von Zone III bis Zone I. Die Liste umfaßt mehr als 50 Positionen, die für die verschiedenen Zonen in die Rechtsverordnung aufgenommen werden können. Verschiedene Bundesländer haben für die Rechtsetzung ein Verordnungsmuster herausgeben, das einen Katalog der möglichen Einschränkungen enthält, so Baden-Württemberg, Bayern, Nordrhein-Westfalen, Saarland und Schleswig-Holstein (1).

Die Bezeichnung „Muster" besagt, daß dieser Katalog nicht unabänderlich ist, sondern den Gegebenheiten des jeweiligen Schutzgebietes angepaßt werden kann.

Neben Verboten für die Bebauung, für gewerbliche Tätigkeiten, die Anlage von Friedhöfen, Lagerstätten usw. wenden sich insbesondere die folgenden Anordnungen an den Landwirt:

— Verbot oder Einschränkung der Ausbringung von Gülle und Jauche (Verbot in Zone II),
— Verbot oder Einschränkung der Ausbringung von Klärschlamm,
— Verbot der offenen Lagerung von organischen Dungstoffen, von Mineraldünger und von Feldsilage mit Gärsaftanfall, um eine Versickerung in den Boden durch Witterungseinflüsse zu verhindern,
— teilweises Verbot von Dränung und Errichtung von Vorflutgräben,
— teilweises Verbot der Errichtung oder Erweiterung von Gartenbaubetrieben,
— Verbot des Umbruchs von Dauergrünland,
— Verbot von land- und forstwirtschaftlicher Nutzung einschließlich Anwendung von Dünge- und Pflanzenschutzmitteln in Schutzzone I.

Ausdrücklich verboten sind eine über das notwendige Maß hinausgehende Düngung (im Katalog als Überdüngung bezeichnet) und eine übermäßige Belastung mit tierischen Ausscheidungen (im Katalog unscharf durch ein Verbot der Massentierhaltung ausgedrückt). Diese Beispiele entstammen der Bayerischen Musterverordnung, sie entsprechen aber grundsätzlich dem DVGW-Arbeitsblatt W 101 und dem bereits oben genannten Entwurf des DVGW-Arbeitsblatts W 104 (10, 114).

Zum Verbot des Ausbringens von Gülle, Jauche und Klärschlamm in Schutzzone II hat das Bundesgesundheitsamt noch Mitte 1988 die absolute Notwendigkeit aus hygienischer Sicht betont. Selbst eine Entseuchung oder Desinfektion bringen keine ausreichende Sicherheit. Hinzu kommt, daß bei Klärschlamm auch in chemischer Hinsicht, insbesondere wegen der Halogenkohlenwasserstoffe, der Tenside aus Waschmitteln und der Schwermetalle, ein Verbot in Zone II unverzichtbar erscheint (11).

Für jedes rechtlich festgesetzte Wasserschutzgebiet besteht eine Wasserschutzgebiets-Verordnung. Sie enthält neben den Beschränkungen für jede einzelne Wasserschutzzone eine genaue Beschreibung der Abgrenzung des Gesamtgebietes und der Zonen. Als Ergänzung zur Verordnung wird eine Karte im Maßstab 1 : 1500, 1 : 2000 oder 1 : 2500 hergestellt, in der die parzellenscharfen Grenzen und auch die Grundstücksbezeichnungen enthalten sind. Verordnungstext und Karte liegen bei den betroffenen Gemeindeverwaltungen und stehen damit jedem Bürger zur Einsicht zur Verfügung.

In den einzelnen Bundesländern wurde von der Möglichkeit zur Festsetzung von Wasserschutzgebieten unterschiedlich Gebrauch gemacht. Infolge der vielfach steigenden

Abbildung 7: Wasserschutzgebiete in der Bundesrepublik Deutschland

Stand 1988, nach Angaben der Bundesländer

Bundesland	Anzahl			Fläche ha			Anteil an Landesfläche %		
	festgesetzte	noch nicht festgesetzte	gesamt	von 2	von 3	von 4	von 5	von 6	von 7
1	2	3	4	5	6	7	8	9	10
Baden-Württemberg	2 441	783	3 224	433 929	369 105	803 034	12,1	10,3	22,4
Bayern	3 533	667	4 200	213 000	47 000	260 000	3,0	0,7	3,7
Hessen	1 270	770	2 040	472 542	186 265	658 807	22,4	8,8	31,2
Niedersachsen	260	185	445	260 000	380 000	640 000	5,5	8,0	13,5
Nordrhein-Westfalen	339	488	827	355 000	285 000	640 000	10,4	8,4	18,8
Rheinland-Pfalz	1 450	350	1 800	130 000	70 000	200 000	6,5	3,5	10,0
Saarland	19	6	25	10 733	18 325	29 058	4,1	7,1	11,2
Schleswig-Holstein	13	29	42	15 208	45 300	60 508	0,9	3,0	3,9
Bremen	3	1	4	5 850	573	6 423	14,5	1,4	15,9
Hamburg	—	5	5	—	9 500	9 500	—	12,7	12,7
Berlin	7	—	7	3 500	—	3 500	7,3	—	7,3
Bundesgebiet	9 335	3 284	12 619	1 899 762	1 411 068	3 310 830	7,6	5,7	13,3

Nitratwerte im Grundwasser und der festgestellten Belastung mit Pflanzenschutzmitteln und anderen Fremdstoffen sind die Aktivitäten zur Ausweisung von Schutzgebieten in den letzten Jahren verstärkt worden.

Im Wasserversorgungsbericht 1982 (1) wurden für das Bundesgebiet 8.178 fachlich umgrenzte Grundwasserschutzgebiete genannt. Für insgesamt 14.000 festzusetzende Schutzgebiete rechnete man mit einer Grundwasserschutzgebietsfläche von 2.524.100 ha.

Inzwischen ergibt sich aus den Angaben aller Bundesländer, daß im Jahre 1988 9.335 Wasserschutzgebiete mit einer Fläche von 1.899.763 ha festgesetzt waren (Abbildung 7). Insgesamt werden 12.600 Wasserschutzgebiete für erforderlich gehalten, die mit 3,3 Mio. ha einen Anteil an der Gesamtfläche des Bundesgebietes von 13,3 % ausmachen werden. Bemerkenswert sind die unterschiedlichen Flächenanteile, die die Schutzgebiete in den einzelnen Bundesländern einnehmen.

3.3 Rechtsvorschriften zum Schutz des Trinkwassers

Wasser genießt in zahlreichen Rechtsvorschriften besonderen Schutz. In den vergangen Jahren wurde dieser Schutz verstärkt, weil einerseits die hohen Ansprüche an die Wasserqualität und andererseits steigende Verunreinigungen — erst durch die Spurenanalytik in diesem Ausmaß erfaßbar — eine erhöhte Gefährdungssituation signalisierten.

Gesetzgeber und öffentliche Verwaltungen haben sich bei der Ausgestaltung der Vorschriften zum Wasserschutz von der Erkenntnis leiten lassen, daß Wasser neben der Luft eine der unentbehrlichsten Grundlagen des Lebens ist. Dient es dem Menschen als Trinkwasser, muß es hohen Ansprüchen an Reinheit, Gesundheit bzw. Hygiene und Geschmack genügen. Die Norm „DIN 2000" formuliert solches grundsätzlich (35). Sie ist Richtschnur für die Trinkwasserqualität der öffentlichen Wasserversorgung.

Die Gefährdungen hängen primär mit der bemerkenswert hohen Bevölkerungs-, Industrie- und Verkehrsdichte unseres engen Lebensraums zusammen sowie mit dem überdurchschnittlichen Lebens- und Produktionsstandard.

Im folgenden werden die wichtigsten Rechtsbereiche beschrieben, die sich mit dem Schutz des Wassers befassen und im Zusammenhang mit dem Thema der Schrift stehen. Sie betreffen sowohl die vorbeugenden und lenkenden als auch die kontrollierenden Maßnahmen.

3.3.1 Wasserhaushaltsgesetz — WHG (8)

Die generelle Bedeutung des Wassers für die belebte Natur und seine wichtige Funktion für die Wirtschaft drücken sich im Wasserhaushaltsgesetz aus.

Das Gesetz gilt für oberirdische Gewässer, Küstengewässer und Grundwasser (§ 1 Abs. 1). Die wichtigsten Grundsatzbestimmungen im § 1 a lauten:

Abs. 1: „Die Gewässer sind als Bestandteil des Naturhaushalts so zu bewirtschaften, daß sie dem Wohl der Allgemeinheit und im Einklang mit ihm auch dem Nutzen einzelner dienen und daß jede vermeidbare Beeinträchtigung unterbleibt."

Abs. 2: „Jedermann ist verpflichtet, bei Maßnahmen, mit denen Einwirkungen auf ein Gewässer verbunden sein können, die nach den Umständen erforderliche Sorgfalt anzuwenden, um eine Verunreinigung des Wassers oder eine sonstige nachteilige Veränderung seiner Eigenschaften zu verhüten und um eine mit Rücksicht auf den Wasserhaushalt gebotene sparsame Verwendung des Wassers zu erzielen."

Bei der Änderung des Gesetzes im Jahre 1986 (8) wurden die Aussagen „Bestandteil des Naturhaushaltes" und „sparsame Verwendung" neu aufgenommen, um die Rücksicht auf den Wasserkreislauf in der Natur zu verstärken und der Verschwendung dieses wertvollen Gutes entgegenzuwirken.

Für die Reinhaltung des Grundwassers wird in § 34 Abs. 2 Grundsätzliches bestimmt, das auch für den Landwirt von Bedeutung ist:

> „Stoffe dürfen nur so gelagert oder abgelagert werden, daß eine schädliche Verunreinigung des Grundwassers oder eine sonstige nachteilige Veränderung seiner Eigenschaften nicht zu besorgen ist. Das gleiche gilt für die Beförderung von Flüssigkeiten und Gasen durch Rohrleitungen."

Diese Bestimmung gilt allgemein. Für Gärfuttersilos und Jauche- bzw. Güllegruben als bauliche Anlagen gilt speziell § 19 g Abs. 2, wonach deren Beschaffenheit den bestmöglichen Schutz der Gewässer gewährleisten muß. Sie müssen nach § 19 g entsprechend den allgemein anerkannten Regeln der Technik ausgeführt sein. Eine Gefährdung durch veraltete Systeme wird damit ausgeschlossen (12).

In diesem Zusammenhang ist auf die Haftungsbestimmungen in § 22 Abs. 2 hinzuweisen:

> „Wer in ein Gewässer Stoffe einbringt oder einleitet oder wer auf ein Gewässer derart einwirkt, daß die physikalische, chemische oder biologische Beschaffenheit des Wassers verändert wird, ist zum Ersatz des daraus einem anderen entstehenden Schadens verpflichtet. Haben mehrere die Einwirkungen vorgenommen, so haften sie als Gesamtschuldner."

Nach § 22 Abs. 2 besteht auch dann die Verpflichtung zum Schadenersatz, wenn kein direktes Einbringen erfolgt, wenn aber Stoffe (z. B. über den Boden) in ein Gewässer gelangen und schädliche Veränderungen bewirken. Ausgenommen sind Ursachen durch höhere Gewalt. Allerdings muß ein bestimmter Verursacher nachweisbar sein.

Unter „Gewässer" ist auch Grundwasser zu verstehen. Für einen Schaden muß also nicht nur aufkommen, wer z. B. durch das Hineinleiten von Pflanzenschutzmitteln in einen Bach ein Fischsterben verursacht, sondern auch wer durch einen Unfall das Grundwasser verunreinigt und die Trinkwasservorräte schädigt. Es handelt sich um eine Gefährdungshaftung, die unabhängig vom Verschulden ist.

Im übrigen können Verstöße gegen Bestimmungen des Wasserhaushaltsgesetzes als Ordnungswidrigkeiten nach § 41 Abs. 1 mit Geldbußen bis 100.000 DM geahndet oder als Straftaten nach § 324 StGB (Strafgesetzbuch) verurteilt werden.

Nach § 19 Abs. 1 können *Wasserschutzgebiete* festgesetzt werden, wenn es das Wohl der Allgemeinheit erfordert (vgl. 3.2). Vor allem soll damit die öffentliche Wasserversorgung vor nachteiligen Einwirkungen geschützt, die Anreicherung des Grundwassers (Reinigung durch Bodenpassage) ermöglicht und ein schädliches Abfließen von Niederschlagswasser verhütet werden. Ein weiterer Zweck wurde bei der letzten Gesetzesänderung eingebracht. Es soll verhindert werden, daß Bodenbestandteile, Düngestoffe und Pflanzenschutzmittel in Gewässer abgeschwemmt werden. Pflanzennährstoffe, besonders Phosphat und Stickstoff, fördern die Eutrophierung. Es kommt zur Massenentwicklung von Pflanzen und Algen und zu Sauerstoffmangel nach dem Absterben der Pflanzenmassen. Pflanzenschutzmittel sind wegen ihrer stoffspezifischen Eigenschaften im Wasser besonders unerwünscht.

In solchen Schutzgebieten können die zuständigen Behörden bestimmte Handlungen verbieten oder beschränken, z. B. das Ausbringen von Gülle. Sie können die Grundeigentümer aber auch zur Duldung bestimmter Maßnahmen verpflichten (z. B. zur Kontrolle).

Die wichtigste Neuerung im WHG besteht nach § 19 Abs. 4 im Anspruch auf Ausgleichsleistungen:

> „Setzt eine Anordnung nach Absatz 2 erhöhte Anforderungen fest, die die ordnungsgemäße land- oder forstwirtschaftliche Nutzung eines Grundstücks beschränken, so ist für die dadurch verursachten wirtschaftlichen Nachteile ein angemessener Ausgleich nach Maßgabe des Landesrechts zu leisten, soweit nicht eine Entschädigungspflicht nach Absatz 3 besteht. Dies gilt auch für Anordnungen, die vor dem 1. Januar 1987 getroffen worden sind. Für Streitigkeiten steht der Rechtsweg vor den ordentlichen Gerichten offen."

Bisher mußte der Landwirt Verbote und Beschränkungen entschädigungslos hinnehmen. Lediglich dann, wenn eine Anordnung eine Enteignung darstellte, wurde eine Entschädigung eingeräumt. Dies traf aber praktisch nicht für die Landwirtschaft und die Einschränkung bei der Nutzung ihres Eigentums zu, das sie formal behielten. Nutzungsbeschränkungen in Wasserschutzgebieten zugunsten des Allgemeinwohls galten als zumutbar im Sinne der verfassungsgemäßen Sozialbindung des Eigentums.

Inzwischen hat der Gesetzgeber eingesehen, daß bedeutende Nachteile gegenüber den nicht unmittelbar von Enteignung betroffenen Landwirten entstehen, und die oben zitierte Ausgleichsleistung vorgesehen. Dabei wurde das Verursacherprinzip nicht verlassen, sondern erkannt, daß eine beachtliche Mehrlast an Verzicht und Leistung zugunsten der Gesellschaft für den Landwirt nicht mehr zumutbar ist. (Näheres dazu siehe Kapitel 5.4.)

Das Wasserhaushaltsgesetz ist ein Rahmengesetz des Bundes und wird durch Vorschriften und Gesetze der Bundesländer ausgefüllt, erforderlichenfalls ergänzt und erweitert. Das geschieht in der Regel durch Länder-Wassergesetze. Beispielsweise bestimmt das Baden-Württembergische Wassergesetz nach seiner letzten Änderung vom Juli 1987 (18), daß die Nutzungsberechtigten in Wasserschutzgebieten auch zur „Vornahme bestimmter Handlungen" verpflichtet werden können, daß sie also nicht nur Verbote nach dem WHG hinnehmen, sondern auch aktiv werden müssen. Praktisch kann das bedeuten, daß sie Bodenuntersuchungen durchführen oder Ackerland in Grünland umwandeln müssen.

3.3.2 Abfallgesetz (AbfG) (14)

Das Gesetz schreibt vor, daß Abfälle (das sind „bewegliche Sachen, deren sich der Besitzer entledigen will") so zu entsorgen sind, daß das Wohl der Allgemeinheit nicht beeinträchtigt wird (§ 2). Vor dem Entsorgen sollen alle Möglichkeiten des Vermeidens und Verwertens von Abfällen genutzt werden. Die Gesundheit der Menschen darf nicht gefährdet und ihr Wohlbefinden nicht beeinträchtigt werden. Weiter dürfen keine Gefährdungen oder schädliche Einflüsse auf

— Nutztiere, Vögel, Wild und Fische,
— Gewässer, Boden und Nutzpflanzen,
— öffentliche Sicherheit und Ordnung und
— die Umwelt durch Luftverunreinigung und Lärm

erfolgen.

Auch die Belange des Naturschutzes, der Landespflege und des Städtebaus sind zu wahren. Um eine ordnungsgemäße Entsorgung zu gewährleisten, wird die Bundesregierung in § 4 ermächtigt, Anforderungen und Verfahren hierfür als allgemeine Verwaltungsvorschrift festzulegen. In § 5 a wurde eine neue Regelung für Altöle aufgenommen, die anstelle des bisherigen Altölgesetzes gilt.

Besonders bedeutsam für den Landwirt ist der § 15. Er schreibt vor, daß Abwasser, Klärschlamm, Fäkalien oder ähnliche Stoffe den Vorschriften dieses Gesetzes entsprechen müssen, wenn sie auf landwirtschaftlich, forstwirtschaftlich oder gärtnerisch genutzte Böden aufgebracht werden.

Hiervon sind Jauche, Gülle oder Stallmist ausgenommen, wenn das „übliche Maß der landwirtschaftlichen Düngung" nicht überschritten wird (Absatz 1).

Im Absatz 2 wird der Bundesumweltminister ermächtigt, nähere Vorschriften über die Abgabe und das Aufbringen zu erlassen. Er hat dies mit der Klärschlammverordnung getan.

Nach Absatz 3 sind die Länderregierungen zum Erlaß von Rechtsverordnungen über Abgabe und Aufbringen von Jauche, Gülle oder Stallmist ermächtigt, wenn der Bund dies nicht getan hat.

Schließlich kann die örtlich zuständige Behörde nach Absatz 5 im Einzelfall das Aufbringen von Abwasser, Klärschlamm, Fäkalien oder ähnlichen Stoffen verbieten oder einschränken, wenn eine Beeinträchtigung des Allgemeinwohls zu befürchten ist. Entsprechendes gilt für Jauche, Gülle oder Stallmist, wenn das übliche Maß der landwirtschaftlichen Düngung überschritten wird und dadurch insbesondere eine schädliche Beeinflussung von Gewässern zu besorgen ist.

Generell wird bei Abfällen über die Vorschrift des § 14 versucht, die Entsorgung z. B. durch Wiederverwendung, Verwertung und Trennung möglichst umweltschonend zu gestalten.

Die *Klärschlammverordnung* (17) formuliert als hauptsächliche Ziele,
— die Zufuhr an Schadstoffen auf ein tolerierbares Maß zu begrenzen,
— eine nicht vertretbare Belastung des Bodens mit Schadstoffen auch langfristig zu verhindern,
— eine Schädigung von Boden, Pflanze, Tier und Mensch auszuschließen sowie
— hygienische Gefahren für Mensch und Tier zu vermeiden (19).

Neben strengen seuchenhygienischen Bestimmungen (z. B. kein Klärschlamm auf Gemüseflächen, kein seuchenhygienisch bedenklicher Klärschlamm auf Grünland- und Futterflächen) sind vor allem begrenzende Gehaltswerte für die Schwermetalle Blei, Cadmium, Chrom, Kupfer, Nickel, Quecksilber und Zink festgelegt.

Die Grenzwerte für Böden sollen eine weitere Zufuhr bei Vorhandensein einer bestimmten Belastung verhindern. Die Konzentrationswerte für den Klärschlamm und die Höchstmenge von 5 t Klärschlamm-Trockenmasse je ha innerhalb von drei Jahren dienen der gezielten Begrenzung der Schwermetallfracht.

Durch jüngste Verlautbarungen zu Dioxin, PCB- und PAK-Gehalten (polychlorierte Biphenyle und polycyclische aromatische Kohlenwasserstoffe) in Klärschlämmen und die Empfehlung des Bundesumweltministeriums (und des Bundesgesundheitsamtes), aus diesem Grund Klärschlamm grundsätzlich nicht mehr auf Grünland und Futterflächen aufzubringen, wurde eine erhebliche Verunsicherung der Landwirte verursacht. Die Diskussion um die landwirtschaftliche Verwertung von Klärschlamm ist neu aufgelebt, die Bereitschaft zur Abnahme zurückgegangen.

Bei der anstehenden Novellierung der Klärschlammverordnung ist mit der Festsetzung von Bodengrenzwerten für organische Stoffe zu rechnen (104). Dabei wird auch der Grenzwert für Cadmium vermindert werden, weil der bisher erlaubte Eintrag durch Klärschlamm zu hoch liegt (vielfach höher als über Mineraldünger).

Das Land *Nordrhein-Westfalen* hat eine Gülleverordnung erlassen (16). Damit soll vor allem einer stärkeren Nitratauswaschung ins Grundwasser entgegengewirkt werden. Außerdem wurde der unbestimmte Begriff des „üblichen Maßes der landwirtschaftlichen Düngung" (aus dem Abfallgesetz) konkret gefaßt. Auf landwirtschaftlich, gärtnerisch oder forstwirtschaftlich genutzte Böden dürfen in Nordrhein-Westfalen nicht mehr als drei Dungeinheiten Gülle jährlich je ha aufgebracht werden. Eine Dungeinheit (DE) bedeutet 80 kg Stickstoff und entspricht der Zahl folgender ganzjährig gehaltener Tiere:

1,5 Rinder über 2 Jahre	100,0 Legehennen
3,0 Jungrinder über 3 Monate bis 2 Jahre	200,0 Junghennen
9,0 Kälber bis 3 Monate	300,0 Masthähnchen
3,0 Zuchtsauen mit Ferkeln bis 20 kg	150,0 Mastenten
7,0 Schweine über 20 kg	100,0 Mastputen

Außerdem wird bestimmt, daß Gülle und Jauche nur in der Zeit vom 15. Februar bis 15. Oktober ausgebracht werden dürfen. Auf Grünland und Ackerflächen mit Winterzwischenfrüchten erweitert sich der Zeitraum auf 1. Februar bis 31. Oktober. Die zuständigen Behörden können begründete Ausnahmen zulassen.

In *Niedersachsen* wurde ein *„Gülleerlaß"* (15) herausgegeben, der im Gegensatz zu Nordrhein-Westfalen nicht eine allgemeine Begrenzung der Gülleausbringung verfügt, sondern den zuständigen Behörden Hinweise gibt. Wenn also nach § 15 Abs. 5 AbfG im Einzelfall das Ausbringen von Gülle auf landwirtschaftlich genutzten Flächen verboten oder eingeschränkt werden muß, dann sind die Maßgaben des Erlasses zu beachten.

Als Höchstmaß für die übliche landwirtschaftliche Düngung wurden auch hier drei Dungeinheiten festgelegt, wobei die Berechnung mit der in Nordrhein-Westfalen identisch ist. Neben Gülle wird auch Geflügelkot einbezogen und die Dungeinheit mit nicht mehr als 80 kg Gesamtstickstoff und 70 kg Gesamtphosphat definiert. Je nach örtlichen Verhältnissen sind „Abminderungen" vom Höchstwert vorzunehmen, insbesondere für leichtere Böden und dort, wo bereits Grundwasserbelastungen vorhanden sind.

Zur zeitlichen Einschränkung heißt es:

> „Gülle und Geflügelkot dürfen in der Zeit der überwiegenden Grundwasserneubildung etwa ab Ende Oktober bis Ende Februar nicht ausgebracht werden."

Die übrigen Bundesländer haben bisher keine Regelungen nach dem Abfallgesetz getroffen. (Lediglich Schleswig-Holstein hat eine „Flüssigmistrichtlinie", die allerdings auf das Bundesimmissionsschutzgesetz gestützt ist und im nächsten Abschnitt beschrieben wird.) Man war hier von der Wirksamkeit einer ordnungsrechtlichen Richtlinie nicht überzeugt. Eine allgemeine Begrenzung der Aufbringungsmenge wird einerseits den vielfältigen Standortbedingungen nicht gerecht und übersteigt mit drei Dungeinheiten vielfach den Stickstoffbedarf der örtlichen Fruchtfolge. Andererseits sah man in intensiver Beratung und in der finanziellen Förderung des Baus von Güllelagerraum (um nicht in der vegetationslosen Zeit ausbringen zu müssen) die erfolgversprechendere Lösung.

3.3.3 Bundes-Immissionsschutzgesetz — BImSchG (20)

Das Gesetz befaßt sich hauptsächlich mit dem Schutz vor schädlichen Umwelteinwirkungen durch Luftverunreinigungen, Geräusche, Erschütterungen und ähnliche Vorgänge, die durch das Medium Luft übertragen werden. In den §§ 5 und 22 wird bestimmt, daß Anlagen (Betriebsstätten, Maschinen, Grundstücke u. a. m.) so zu errichten und zu betreiben sind, daß

— schädliche, vermeidbare Umwelteinwirkungen verhindert werden,
— unvermeidbare, schädliche Umwelteinwirkungen auf ein Mindestmaß beschränkt werden und
— die entstehenden Abfälle beseitigt werden können.

In § 52 wird die Überwachung durch die zuständigen Behörden geregelt.

Das Land *Schleswig-Holstein* hat eine *Flüssigmistrichtlinie* herausgegeben und diese hauptsächlich auf die oben genannten Paragraphen des Bundes-Immissionsschutzgesetzes gestützt. Allerdings wird in dem Erlaß auch auf die Gefährdung des Grundwassers Bezug genommen, und zwar insbesondere im Zusammenhang mit dem Ausbringen von Flüssigmist über das übliche Maß der Düngung hinaus. Der Zweck wird in der Einleitung wie folgt beschrieben:

> „Der verstärkte Anfall von Flüssigmist (Gülle) aufgrund fortschreitender Konzentration in der Tierhaltung führt bei nicht sachgerechter Anwendung zu Umweltbelastungen (Geruchsimmissionen, Gewässer- und/oder Grundwasserbelastungen durch Verunreinigung oder Überdüngung).
> Um diese Belastungen zu vermeiden bzw. sie auf das unvermeidbare Maß zu beschränken, wird die als Anlage aufgeführte Flüssigmistrichtlinie bekanntgemacht."

Die Richtwerte darin besagen z. B., daß in getreidereichen Fruchtfolgen bis zu 50 m^3 Rinderflüssigmist je ha ausgebracht werden dürfen und daß vier GV-Rinder (GV = Großvieheinheiten) als Grundlage für eine übliche Wirtschaftsweise für tragbar gehalten werden (siehe 3.3.2, Dungeinheit). Damit entsprechen sich die Vorschriften in den drei Bundesländern Nordrhein-Westfalen, Niedersachsen und Schleswig-Holstein vom fachlichen Inhalt in etwa.

3.3.4 Pflanzenschutzgesetz — PflSchG (22)

Pflanzenschutz umfaßt die Vorbeugung gegen Schadorganismen, die Verhütung ihrer Einschleppung und die Bekämpfung aufgetretener Schadorganismen durch mechanische, biologische, biotechnische und chemische Maßnahmen. Das Pflanzenschutzgesetz unterstreicht einerseits die Notwendigkeit der Abwendung von Ertrags- und Qualitätsverlusten durch Schadorganismen (Krankheitserreger, Schädlinge und Unkräuter); andererseits will es Gefahren abwenden, die durch Maßnahmen des Pflanzenschutzes selbst, insbesondere für die Gesundheit von Mensch und Tier und für den Naturhaushalt, entstehen können.

Besondere Sorgfalt wird im Umgang mit chemischen Pflanzenschutzmitteln verlangt. Sehr umfassend wird dies im Anwendungsparagraphen (§ 6) Abs. 1, Satz 3, gesagt:

„Pflanzenschutzmittel dürfen nicht angewandt werden, soweit der Anwender damit rechnen muß, daß ihre Anwendung schädliche Auswirkungen auf die Gesundheit von Mensch und Tier oder auf Grundwasser oder sonstige erhebliche schädliche Auswirkungen, insbesondere auf den Naturhaushalt, hat."

An der gleichen Stelle des Gesetzes heißt es, daß Pflanzenschutzmittel nur nach „guter fachlicher Praxis" angewandt werden dürfen und daß dazu die Grundsätze des „integrierten Pflanzenschutzes" gehören.

Die gute fachliche Praxis ist gegeben, wenn der Anwender alle geltenden Vorschriften (vor allem die Gebrauchsanleitung) beachtet und die landbaulichen Maßnahmen nach den anerkannten fachlichen Regeln miteinander kombiniert. Z. B. sind Fruchtfolgen und Bodenbearbeitung so zu steuern, daß möglichst wenige Schadorganismen auftreten; anfällige Sorten soll er meiden; die Bestandsführung soll über die Düngung so erfolgen, daß Schaderreger nicht gefördert werden; praktikable mechanische, biologische und biotechnische Pflanzenschutzmaßnahmen sind zu bevorzugen und Nützlinge als natürliches „Bekämpfungspotential" zu erhalten und zu fördern (23). Kurz gesagt soll beim Einsatz von chemischen Pflanzenschutzmitteln nach dem Motto verfahren werden: „So viel wie nötig, aber so wenig wie möglich."

Im Anwendungsparagraphen (§ 6 Abs. 2) wird auch bestimmt, daß Pflanzenschutzmittel nicht in oder an Gewässern angewandt werden dürfen.

Die nach § 10 geforderte Sachkunde ist der Beleg für die gute fachliche Praxis des Anwenders. Jeder, der Pflanzenschutzmittel einsetzt oder verkauft, muß die erforderlichen fachlichen Kenntnisse besitzen und zuverlässig sein.

Von besonderer Bedeutung ist, daß Pflanzenschutzmittel nur in den Verkehr gebracht werden dürfen, wenn sie die Zulassung von der Biologischen Bundesanstalt erhalten haben (§ 11). In der vorausgehenden Prüfung wird festgestellt, ob das Mittel

— für den Schutzzweck hinreichend wirksam ist,
— den Erfordernissen des Schutzes der Gesundheit bei Mensch und Tier beim Verkehr mit gefährlichen Stoffen entspricht und
— bei bestimmungsgemäßer und sachgerechter Anwendung keine schädlichen Auswirkungen auf die Gesundheit von Mensch und Tier und auf das Grundwasser und nach dem Stande der wissenschaftlichen Erkenntnisse keine unvertretbaren, sonstigen Auswirkungen auf den Naturhaushalt hat (§ 15).

Sowohl das Bundesgesundheitsamt als auch das Umweltbundesamt müssen der Zulassungsentscheidung zustimmen (§ 15). Das Nähere bestimmt die Pflanzenschutzmittel-Zulassungsverordnung vom 28. Juli 1987 (24).

Mit der *Pflanzenschutzmittel-Anwendungsverordnung* vom 27. 7. 1988 (25) hat das Bundeslandwirtschaftsministerium nach § 7 Pflanzenschutzgesetz eine Vorschrift neu gefaßt, die insbesondere für den Grundwasserschutz klarer und strenger ist. Die Verbote und Beschränkungen sind in drei Gruppen zusammengefaßt.

Die erste Gruppe besteht aus 35 Wirkstoffen mit einem *vollständigen Anwendungsverbot*. Das heißt, daß Pflanzenschutzmittel nicht angewendet werden dürfen, die aus einem dieser Stoffe bestehen oder einen solchen Stoff enthalten. Ihre Zulassung ist erloschen, zurückgenommen oder aufgehoben, und es gibt keine Ausnahmeregelung für Restbestände. Dazu gehören, um nur einige zu nennen, Aldrin, Arsenverbindungen, Captafol, Dieldrin, Endrin, Quecksilberverbindungen.

Für die zweite Gruppe von zehn Wirkstoffen besteht ein *eingeschränktes Anwendungsverbot* (§ 2). Die genannten Wirkstoffe sind im Grundsatz verboten, aber für jeweils im einzelnen bestimmte Zwecke (sehr begrenzt) zugelassen. So ist z. B. die Anwendung von Blausäure nur zur Begasung von Mühlen, Lagerräumen usw. zulässig. Der überwiegende Teil der zehn Stoffe darf in Wasserschutzgebieten nicht angewendet werden. Z. B. darf Clopyralid (Lontrel) nur gegen die Ackerdistel im Futter- und Zuckerrübenbau und nur außerhalb von Wasserschutzgebieten eingesetzt werden.

Für die dritte Gruppe gelten *Anwendungsbeschränkungen* (§ 3). Im Grundsatz sind also die genannten Wirkstoffe erlaubt, ihre Anwendung wird aber für bestimmte Bereiche verboten. Sieben Mittel gehören zum Abschnitt A dieser Gruppe, bei denen jeweils eine spezielle Anwendungsart verboten ist. Beispielweise ist Paraquat im Getreidebau verboten.

Einheitlicher und für den Wasserschutz bedeutsamer sind die Einschränkungen für die 73 Wirkstoffe des Abschnitts B: Sie dürfen nicht in Wasserschutzgebieten eingesetzt werden.

Im Gegensatz zur früheren Regelung, die drei unterschiedliche Wasserschutzgebietsauflagen als Teil der Gebrauchsanleitung und Kennzeichnung vorsah, gibt es jetzt nur noch eine einzige Wasserschutzgebietsauflage (W-Auflage), die als Verbot für alle Schutzzonen gleichermaßen gilt. Lediglich die Bacillus-thuringiensis-Präparate (z. B. Dipel) wurden nicht in die Anwendungsverordnung aufgenommen und dürfen wie bisher in Zone III, nicht jedoch innerhalb der 50-Tage-Zone bis zur Brunnenfassung (= Zonen II und I) angewendet werden (26).

Eine Auswahl der in Wasserschutzgebieten verbotenen Wirkstoffe und Präparate ergibt sich aus Abbildung 8.

Außer der bestehenden W-Auflage nach der Anwendungsverordnung erteilt die Biologische Bundesanstalt bei der Zulassung von Pflanzenschutzmitteln noch Auflagen, die dem Wasserschutz dienen. Sie müssen vom Antragsteller in die Gebrauchsanleitung aufgenommen und damit dem Anwender bekanntgegeben werden.

Die neue Wasserschutzgebietsauflage für die Zulassung, die für alle nach der Anwendungsverordnung mit W-Auflage eingestuften Mittel gilt, hat folgenden Wortlaut:

> „Keine Anwendung in Zuflußbereichen (Einzugsgebieten) von Grund- und Quellwassergewinnungsanlagen, Heilquellen und Trinkwassertalsperren sowie sonstigen grundwasserempfindlichen Bereichen."

Während das Verbot der Anwendungsverordnung auf die rechtlich festgesetzten Wasserschutzgebiete beschränkt ist, geht die Auflage der Zulassungsbehörde weiter. Die Beurteilung, wie die in der Auflage genannten Gebiete abzugrenzen sind, dürfte individuell sehr unterschiedlich und damit unsicher sein. Aus diesem Grund ist eine Harmonisierung erforderlich (bereits eingeleitet).

Unter den weiteren Zulassungsauflagen für den Wasserschutz befinden sich vor allem die folgenden, die je nach Eigenschaften des Mittels festgelegt werden:

Abbildung 8: Pflanzenschutzmittel mit W-Auflage (Auswahl) (= Anwendungsverbot in Wasser- und Heilquellenschutzgebieten).

Übersicht Pflanzenschutzmittel mit W-Auflage

(= Anwendungsverbot in Wasser- und Heilquellenschutzgebieten; Auswahl)

Herbizide

Wirkstoff	Handelspräparat	bevorzugtes Anwendungsgebiet
Dinoterb	Flüssig Herbogil, Super-Herbogil, Tolkan Super	Getreide
DNOC	Etzel	Getreide
Dicamba	Banvel M, Banvel P, Cornal versch. Rasenherbizide (auch mit Dünger)	Getreide, Grünland Rasen
Fluroxypyr	Starane, Tristar, Dizan	Getreide
Bentazon	Basagran Basagran Ultra, Basagran DP Ultima plus, Herbatox, Graminon Plus Laddok	Leguminosen Getreide Mais
Cyanazin	Fortrol Aquinol	Getreide Mais
Pyridate	Lentagran	Mais
Atrazin	Atrazin-Mittel, Gesaprim, Aquinol Laddok, Fanoprim, Mais-Certrol, Primextra	Mais
Simazin	Simazin-Mittel, Gesatop Simazin-Mittel, Gesatop, Domatol Vorox u. a.	Mais Obst-, Weinbau Baumschulen Wege und Plätze
Benazolin	Catt Galtak	Getreide Raps
Metazachlor	Butisan S	Raps, Gemüse
Carbetamid	Pradone Kombi	Raps
Dimefuron	Pradone Kombi	Raps
Clopyralid	Lontrel	Rüben (Anwendung nur gegen Ackerkratzdistel erlaubt)
Alloxydim	Fervin	Rüben, Raps, Kartoffeln, Gemüse
Sethoxydim	Fervinal Plus	Rüben, Raps, Gemüse
Fluazifop-butyl	Fusilade	Rüben, Raps, Kartoffeln
Haloxyfop	Gallant	Rüben, Raps
Metribuzin	Sencor	Kartoffeln, Spargel
Propachlor	Ramrod	Gemüse
TCA	NaTA	Quecken im Ackerbau
Asulam	Asulox	Grünland (Ampfer) Spinat

Zahlreiche Mittel im Obstbau, Weinbau, auf Wegen und Plätzen sowie Gleisanlagen, die einen der nachfolgenden Wirkstoffe enthalten: Amitrol, Bromacil, Dichlobenil, Ethidimuron, Hexazinon, Karbutilat, Natriumchlorat, Picloram, Propazin, Tebuthiuron, Terbacil, Terbumeton, Triclorpyr.

Fungizide

Wirkstoff	Handelspräparat	bevorzugtes Anwendungsgebiet
Fenpropimorph	Corbel, Simbo	Getreide
Metalaxyl	Ridomil-Mittel	Kartoffeln, Hopfen, Gemüse
Oxadixyl	Sandofan M	Kartoffeln
Benalaxyl	Galben	Hopfen
Nitrothal-isopropyl	Kumulan, Pallinal	Obstbau

Insektizide

Wirkstoff	Handelspräparat	bevorzugtes Anwendungsgebiet
Aldicarb	Temik	Zuckerrüben, Erdbeeren, Zierpflanzen
Carbofuran	Curaterr-Granulat (gilt nicht für Carbofuran-Zuckerrüben-Pille)	Rüben, Mais, Gemüse, Zierpflanzen
Carbosulfan	Marshal 25 EC (gilt nicht für Rapssaatgut-Inkrustierung)	Hopfen
Diazinon	Basudin u. a.	Ackerbau, Obst, Gemüse, Zierpflanzen
Dimethoat	Zahlreiche Dimethoat-Mittel sowie Kombinationspräparate	Ackerbau, Obst, Gemüse, Zierpflanzen
DNOC	Winterspritzmittel	Obstbau
Ethiofencarb	Croneton-Mittel	Kartoffeln, Rüben, Obst, Gemüse, Zierpflanzen
Etrimfos	Ekamet	Kartoffeln, Obst, Gemüse, Zierpflanzen
Lindan	Nexit, Verindal-Ultra (Beschränkung nur bei Anwendung als Gieß- oder Streumittel und gegen Borkenkäfer)	Ackerbau, Gemüse, Forst
Methamidophos	Tamaron Beschränkung nur bei Anwendung als Gießmittel	Hopfen, Zierpflanzen
Methomyl	Lannate	Gemüse, Obst, Zierpflanzen
Oxamyl	Vydate	Hopfen, Zierpflanzen
Pirimicarb	Pirimor	Ackerbau, Obst, Gemüse, Zierpflanzen
Pirimiphos-methyl	Actellic	Gemüse, Zierpflanzen
Propoxur	Unden	Kartoffeln, Obst, Gemüse, Zierpflanzen
S 421	Metoxychlor-Emulsion	Raps, Kirschen

Sonstige Mittel

Wirkstoff	Handelspräparat	bevorzugtes Anwendungsgebiet
Dichlorpropen und Dichlorpropen	Shell DD, Telone, Di-Trapex u. a.	Bodenbehandlung
Methylisothiocyanat	Di-Trapex, Trapex 40	Bodenbehandlung
Metam-Natrium	AAmonam	Bodenbehandlung
Dazomet	Basamid	Bodenbehandlung
Methylbromid	Terabol	Bodenbehandlung
Ethoprophos	Mocap	Kartoffelnematoden
Phosphorwasserstoff entwickelnde Verbindungen zur Begasung von Schermäusen:		
Aluminiumphosphid	Neudophosphid S, Phostoxin u. a.	
Kalziumphosphid	Polytanol, Arrex-Patrone u. a.	
Kalziumcarbid	KKB (gegen Schermaus)	Ackerbau, Obst Gemüse, Zierpflanzen
Monochlorbenzol	Talpigram u. a. (Maulwurfvergrämung)	Zierpflanzen

Quelle: R. Schietinger 1988 (26)

227 Keine Anwendung auf stärker geneigten Flächen, von denen eindeutig die Gefahr einer Abschwemmung in Gewässer — insbesondere durch Regen oder Gewässer — gegeben ist.

229 Keine Anwendung bei Holzlagern, die in unmittelbarer Nähe von Gewässern liegen (Mindestabstand 10 m in der Horizontalen).

230 Keine Anwendung auf stärker geneigten Flächen, von denen eindeutig die Gefahr einer Abschwemmung in Gewässer — insbesondere durch Regen oder Bewässerung — gegeben ist. In jedem Falle ist eine Anwendung in unmittelbarer Nähe von Gewässern (5—10 m) auszuschließen.

261 Das Mittel ist fischgiftig.

264 Das Mittel ist giftig für Fische und Fischnährtiere.

Die Bußgeldvorschriften wurden im neuen Pflanzenschutzgesetz verschärft. Hinsichtlich der Anwendungsverbote in Wasserschutzgebieten nach der Anwendungsverordnung können bei Nichteinhalten Bußgelder verhängt werden. Dagegen ist die im Zulassungsverfahren erteilte W-Auflage, die sich auf die Wassereinzugsgebiete bezieht, nicht bußgeldbewehrt. Nach einer vorgesehenen Harmonisierung wird sie künftig mit einer Geldbuße verbunden werden können.

3.3.5 EG-Richtlinie über die Qualität von Wasser für den menschlichen Gebrauch (27)

Mit seiner Richtlinie vom 15. 7. 1980 hat der Rat der Europäischen Gemeinschaften nicht nur eine Vereinheitlichung der Qualitätsnormen, sondern auch eine Verbesserung der Trinkwasserqualität angestrebt. Maßgebend war einerseits die Bedeutung, die das für den menschlichen Gebrauch bestimmte Wasser für die Volksgesundheit hat. Andererseits sollten bestehende Unterschiede bei den bereits festgesetzten oder geplanten Bestimmungen der Mitgliedstaaten einander angeglichen werden. Ungleiche Wettbewerbsbedingungen müssen vermieden, eine harmonische Entwicklung des Wirtschaftslebens und die Verbesserung der Lebensbedingungen erreicht werden.

Die Richtlinie sieht daher Normen vor, die für giftige chemische Stoffe und gesundheitsschädliche Keime im Wasser für den menschlichen Gebrauch gelten, sowie die Definition physikalischer, chemischer und biologischer Parameter, entsprechend den verbliebenen Verwendungszwecken.

Als wünschenswert wird es bezeichnet, daß sich die Mitgliedstaaten an den (strengeren) Richtwerten orientieren, die für eine Reihe von Merkmalen neben dem Grenzwert angegeben wurden. Eine regelmäßige Überwachung der Qualität wird für verbindlich erklärt.

Die Mitgliedstaaten werden in der Richtlinie aufgefordert, die zur Umsetzung in nationales Recht erforderlichen Vorschriften innerhalb von zwei Jahren in Kraft zu setzen und die notwendigen Maßnahmen so zu treffen, daß die Qualität des Wassers binnen fünf Jahren der Richtlinie entspricht.

Da die in sechs Listen des Anhangs enthaltenen über 60 Parameter in der deutschen Trinkwasserverordnung wiederkehren, werden sie dort dargestellt (siehe 3.3.6).

3.3.6 Trinkwasserverordnung — TrinkwV (28)

Die Verordnung vom 22. 5. 1986 wurde vom Bundesminister für Jugend, Familie und Gesundheit erlassen. Sie setzt die EG-Richtlinie in deutsches Recht um und basiert auf zwei Bundesgesetzen.

Nach § 11 des *Bundesseuchengesetzes* (29) muß Trinkwasser (und Wasser für Lebensmittelhersteller) so beschaffen sein, daß keine Schädigung der menschlichen Gesundheit, insbesondere durch Krankheitserreger, zu besorgen ist. Das Weitere und Nähere ist durch Rechtsverordnung zu bestimmen.

Das *Lebensmittel- und Bedarfsgegenständegesetz* (30) ermächtigt in § 10 zum Erlaß von Verordnungsvorschriften, die der Gefahr „einer ekelerregenden oder sonst nachteiligen Beeinflussung" von Lebensmitteln (z. B. durch Mikroorganismen, Verunreinigungen, Gerüchen) entgegenwirken.

Die Trinkwasserverordnung füllt diese Regelungsnotwendigkeit aus. Sie geht davon aus, daß Trinkwasser als wichtigstes Lebensmittel keine gesundheitsschädigenden Eigenschaften besitzen darf, appetitlich sein und zum Appetit anregen soll.

Solche und ähnliche Gütekriterien orientieren sich an den „Eigenschaften eines aus genügender Tiefe und ausreichend filtrierenden Schichten gewonnenen Grundwassers, das in keiner Weise beeinträchtigt wurde" (35). Grund- und Quellwasservorkommen, die diesen hohen Anforderungen entsprechen, werden „Reinwasser" genannt und direkt in das Trinkwassernetz eingespeist. Der Anteil des Reinwassers an der gesamten geförderten Grund- und Quellwassermenge in Baden-Württemberg sank von 1979 bis 1985 um acht Prozentpunkte auf 60 % (31). Der übrige Teil des Grundwassers muß vor der Einspeisung in das Trinkwassernetz aufbereitet werden und wird „Rohwasser" genannt.

Die Möglichkeiten einer negativen Beeinflussung der Trinkwasserqualität sind sehr vielfältig. Die Verordnung faßt ihre Bestimmungen für Trinkwasser hauptsächlich in drei Gruppen zusammen:

— In der ersten Gruppe (§ 1) muß das Trinkwasser frei von Krankheitserregern sein. Hierbei werden also die hygienischen Gesichtspunkte berücksichtigt.

— In der zweiten Gruppe werden Grenzwerte für chemische Stoffe festgelegt, deren Aufnahme insbesondere aus toxikologischen und Vorsorge-Überlegungen heraus beschränkt werden muß (§ 2).

— In der dritten Gruppe werden Grenzwerte für Stoffe vorgeschrieben, die nicht unmittelbar den Gesundheitsschutz, sondern die Genuß- und Gebrauchstauglichkeit betreffen (§ 3).

Im Bereich der Gruppe für *hygienische Merkmale* sind im einzelnen die mikrobiologischen Untersuchungsmethoden beschrieben und Grenz- bzw. Richtwerte für Krankheitserreger (Keime, Kolonien usw.) sowie Desinfektionsvorschriften enthalten.

Der *toxikologisch und nach dem Vorsorgeprinzip begründete Grenzwertbereich* umfaßt die in der Abbildung 9 enthaltenen 13 Stoffe.

Die meisten der genannten Stoffe können sowohl aus der Gesteinsverwitterung als auch aus anthropogenen (vom Menschen beeinflußten) Stoffeinträgen stammen. Sie

Abbildung 9: Grenzwerte für chemische Stoffe im Trinkwasser.

Lfd. Nr.	Bezeichnung	Grenzwert mg/l	= etwa mmol/m³
1	Arsen	0,04	0,5
2	Blei	0,04	0,2
3	Cadmium	0,005	0,04
4	Chrom	0,05	1
5	Cyanid	0,05	2
6	Fluorid	1,5	79
7	Nickel	0,05	0,9
8	Nitrat	50	806
9	Nitrit	0,1	2,2
10	Quecksilber	0,001	0,005
11	Polycyclische aromatische Kohlenwasserstoffe	0,0002	0,02
12	Organische Chlorverbindungen		
	— 1,1,1-Trichlorethan	0,025	—
	— Tetrachlorkohlenstoff	0,003	0,02
13	a) Pflanzenschutzmittel einschließlich toxischer Hauptabbauprodukte b) Polychlorierte, polybromierte Biphenyle und Terphenyle	einzelne Substanz = 0,0001 insgesamt = 0,0005	

Der Grenzwert für Nr. 13 tritt erst drei Jahre nach Inkrafttreten der Trinkwasserverordnung, also am 1. Oktober 1989, in Kraft.

nach Trinkwasserverordnung 1986 Anlage 2 (28)

können als Bestandteil des Trinkwassers für den Menschen gesundheitliche Gefährdungen verursachen. Insbesondere bei den polycyclischen Kohlenwasserstoffen und den organischen Chlorverbindungen besteht auch der Verdacht der Krebserregung.

Die Festlegung der Grenzwerte erfolgt sowohl nach Milligramm (mg) je Liter als auch nach Millimol (mmol) je Kubikmeter. Das zuletzt genannte Maß „mol" berücksichtigt die Atomgewichte aller am Aufbau der Verbindung (des Moleküls) beteiligten Atome (Elemente). (Ein mol Kochsalz [NaCl] je m³ Wasser bedeutet, daß 58,4 g NaCl darin gelöst sind [23 g Na + 35,4 g Cl].)

Die dritte Gruppe mit 17 Grenzwerten (Anlage 4 der Trinkwasserverordnung) umfaßt neben der Färbung, der Trübung und dem Geruchsschwellenwert auch die folgenden physikalisch-chemischen Kenngrößen:

4. Temperatur	(25 °C)	11. Kalium	(12 mg/l)
5. pH-Wert	(6,5—9,5)	12. Magnesium	(50 mg/l)
6. Leitfähigkeit 2000 μScm^{-1} bei 25 °C		13. Mangan	(0,05 mg/l)
7. Oxidierbarkeit	(5 mg/l)	14. Natrium	(150 mg/l)
8. Alumirium	(0,2 mg/l)	15. Silber	(0,01 mg/l)
9. Ammonium	(0,5 mg/l)	16. Sulfat	(240 mg/l)
10. Eisen	(0,2 mg/l)	17. Oberflächenaktive Stoffe (= Tenside vorwiegend aus Waschmitteln)	(0,2 mg/l)

Es handelt sich außer den Tensiden um Merkmale, die großenteils durch die natürlichen Gegebenheiten von Geologie und Standort gegeben sind. Einige sind während der Wasseraufbereitung begrenzt korrigierbar. Sie beeinflussen die Genußtauglichkeit (Trinkwasser soll appetitlich sein und zum Genuß anregen) und die Gebrauchsfähigkeit. Beispielsweise begünstigen niedrige pH-Werte die Korrosion der Wasserinstallation. Eine Entsäuerung kann dem entgegenwirken. — Die elektrische Leitfähigkeit ist ein Maß für die im Wasser gelösten Salze. — Das Ammonium dient hauptsächlich als Indikator für mikrobiologisch bedenkliche Verunreinigungen.

Schließlich sei auf die Wasserhärte hingewiesen, die ein Maß für den Gehalt an Calcium und Magnesiumsalzen im Wasser ist. Einem Grad Deutscher Härte (1 dH) entsprechen 10 mg Calciumoxid (CaO) oder 7,14 mg Magnesiumoxid (MgO) je Liter Wasser. Regen, Schnee und Kondenswasser haben keine, Trinkwasser eine mit den geologischen Verhältnissen des Gewinnungsstandortes (Kalkstein) bzw. der Formation des Grundwasserleiters (Aquifer) zusammenhängende Härte.

Die Gesamthärte ist nicht nur wegen der Lebensdauer von Heißwassergeräten oder Dampferzeugern (Kalk scheidet sich ab) von Bedeutung, sondern auch wegen ihrer engen Beziehung zu einer Reihe chemischer Reaktionen im Wasser. Das ist zum einen das Kalk-Säure-Gleichgewicht. Geringe Härte, das heißt weiches Wasser, ist nicht nur geschmacklich fade, sondern kann auch Säurebildner beinhalten. Saures Wasser begünstigt die Korrosion von Rohranlagen, auch sind gelöste metallische Elemente wie Blei, Zink und Kupfer schädlich. Andererseits bringen die mit hohen Härtegraden

Abbildung 10: Die Härtebereiche nach dem Waschmittelgesetz im Vergleich zu den früher üblichen deutschen Härtegraden.

Härte-bereich	mmol Gesamthärte je Liter (Calcium- u. Magnesiumverbindungen)	Deutsche Härtegrade °d (1 °d = 10 g CaO oder 7,14 g MgO als lösl. Salz je m³ Wasser)
1 (weich)	bis 1,3	0— 7
2 (mittelhart)	1,3—2,5	7—14
3 (hart)	2,5—3,8	14—21
4 (sehr hart)	über 3,8	über 21

abgeändert nach Häfner 1986, S. 141 (33)

einhergehenden Ablagerungen die Gefahr von Keimherden im Rohrsystem mit sich. Darüber hinaus wird der Erfolg der Desinfektions-Chlorung verringert.

Da die Wirksamkeit von waschaktiven Substanzen unmittelbar mit der Härte verbunden ist (je weicher das Wasser, desto weniger Waschmittel werden benötigt), verpflichtet das Wasch- und Reinigungsmittelgesetz (32) die Versorgungsunternehmen, den Verbraucher über den Härtebereich des Wassers zu informieren. Vier Härtebereiche sind festgelegt (Abbildung 10), die somit eine abgestufte praxisnahe Dosierempfehlung möglich machen. Eine Überdosierung mit den zum Teil noch phosphathaltigen Waschmitteln und den daraus resultierenden Folgen der Eutrophierung ist somit vermeidbar.

3.3.7 Düngemittelgesetz — DüngemittelG (120)

Die Bundesregierung hat 1988 den Entwurf eines „Gesetzes zur Förderung der Landwirtschaft" eingebracht. Das Gesetz sieht eine Förderung der Wettbewerbsstellung der Landwirtschaft gegenüber flächenunabhängigen Tierhaltungsbetrieben und Betrieben mit geringer Flächenbindung vor. Weiterhin sollen Einkommensverluste aufgrund von Änderungen der landwirtschaftlichen Umrechnungskurse im Europäischen Währungssystem ausgeglichen werden. Schließlich sind Vorschriften für die Anwendung von Düngemitteln vorgesehen, die unmittelbar mit dem Ansteigen der Nitratgehalte im Trinkwasser im Zusammenhang stehen. Das neue Gesetz wird voraussichtlich im Laufe des Jahres 1989 vom Bundestag verabschiedet werden und in Kraft treten.

Die vorliegende Fassung des Gesetzentwurfes gliedert sich vor allem in die Abschnitte „Soziostruktureller Einkommensausgleich", „Tierbestände und Flächenbindung für Wirtschaftsdünger tierischer Herkunft" und „Änderung des Düngemittelgesetzes".

Neben dem vorgesehenen Schutz der bäuerlichen Landwirtschaft durch eine Flächenbindung für die Ausbringung von Wirtschaftsdüngern (flexible Obergrenzen für Tierbestände) interessiert vor allem die Änderung des Düngemittelrechts.

Das Düngemittelgesetz, das bisher die Zulassung von Düngemitteltypen, das heißt die Zusammensetzung von Düngemitteln zum Schutz des Düngemittelverbrauchers und der Umwelt regelt, soll zusätzlich eine Anwendungsvorschrift erhalten. So heißt es, daß Düngemittel nur nach guter fachlicher Praxis angewandt werden dürfen. Die Düngung muß nach Art, Menge und Zeitpunkt auf den Nährstoffbedarf der Pflanzen unter Berücksichtigung der Standortbedingungen und der im Boden verfügbaren Nährstoffe ausgerichtet sein und dem Schutz des Grundwassers Rechnung tragen.

Der Bundesminister soll ermächtigt werden, Grundsätze der „guten fachlichen Praxis" zu erlassen, die die Pflicht zur Durchführung von Boden- und Pflanzenuntersuchungen und zur Führung von Aufzeichnungen über Tatsachen einschließen, die für die Anwendung von Düngemitteln von Bedeutung sind.

Bemerkenswert sind Teile der Begründung, weil sie im Zusammenhang mit dem Thema „Trinkwasser und Landwirtschaft" stehen. Sie sollen daher wiedergegeben werden.

> Der Sachverständigenrat für Umweltfragen hat in seinem Umweltgutachten von 1987 auf die steigende Nitratkonzentration im Rohwasser bei Wasserversorgungs-

unternehmen hingewiesen: „Während bundesweit 1979 die zulässige Nitratkonzentration von 50 mg/l im Rohwasser bei 126 Wasserversorgungsunternehmen überschritten wurde, ist dies im Jahr 1984 schon bei 800 Wasserwerken der Fall gewesen."

Die sich ausweitende Nitratproblematik und die Belastungen von Grundwasser haben deutlich gezeigt, daß durch intensiven Pflanzenbau und Tierhaltung der Boden fast flächendeckend überfordert wird und damit die Gewässer mit steigender Tendenz belastet werden. Daher ist es notwendig, die gute fachliche Praxis bei der Anwendung von Düngemitteln auch auf den Schutz des Grundwassers auszurichten.

Im folgenden konzentrieren sich die Ausführungen, dem Thema Trinkwasserschutz und Landwirtschaft folgend, auf die Problembereiche „Nitrat" und „Pflanzenschutzmittel".

3.4 Aktuelle Belastung des Trinkwassers in der Bundesrepublik

Für den Schutz der Oberflächengewässer und des Grundwassers sind die Bundesländer verantwortlich. Nach dem Motto „Vorbeugen ist besser als Heilen" nehmen sie sich der in der Tendenz steigenden Kontamination an. Dem Grundwasser kommt dabei höchste Priorität zu, weil die von der Oberfläche ausgehenden Gefährdungen des Grundwassers sehr viel schwerer zu erkennen sind als diejenigen der Oberflächengewässer und eingetretene Verunreinigungen des Grundwassers, anders als bei den Oberflächengewässern, kaum mit vertretbarem Aufwand und schon gar nicht in kurzer Zeit zu beseitigen sind (6).

Die Länder arbeiten in der Länderarbeitsgemeinschaft Wasser (LAWA) zusammen und stimmen Grundsätze und technische Möglichkeiten ab. Sie informieren sich auch über Ergebnisse und Erfahrungen. Die Eigenständigkeit der Länder wird jedoch trotz des gemeinsamen Zieles in unterschiedlichen Wegen deutlich. So sind nicht nur die Bemühungen um den Grundwasserschutz sehr verschieden weit gediehen, was zum Teil auf die sehr differenzierten Standortgegebenheiten zurückzuführen ist. Auch die Datenerhebung ist (noch) nicht einheitlich und unterschiedlich weit entwickelt.

Bei der Beschreibung der aktuellen Belastung der Gewässer und insbesondere des Grundwassers kann daher kein flächendeckend repräsentativer Überblick gegeben werden. Dennoch dürften die zur Verfügung stehenden Ergebnisse ein Bild über die vorzufindenden Tendenzen geben.

3.4.1 Qualität des Trinkwassers allgemein

Eine große Zahl der die Qualität des Trinkwassers kennzeichnenden Beschaffenheitsparameter wird regelmäßig in den Wasserversorgungsunternehmen erfaßt. Da sich die Zahl der Kenndaten insbesondere durch die neue Trinkwasserverordnung erhöht hat, und einen aufwendigen Untersuchungsaufwand erfordert, können nicht alle Proben aus der Trinkwasserförderung auf alle Stoffe geprüft werden. Daher werden in allen Ländern Trinkwasserbeschaffenheitsmeßnetze aufgebaut. Sie sind nicht nur die Grundlage für einen regelmäßigen und zuverlässigen Überblick über die Wasserqualität, sondern auch für wissenschaftliche Analysen und praktische Maßnahmen zur Erhaltung bzw. Verbesserung der Wasserqualität.

Da zur Zeit eine einheitliche Datenbasis für das Bundesgebiet nicht besteht, wird am Beispiel Baden-Württemberg über die Trinkwassersituation berichtet, wie sie das Statistische Landesamt Stuttgart 1988 veröffentlicht hat (31).

Grundwasser entspricht im allgemeinen den hohen Ansprüchen einer gesunden und zum Genuß anregenden Qualität, wie sie in der DIN-Norm 2000 (35) formuliert ist. Der Anteil des „Reinwassers", das unmittelbar nach der Förderung ins Trinkwassernetz eingespeist werden kann, betrug 1985 in Baden-Württemberg 60 % der gesamten Grund- und Quellwassermenge. Es müssen also 40 % „Rohwasser" vor der Einspeisung aufbereitet werden.

Ebenfalls müssen die für die Trinkwasserversorgung in Anspruch genommenen Oberflächenwässer (= 20 % der öffentlichen Trinkwasserversorgung) aufbereitet werden. Dabei werden jedoch nur wenige Beschaffenheitsparameter wie Trübstoffe sowie Eisen-, Mangan- und Kohlendioxydgehalt beeinflußt. Weitergehende Aufbereitungsmaßnahmen zur Beseitigung von organischen Stoffen (z. B. durch Aktivkohlefilterung) oder Sulfat und Nitrat (z. B. durch Teilentsalzung mittels Ionenaustausch) beschränken sich bisher auf wenige Gewinnungsanlagen.

Generell stellt z. B. das Statistische Landesamt Baden-Württemberg fest, daß das gewonnene Trinkwasser insgesamt eine gute Qualität besitzt. Die meisten in der Trinkwasserverordnung erlassenen Grenzwerte werden nicht nur eingehalten, sondern deutlich unterschritten. Nitrat und Pflanzenschutzmittel, aber auch einige andere Stoffe, geben wegen der vorgefundenen Konzentrationen bzw. deren steigenden Tendenz Anlaß zu gewisser Besorgnis, weil die Möglichkeit der Grenzwertüberschreitung besteht.

Aus Abbildung 11 ist zu erkennen, welchen Anteil des Grenzwertes der betreffende Stoff im Wasser einnimmt. Die beiden Elemente Zink und Selen waren in der früheren Trinkwasserverordnung enthalten, wurden aber wegen der toxikologisch unbedeutenden Konzentrationen nicht mehr in die neue übernommen. Die meisten Stoffe bewegen sich im Rahmen der natürlich vorkommenden Schwankungsbreite und stellen keine Belastung dar. Das Nitrat zeigt im Durchschnittsvergleich seine kritische Stellung. Über Pflanzenschutzmittel sagt die Erhebung 1985 noch nichts aus, weil erst nach diesem Zeitpunkt systematisch für die Trinkwasserdatenbank auf diese Stoffgruppe untersucht wurde (siehe Abbildungen 23 und 24). Der Grenzwert bei Sulfat bezieht sich nur auf Wässer, die nicht aus calciumsulfat-(gips-)haltigem Untergrund stammen. Der Gehalt ist vorwiegend geogen und nur teilweise durch zivilisatorische Faktoren beeinflußt.

Aus der Abbildung 11 ergibt sich auch, daß bei den polycyclischen aromatischen Kohlenwasserstoffen (PAK) in einer geringfügigen Wassermenge Grenzwertüberschreitungen vorgekommen sind. Sie entstehen hauptsächlich bei unvollständigen Verbrennungsvorgängen (Müllverbrennung, Kraftfahrzeugverkehr usw.) und beim Abrieb von Teer- und Bitumenoberflächen und können gesundheitliche Gefährdungen verursachen. Trinkwasser aus Oberflächenwasser ist wesentlich weniger belastet.

Abbildung 11: Trinkwassergewinnung 1985 Baden-Württemberg
(Verteilung der Wassermenge nach der Beschaffenheit des gewonnenen Wassers.

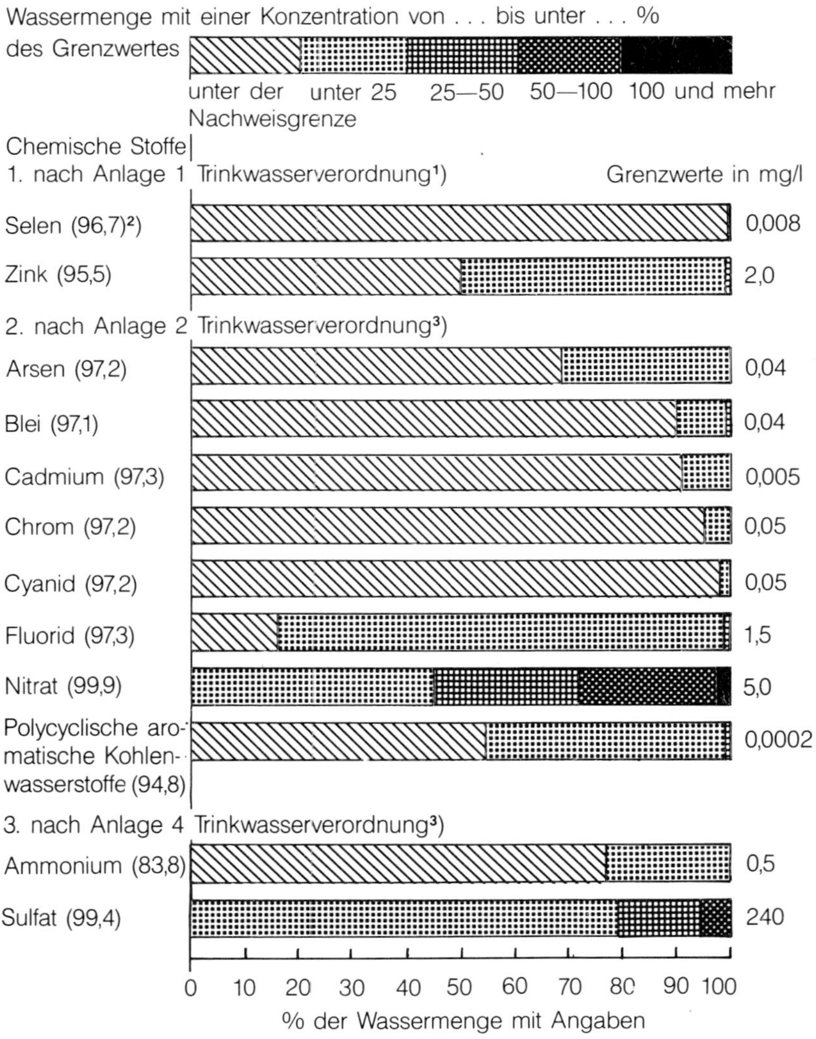

[1]) Trinkwasserverordnung vom 31. 1. 1975 (BGBl.I, S. 453) i. d. F. vom 1. 8. 1984 (BgBl. I, S. 897)
[2]) Anteil der Wassermenge mit Angaben zur Beschaffenheit.
[3]) Trinkwasserverordnung vom 22. 5. 1986 (BGBl.I, S. 760)

Quelle: Statistisches Landesamt 1988 (31)

Die Abbildung 12 zeigt aufgeschlüsselt die PAK-Belastung und diejenige durch organische Chlorverbindungen (chlorierte Kohlenwasserstoffe, CKW). Auch hier handelt es sich um zivilisatorische Verunreinigungen, die vor allem aus Lösungs-, Extraktions- und Reinigungsmitteln stammen. Ein Teil könnte auch auf Klärschlamm zurückzuführen sein, wie neue Untersuchungen des Bundesgesundheitsamtes über Klärschlamminhalte gezeigt haben. Grenzwertüberschreitungen sind wegen des niedrigen Ausgangsniveaus in Zukunft nicht zu erwarten, aber auch wegen der Tatsache nicht, daß sich die Gehalte an PAK und CKW durch geeignete physikalisch-chemische Aufbereitungsverfahren merklich herabsetzen lassen.

Das Beispiel Baden-Württemberg hinsichtlich der CKW- und PAK-Konzentration im Trinkwasser dürfte durchaus vergleichbare Werte für das Bundesgebiet liefern, da es sich ohnehin um Durchschnittsergebnisse handelt und die Verunreinigungen zu einem großen Teil auf gesteinsbedingte und also sehr unterschiedliche Einflüsse zurückzufüh-

Abbildung 12: Konzentration an chlorierten Kohlenwasserstoffen (CKW) und polycyclischen aromatischen Kohlenwasserstoffen (PAK) im gewonnenen Trinkwasser Baden-Württembergs 1985.

Datenquelle: Statistisches Landesamt Baden-Württemberg 1988 (31)

Konzentration	Anlagen	Wassermenge		
		insges.	davon Grund- u. Quellwasser	davon Oberflächenwasser
	Anzahl	in 1000 m³		
Zusammen	2 691	744 055	578 101	165 954
davon mit Angaben zu **CKW**	1 407	632 243	469 323	162 920
davon mit einer Konzentration von .... bis unter .... µg/l				
unter 2	1 255	427 292	398 965	28 327
2— 6	102	55 972	50 038	5 934
6—25	43	147 715	19 056	128 659
über 25	7	1 264	1 264	—
(Grenzwert = 25)				
darunter mit Angaben zu **PAK**	2 384	705 527	541 343	164 184
davon mit einer Konzentration von .... bis unter .... µg/l				
unter 0,012	2 080	632 769	468 962	163 807
0,012—0,050	254	67 382	67 005	377
0,050—0,200	47	5 292	5 292	—
über 0,200	3	84	84	—
(Grenzwert = 0,200)				

ren sind. Bei den Stoffen aus Industrie, Gewerbe und Verkehr handelt es sich meist um punktuelle Verunreinigungsquellen, die in jedem Bundesland unterschiedlich verteilt und konzentriert sind. Die genannten Zahlen können also als Anhalt verstanden werden, der auch wegen der unterschiedlichen Anteile an Grund- und Oberflächenwasser (Abbildung 4) zu relativieren ist. Die Konzentrationen dieser Stoffe werden regelmäßig überprüft.

In den folgenden Unterabschnitten wird über die aktuellen Gehalte des Grundwassers an Nitrat und Pflanzenschutzmitteln berichtet, die vorwiegend aus flächenhaften Einträgen resultieren. Zuvor soll auf die Maßeinheiten hingewiesen werden, die bei der Festsetzung der Grenzwerte und der Feststellung der Verunreinigungen benutzt werden. Die in der Abbildung 13 genannten Gewichtskategorien unterscheiden sich jeweils um eine Tausender-Potenz.

Abbildung 13: Beschreibung von Gewichtseinheiten.

Gramm g	Milligramm mg		Mikrogramm μg		Nanogramm ng	
1,0	1 000	10^3	1 000 000	10^6	1 000 000 000	10^9
0,001	1,0	10^0	1 000	10^3	1 000 000	10^6
0,000001	0,001	10^{-3}	1,0	10^0	1 000	10^3
0,000000001	0,000001	10^{-6}	0,001	10^{-3}	1,0	10^0

3.4.2 Nitratgehalte im Trinkwasser

Die Nitrat-Problematik wurde in der Bundesrepublik erst dadurch in großer Breite akut, daß mit der EG-Trinkwasserrichtlinie 1980 der Grenzwert für Nitrat von 90 auf 50 mg/l, der Richtwert sogar auf 25 mg/l festgesetzt wurde. Die damals bevorstehende Herabsetzung des bislang geltenden nationalen Nitratgrenzwertes und die Tatsache regional steigender Nitratwerte in den Flächenstaaten haben vielfältige Aktionen in Gang gesetzt.

Es liegen umfangreiche Untersuchungsergebnisse über die Nitratkonzentration im Trinkwasser vor. Die Bundesländer haben nicht nur regelmäßige Untersuchungen bei den Unternehmen der öffentlichen Wasserversorgung durchgeführt, sie haben auch Trinkwasserbeschaffenheitsmeßnetze installiert. Eine kontinuierliche Überwachung mit einem repräsentativen Netz soll die Möglichkeit zielgerechter Maßnahmen zur Gewährleistung einer einwandfreien Wasserqualität eröffnen. Derzeit haben jedoch noch nicht alle Bundesländer Übersichten über die exakte Entwicklung, weil vergleichbare Werte über mehrere Jahre noch nicht überall vorliegen.

Dennoch läßt sich nach einer Auswertung des Bundesgesundheitsamtes die Entwicklung des Nitratgehaltes seit 1915 verfolgen, wie Abbildung 14 zeigt. Daraus wird zumindest in der Tendenz deutlich, daß sich die Anteile der niedrigen Nitratkonzentrationen vermindert und die der höheren vermehrt haben.

Abbildung 14: Entwicklung des Nitratgehaltes im Trinkwasser seit 1915.

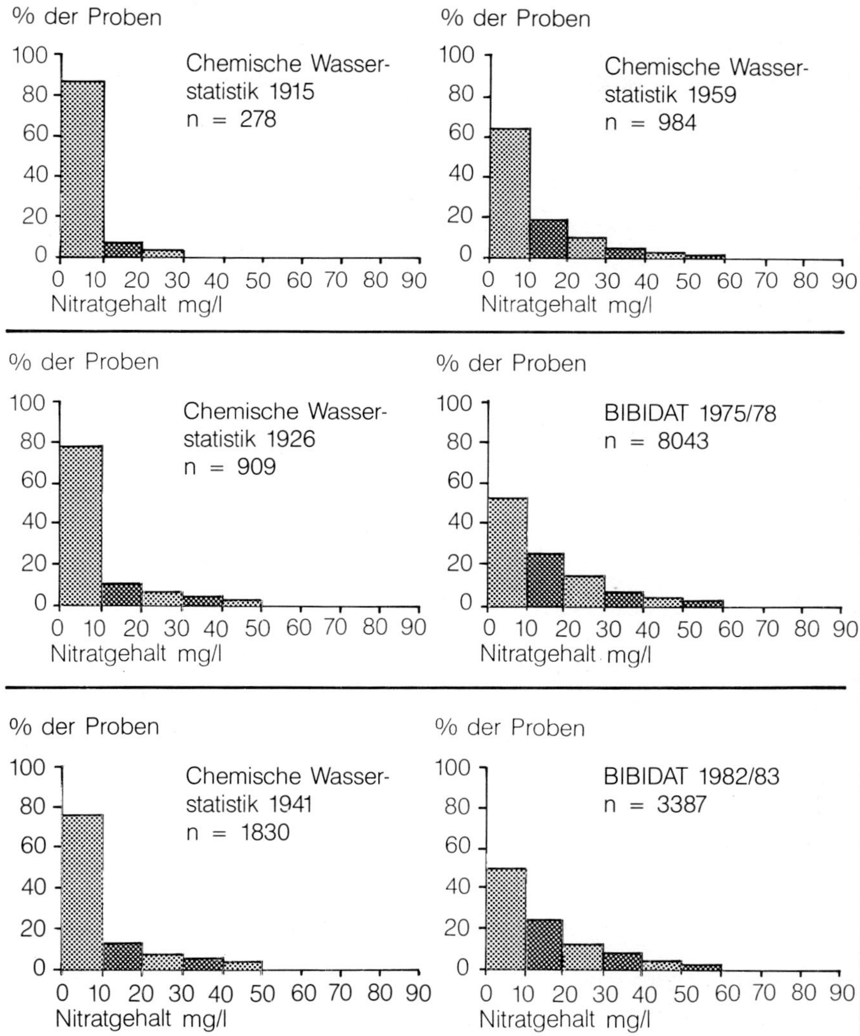

Auswertung des Bundesgesundheitsamtes (BGA) über die Entwicklung des Nitratgehaltes im Trinkwasser seit 1915

Quelle: LAWA-Wasserversorgungsbericht 1986 (37)

Abbildung 15: Nitratstatistik in den Bundesländern.

abgeändert nach LAWA-Wasserversorgungsbericht 1986 (37)

Bundesland	Trinkwasser mit einem Nitratgehalt von				Erhebungsjahr
	0—24	25—49	50—90	> 90	
	Milligramm je Liter *				
Baden-Württemberg	63,7	32,8	3,4	0,1	1983
Bayern	78,1	18,0	3,5	0,4	1977—84
Berlin	100	—	—	—	
Bremen	100	—	—	—	1982
Hamburg	100	—	—	—	1983
Hessen	88,5	10,9	0,6	—	1977—82
Niedersachsen	89,6	10,1	0,3	—	1982
Nordrhein-Westfalen	65,2	26,4	7,9	0,5	1983
Rheinland-Pfalz	73,5	19,5	5,3	1,7	1982
Saarland	75,2	23,4	1,4	—	1985
Schleswig-Holstein	95,1	3,9	0,5	0,5	1984

* in Prozent der geförderten Wassermenge

Die durchschnittlichen Nitratgehalte im Trinkwasser der Bundesländer zeigen erhebliche Unterschiede, die sicher nur teilweise durch die verschiedenen Untersuchungsjahre bedingt sind (siehe Abbildung 15).

Außer in den drei Stadtstaaten gibt es in allen Bundesländern Anteile der geförderten Wassermenge, die den Grenzwert von 50 mg/l übersteigen. Aber auch die Konzentrationsgruppe von 25—50 mg/l muß als potentiell kritische Größenordnung angesehen werden.

Um die Entwicklungstendenzen trotz des Mangels an vergleichbaren Werten für das gesamte Bundesgebiet aufzuzeigen, werden die Untersuchungsergebnisse aus einigen Bundesländern vorgestellt.

Baden-Württemberg

In den Jahren von 1977 bis 1985 sind, wie in Abbildung 16 zu erkennen ist, die Konzentrationsgrößenklassen über 25 mg/l gestiegen, während diejenigen mit geringer Belastung abgenommen haben. In einer Trendberechnung auf der Basis von 263 Anlagen hat das Statistische Landesamt festgestellt, daß im Durchschnitt der Nitratgehalt von 17,2 mg/l im Jahre 1977 auf 21,3 mg/l im Jahre 1987 angestiegen ist (31).

Während 1977 17 % der Gesamtförderung den Konzentrationswert von 25 mg Nitrat je Liter überschritt, steigerte sich dieser Anteil bis 1983 auf 28,6 % der Förderung. Das sind 11,6 % in sechs Jahren.

Abbildung 16: Verteilung der Anlagen und gewonnenen Wassermengen für Nitrat in Baden-Württemberg 1977 bis 1985 nach Konzentrationsgrößenklassen.
(Die 5 Säulen bedeuten von links nach rechts die Jahre 1977, 1979, 1981, 1983, 1985.)

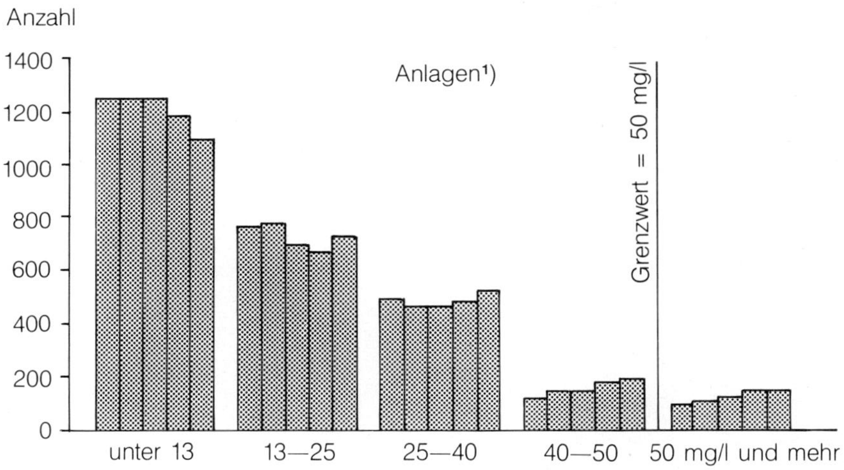

[1]) Reinwassergewinnungs- und Aufbereitungsanlagen von Rohwasser mit Angaben.

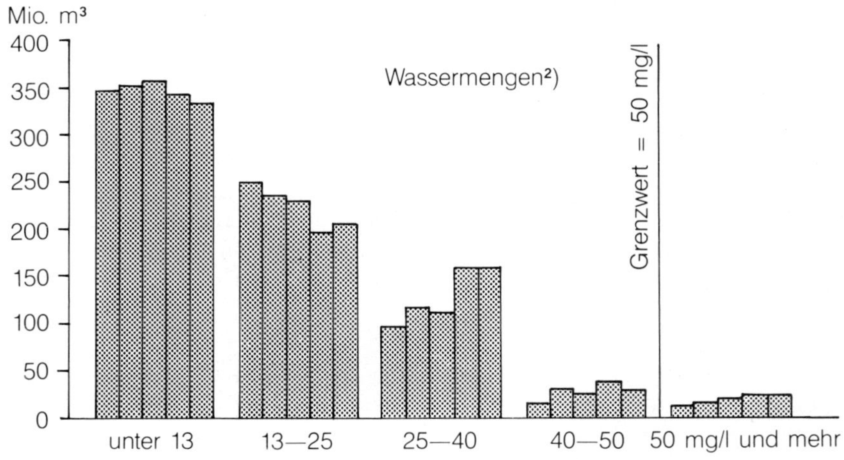

[2]) Grund-, Quell- und Oberflächenwasser mit Angaben.

Quelle: Statistisches Landesamt Baden-Württemberg 1988 (40)

Abbildung 17: Trend der Grundwasserbelastung mit Nitrat in Baden-Württemberg (Wassermengenanteile).

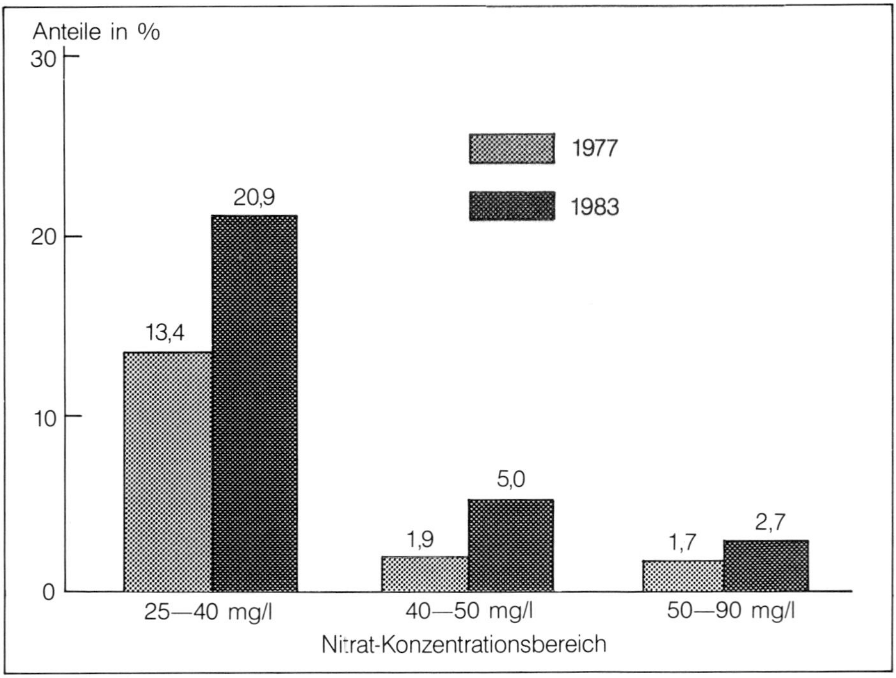

Quelle: Rohmann 1987 (41)

Hessen

Die Auswertung der Trinkwasseruntersuchungsergebnisse für die Jahre 1980 bis 1982 haben eine höhere Nitratkonzentration ergeben als in der LAWA-Übersicht für 1977—82 ausgewiesen ist (Abbildung 14). Es zeigt sich im Vergleich auch hier die steigende Tendenz (siehe Abbildung 18).

Rheinland-Pfalz

In einem Bericht der Landesregierung vom April 1985 wird festgestellt, daß bei 649 untersuchten Grundwassermeßstellen die Nitratkonzentration im Grundwasser
bei 63 % unter 25 mg/l,
12 % zwischen 25 und 50 mg/l,
13 % zwischen 50 und 90 mg/l und
bei 12 % über 90 mg/l
lag (43).

Das ist deutlich mehr als in der LAWA-Statistik der Abbildung 14, wo die Werte von 1982 einen Anteil von 7 % über 50 mg/l auswiesen. Der Grund wird vor allem im dün-

Abbildung 18: Nitrat-Eintrag in Hessen 1980 und 1982.

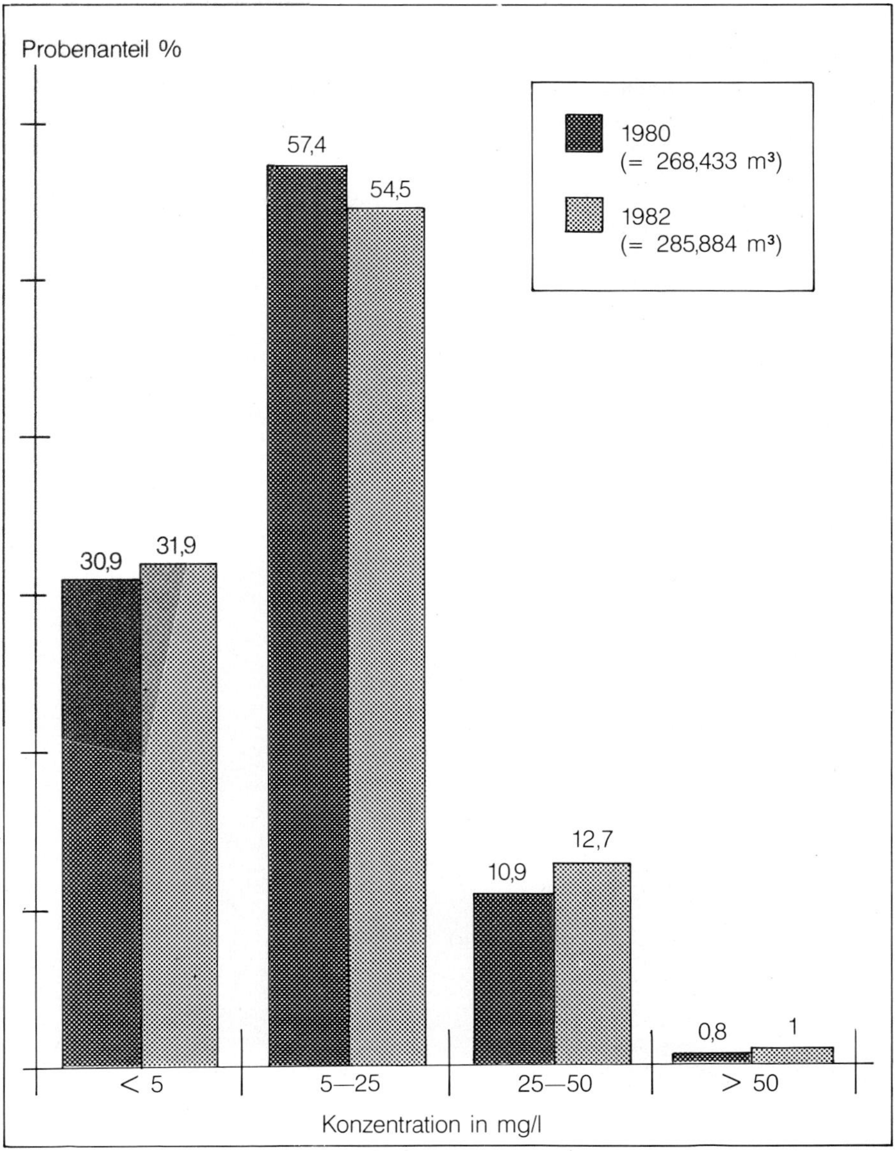

abgeändert nach Hessische Landesanstalt für Umwelt 1986 (42)

gerintensiven Weinbau gesehen. — Außerdem weist der Bericht namentlich auf sieben öffentliche Wasserversorgungsunternehmen hin, die Trinkwasser mit einem Gehalt von über 90 mg Nitrat je Liter an etwa 54 000 Einwohner abgaben.

Schleswig-Holstein

In Abbildung 15 ist der Anteil der Nitratgehalte, der 50 mg/l übersteigt, für 1984 mit 1,0 % angegeben. Die Zahlen von 1985 weisen für diesen Bereich 2,1 % aus. Hinzu kommt ein Anstieg um 1,6 % (von 0,7 % auf 2,3 %) in der Gehaltsgruppe zwischen 40 und 50 mg/l. — Allerdings ist im LAWA-Wasserversorgungsbericht 1986 auch die Entwicklung der Nitratwerte eines Wasserwerkes auf der Geest auswiesen, wo man seit Mitte der 50er Jahre Schwankungen meist zwischen 50 und 90 mg/l beobachtete (37).

Die meisten Bundesländer, wenn man von Berlin, Bremen und Hamburg mit sehr geringen Nitratgehalten absieht, stellen eine Erhöhung der Nitratkonzentration fest. Selbst Schleswig-Holstein mit einem günstigen Niveau befürchtet höhere Werte, weil, wie es im LAWA-Wasserversorgungsbericht (37) heißt, „das sogenannte Reduktionsvermögen von Boden und Untergrund durch den anhaltenden Nitrateintrag aufgezehrt wird". Einig sind sich die Länder, daß die Grundwasserfassungen mit mehr als 25 mg Nitrat je Liter wegen der im Durchschnitt noch zunehmenden Tendenz im Hinblick auf den Grenzwert als gefährdet gelten. Trotzdem ist auch bei einzelnen Wasserversor-

Abbildung 19: Nitratgehalt im Rohwasser des Wasserwerkes Liebenau in Niedersachsen.

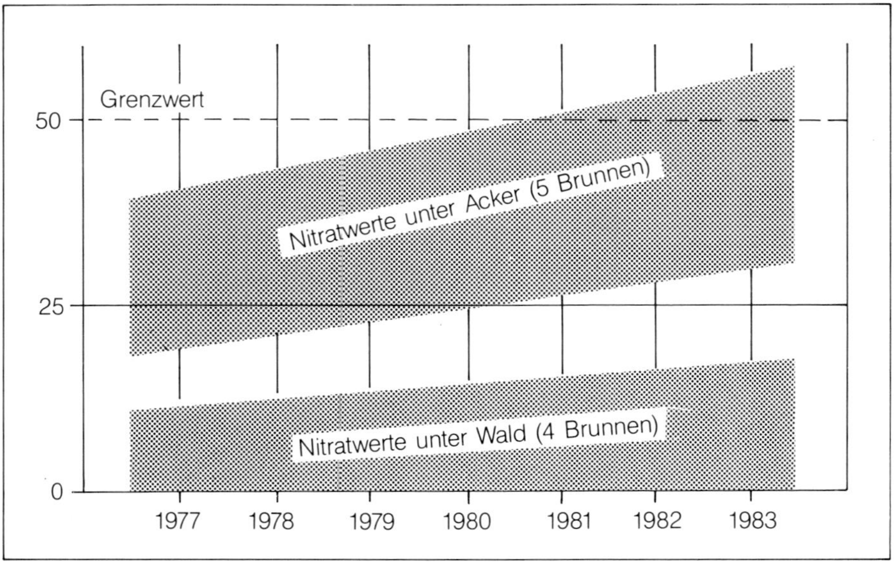

Quelle: LAWA-Wasserversorgungsbericht 1986 (37)

gungseinrichtungen ein Rückgang der Nitratwerte zu beobachten, der aber bisher durch den stärkeren Anstieg in anderen Gebieten mehr als kompensiert wurde.

Wie nachhaltig mit einem vorläufigen weiteren Anstieg der Nitratwerte in zahlreichen Grundwassereinzugsgebieten gerechnet und wie ernsthaft Schutzmaßnahmen in Angriff genommen werden müssen, zeigen die folgenden zwei Einzelbeispiele in den Abbildungen 19 und 20.

Wie in vielen weiteren Beispielen sichtbar, zeigt die Abbildung 20 eine typische Trendveränderung seit Anfang der 70er Jahre. Der Anstieg der Nitratwerte erhöhte sich zum Teil drastisch.

Aus dem Anschlußgrad an die öffentliche Wasserversorgung (Abbildung 2) geht hervor, daß in den Bundesländern Einzelwasserversorgungsbrunnen in recht unterschiedlicher Anzahl vorhanden sind. Die Länder sind dabei, diese Wasserförderungen systematisch zu untersuchen. Die bisherigen Ergebnisse zeigen, daß hier in den meist ländlichen Gebieten eine zum Teil wesentlich höhere Nitratbelastung vorzufinden ist. Sie wird häufig durch unzulängliche Abwasserbeseitigungsverfahren, undichte Jauchegruben, ungenügende Brunnentiefe und ähnliches verursacht.

Nordrhein-Westfalen berichtet beispielsweise (37), daß von insgesamt 86.000 Einzelwasserversorgungsanlagen etwa 30.000 untersucht wurden. Hierbei wurden bei 25,6 % mehr als 50 mg Nitrat je Liter gefunden.

Abbildung 20: Entwicklung der Nitratkonzentration bei der Fassung 3, Donauried, der Landeswasserversorgung Stuttgart.

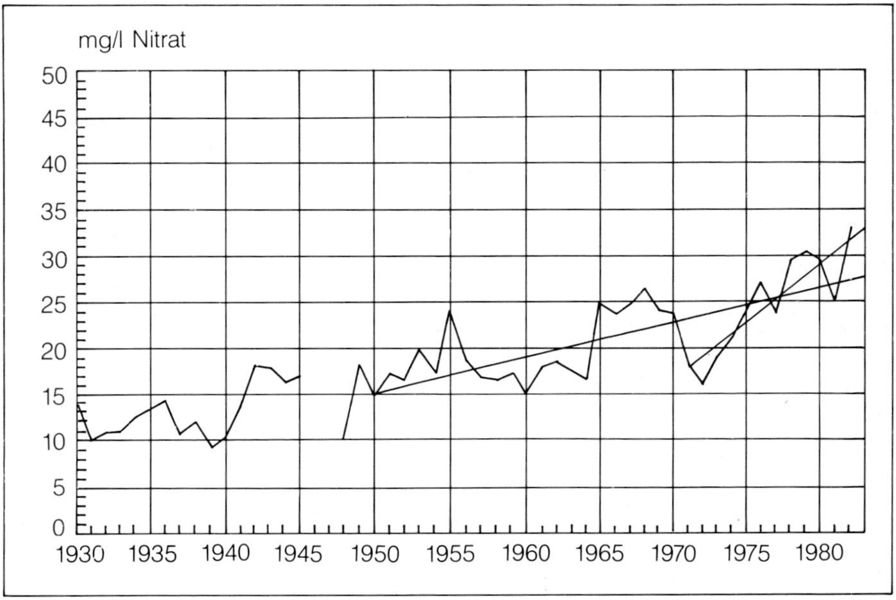

Quelle: Werner 1983 (44)

In Rheinland-Pfalz sind 1510 Eigenversorgungsanlagen bekannt, von denen aber 77 % sehr klein sind. Von den übrigen werden 464 seit 1978 auf Nitrat untersucht. Davon lagen 11 % bei einem Nitratgehalt von über 50 mg/l (43).

3.4.3 Pflanzenschutzmittelrückstände im Grundwasser

Trinkwasser wurde lange Zeit nicht auf Rückstände von Pflanzenschutzmitteln untersucht. Mitte der 60er Jahre wurden in den USA (und vereinzelt auch in der Bundesrepublik) Grundwasserverunreinigungen dieser Art bekannt. Erst als sich Ende der 60er Jahre durch ein Fischsterben im Rhein der Verdacht auf versehentliche Einleitung entsprechend kontaminierter Abwässer aus der Produktion erhärtete, begannen systematische Untersuchungen. Diese richteten sich zunächst auf Oberflächengewässer und dann auf daraus bzw. durch Uferfiltrat gewonnenes Trinkwasser. Die Untersuchung auf Pflanzenschutzmittel im Grundwasser begann eigentlich erst, als die EG-Trinkwasserrichtlinie im Jahre 1980 mit den neuen Grenzwerten erlassen wurde. Seitdem wurden zunehmend Analyseverfahren entwickelt, um Stoffgehalte des Wassers im Ultraspurenbereich nachzuweisen. Zuvor standen im Grundwasser Nitrat und die flüchtigen Kohlenwasserstoffe (aus Lösungsmittelleckagen) aus akutem Anlaß im Mittelpunkt.

Inzwischen wurden von Hochschulinstituten, den Ländern, der Biologischen Bundesanstalt für Land- und Forstwirtschaft, vom Bundesgesundheitsamt, von den Wasserversorgungsunternehmen und von der Pflanzenschutz-Industrie zahlreiche und in zunehmendem Maße Trink- und Grundwässer auf Pflanzenschutzmittel untersucht. Es wurden Pflanzenschutzmittel-Wirkstoffe festgestellt; zum Teil lagen sie über dem ab 1. 10. 1989 geltenden Grenzwert. Er beträgt — für die einzelne Substanz — 0,1 µg/l (= Mikrogramm je Liter), das sind 0,0001 mg/l (= Milligramm je Liter) oder 100 ng/l (= Nanogramm je Liter). Für den Summenwert aus mehreren Substanzen gelten 0,5 µg/l (= 500 ng/l).

Zur Veranschaulichung der Dimension wird häufig der Gehalt eines Stück Würfelzuckers herangezogen. Er wäre bei einer Konzentration von

1 mg/l in 2700 l Flüssigkeit (= Tanklastzug) und

1 µg/l in 2,7 Mio. l Flüssigkeit (= Tanker)

gelöst.

Die Ausdehnung der Untersuchungen auf das Donauried (bei Ulm), die Oberrheinebene sowie den Neckar- und oberschwäbischen Raum ergaben Hinweise, daß zwar vor allem und (wegen seiner Mobilität und jahrelangen Anwendung) am stärksten das Atrazin, aber auch andere Pflanzenschutzmittel-Wirkstoffe im Grundwasser gefunden wurden. Bei unterschiedlichen Bodenverhältnissen traten die Atrazinkonzentrationen sowohl in schnell wechselnder Höhe als auch in konstanten Größenordnungen auf. Es ist zu vermuten, daß dies mit der Durchlässigkeit der Deckschicht und dem Ausbringungszeitraum in Verbindung steht, wie Abbildung 21 zeigt.

Die bisherigen Untersuchungen im Bundesgebiet erlauben noch keinen ausreichenden Überblick über die Gesamtbelastung zu einer bestimmten Einzelanwendung, weil die Zusammenhänge zwischen Anwendung, Abbauverhalten, Mobilität und Erreichen des Grundwasserkörpers offensichtlich sehr unterschiedlichen Bedingungen unterliegen. Trotzdem läßt sich feststellen, daß

Abbildung 21: Atrazinkonzentration in Grundwässern der Brunnenfassungen 1, 2, 3, 5 und 6 im Wasserversorgungsunternehmen Donauried 1985. Die monatlichen Angaben (in ng/l) zeigen anwendungsbedingte Schwankungen.

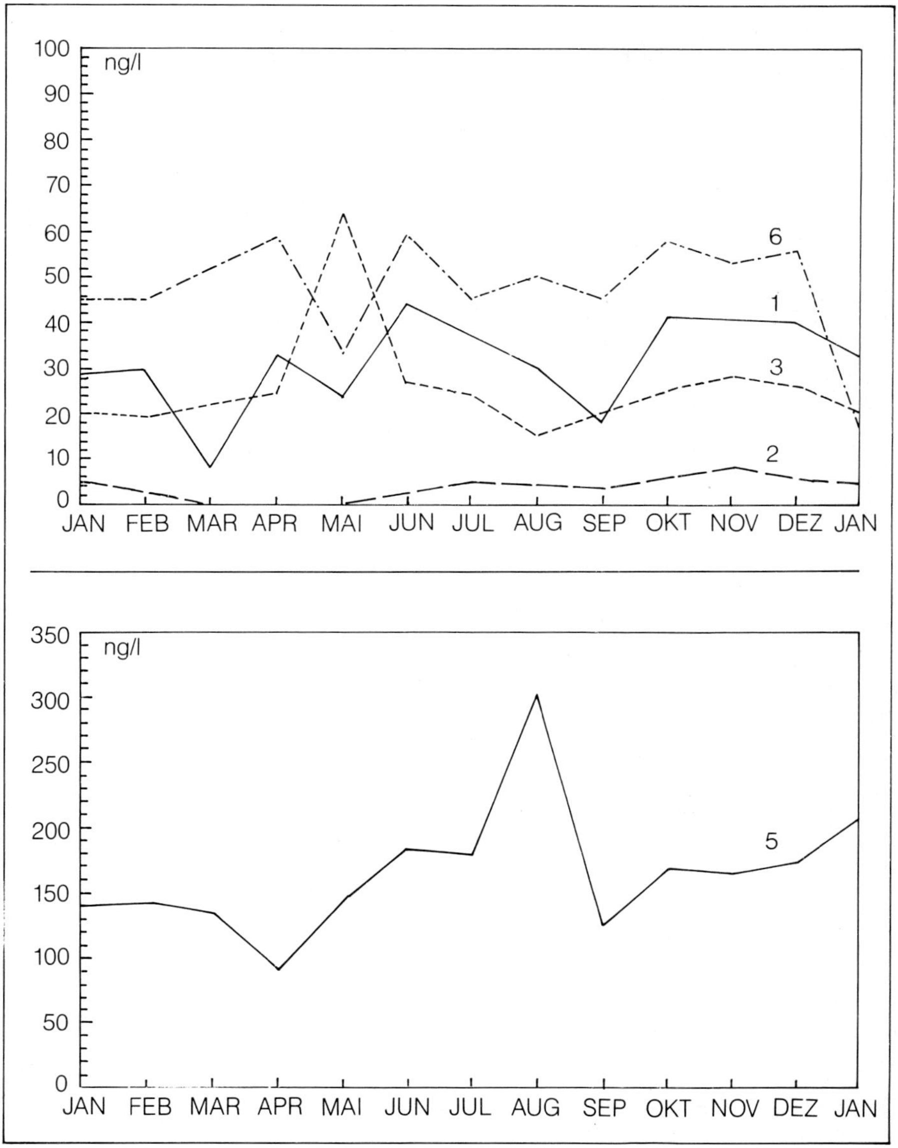

Quelle: Werner 1987 (48)

— Pflanzenschutzmittel in Grundwässern der Bundesrepublik mit den heute verfügbaren Analysemethoden häufiger als bisher vermutet nachgewiesen werden, und daß eine weitere Anzahl noch unentdeckter Fälle zu erwarten ist,

— eine Grundwasserbelastung mit Pflanzenschutzmitteln besonders in bodentypologisch und hydrologisch empfindlichen Gebieten zu erwarten ist, z. B. bei durchlässigen Böden und bei häufig in der Fruchtfolge wiederkehrenden und pflanzenschutzmittel-intensiven Kulturen.

Einige Beispiele von Ergebnissen sollen die Situation erläutern.

Der *Bundesverband der Deutschen Gas- und Wasserwirtschaft (BGW)* hat im April 1988 eine Liste zusammengestellt, in der alle bekanntgewordenen Untersuchungsberichte über „Vorkommen von Pflanzenschutzmittel-Wirkstoffen in Brunnen-, Uferfiltrat-, Quellen- und Grundwasser" enthalten sind (50). Es handelt sich um annähernd 170 Publikationen, die Untersuchungsbefunde aus sieben Bundesländern wiedergeben. Insgesamt wurden 45 Wirkstoffe im Wasser nachgewiesen. In einigen Fällen wurde bei 30 Wirkstoffen ein Überschreiten des künftigen Grenzwertes festgestellt, während bei 15 Wirkstoffen nur Werte unterhalb dieser Grenze analysiert wurden. Da es sich aber vielfach um Einzelbefunde handelt, deren Vergleichbarkeit nicht gegeben ist, können Schlußfolgerungen, die über die oben genannten allgemeinen Feststellungen hinausgehen, nicht gezogen werden. Es kommt hinzu, daß die Analysemethoden weder ausgereift noch einheitlich waren und die Absicherung der Befunde fehlte. Das Vorkommen von Pflanzenschutzmitteln in Rohwassern wird bestätigt.

Der *Industrieverband Pflanzenschutz (IPS),* inzwischen Industrieverband Agrar, hat eine zweijährige Untersuchungsreihe in sieben Bundesländern durchgeführt (51). Die herangezogenen 206 Grundwasserentnahmestellen lagen vorwiegend in landwirtschaftlich genutzten Gebieten. Es wurde auf 35 Wirkstoffe untersucht, die ein erhöhtes Mobilitätspotential und/oder eine längere Halbwertzeit (Abbauverhalten) haben und die mengen- und flächenmäßig bei der Anwendung von Bedeutung sind. Obwohl die Landnutzung, der Brunnentyp, die Geologie des Standortes und die Art des Grundwasserleiters (z. B. Poren-, Kluft-, Karstwasserleiter) weitgehend bekannt sind, stellt diese systematische Arbeit keine repräsentative Erhebung für das Bundesgebiet dar. Die gezielte Auswahl der Standorte sollte vor allem Problembereiche einbeziehen (Verdachtsanalysen) und war durch die Laborkapazität begrenzt.

Die Ergebnisse sind dennoch aufschlußreich. Wie sich aus Abbildung 22 ergibt,

— wurden in 20 der 206 Brunnen (= 9,7 %) Pflanzenschutzmittel-Wirkstoffe oberhalb von 0,1 μg/l (Grenzwert ab 1989) nachgewiesen,
— beschränkten sich die den künftigen Grenzwert überschreitenden Fälle auf 54 von insgesamt 12.674 Meßwerten,
— waren sieben der 35 untersuchten Wirkstoffe an den festgestellten Überschreitungen des EG-Grenzwertes beteiligt.

In *Bayern* wurde festgestellt, daß bei den 50 größten Wasserversorgungsunternehmen, die 50 % des öffentlichen Wasserbedarfs Bayerns decken, 14 % zeitweise Pflanzenschutzmittelbelastungen oberhalb des EG-Grenzwertes von 0,1 μg/l aufwiesen. Diese Belastungen treten flächenhaft auf, betreffen fast ausschließlich den Wirkstoff Atrazin

Abbildung 22: Zusammenfassung der Ergebnisse aus der IPS-Rohwasser-Untersuchungsreihe.

Land	Anzahl				Analysenbefunde über Grenzwert 0,0001 mg/l			
	Brunnen	Beprobungen	gesuchte Wirkstoffe	durchgeführte Wasseranalysen	Brunnen	Wasseranalysen	gefundene Wirkstoffe	
					Anzahl	Anzahl	Anzahl	
Baden-Württemb.	65	403	32	5 308	6	12	2	Atrazin Bentazon
Bayern	21	126	20	739	5	10	4	Atrazin Bentazon Chloridazon Simazin
Hessen	10	98	17	438	0	0	0	
Nordrhein-Westfalen	45	404	19	1 617	3	1	1	Bentazon
Niedersachsen	38	209	28	3 382	1	3	1	Pyridate
Rheinland-Pfalz	5	58	12	286	1	4	2	Bentazon CMPP
Schleswig-Holstein	22	236	13	904	4	24	1	Dichlorpropan
	206	1 534		12 674	20	54		(7)

Quelle: Industrieverband Pflanzenschutz 1987 (51)

und dessen Abbauprodukt Desethylatrazin und stehen offensichtlich mit dem regional verbreiteten Maisanbau im Zusammenhang (110).

Die in *Baden-Württemberg* eingerichtete Trinkwasserdatenbank zeigt bei 6 % der Einzelbefunde eine Überschreitung des EG-Grenzwertes für Atrazin und von 0,3 % bei Simazin. Wie aus Abbildung 23 zu ersehen ist, wurde Atrazin in 162 von 1.232 öffentlichen Wasserversorgungsanlagen (= 13 %) nachgewiesen. In 4,5 % der Fälle lag eine Überschreitung vor. Abbildung 24 schlüsselt die Ergebnisse nach Jahren auf.

In einer Untersuchung an Standorten mit oberflächennahen, wenig geschützten Grundwasservorkommen wurden im *Emsland* hohe Werte des Nematizids 1,3-Dichlorpropen gefunden. In Schleswig-Holstein zeigten sich Atrazin-Werte über dem EG-Grenzwert. Als Ergebnis dieser Untersuchung wurde festgestellt, daß neben der Art und Mächtigkeit der Deckschicht vor allem die Anbauhäufigkeit der Kultur zu der Fruchtfolge (und damit die Häufigkeit der gleichen Pflanzenschutzmittelanwendung) für die Grundwasserbelastung bedeutsam ist (53).

Diese letztgenannten Gesichtspunkte werden im Kapitel 4 „Ursachen" behandelt. Es sei zu den vorgenannten Feststellungen hinzugefügt, daß Stoffverlagerungen über das

Medium Boden verzögert auftreten und daß außerdem die Mobilität der einzelnen Wirkstoffe (und Metaboliten) eine Bedeutung hat.

Abbildung 23: Ergebnisse von Trinkwasseruntersuchungen auf zwei ausgewählte Pflanzenschutzmittel-Wirkstoffe.

Trinkwasserdatenbank Baden-Württemberg Januar 1985—Mai 1988		
Öffentliche Wasserversorgung	Atrazin	Simazin
Anzahl der Einzelbefunde	1 406	1 388
Anzahl der positiven Befunde (>0,05 μg/l)	245	36
Anzahl der Befunde über 0,1 μg/l	85 (6 %)	4 (0,3 %)
Anzahl der untersuchen Entnahmestellen	1 232	1 218
Anzahl der Entnahmestellen mit positivem Befund (>0 05 μg/l)	162	28
Anzahl der Entnahmestellen über 0,1 μg/l	56 (4,5 %)	4 (0,3 %)

Quelle: Roth 1988 (49)

Abbildung 24: Aufschlüsselung der Atrazin-Ergebnisse aus Abbildung 23 nach untersuchten Jahrgängen.

Trinkwasserdatenbank Baden-Württemberg Januar 1985—Dezember 1987			
Öffentliche Wasserversorgung	Atrazin		
	1985	1986	1987
Anzahl der untersuchten Entnahmestellen	366	495	461
Anzahl der Entnahmestellen mit Befunden über 0,05 μg/l	43	71	71
Anzahl der Entnahmestellen mit Befunden über 0,1 μg/l	3	26	29

Quelle: Roth 1988 (49)

3.4.4 Belastung von Oberflächen- und Regenwasser mit Nitrat und Pflanzenschutzmitteln

In den Bundesländern bewegen sich die *Nitratgehalte* in Fluß- und Bachwasser im allgemeinen unter 25 mg je Liter. In Nordrhein-Westfalen wird jedoch eine steigende Tendenz beobachtet. Diese führt man unter anderem darauf zurück, daß Oberflächengewässer auch aus dem Grundwasser gespeist werden (37). Die größeren Flüsse wie Donau, Main, Rhein und Ruhr haben Gehalte von 10 bis 20 mg/l; höher belastet ist der Neckar mit 20 bis 30 mg/l und einer Höchstkonzentration von 48 mg/l. Im Bodensee und in den meisten Stauseen erreicht der Nitratgehalt 5 mg/l mit einem Höchstwert von 15 mg/l (55).

Aus dem europäischen Ausland sind allerdings auch höhere Nitratwerte bekannt. In den Niederungen und Küstengebieten Belgiens, wo intensive Rindvieh- und Schweinehaltung betrieben wird, erreichen kleine Flüsse im Winter bis 100 mg/l und ausnahmsweise auch darüber. Auch in bestimmten Gebieten Großbritanniens sind oft beträchtliche Zunahmen der Nitratkonzentrationen in Oberflächengewässern festgestellt worden (55).

Bei *Pflanzenschutzmitteln* handelt es sich bisher vor allem um akute und zeitlich kurzfristige Belastungen von Fluß- oder Bachläufen. Diese können beispielsweise in einem Störfall das Einleiten von pflanzenschutzmittelhaltigen Abwässern aus der industriellen Produktion in einen Fluß oder durch das „Beseitigen" von Spritzflüssigkeitsresten durch einen Landwirt in einen Bachlauf entstehen. Solche Belastungswellen haben häufig ein Fischsterben zur Folge gehabt und daher beträchtliches Aufsehen erregt.

Andererseits wurden aber in den letzten Jahren auch Pflanzenschutzmittelgehalte in Flußläufen (im Mikrospurenbereich) festgestellt. So hat die Landeswasserversorgung Stuttgart, die im Wasserwerk Langenau regelmäßig Donauwasser zu Trinkwasser aufbereitet, seit 1984 Donauwasser untersucht. Zunächst wurde ein nahezu gleichbleibender Atrazinwert von rund 0,03 µg/l beim Rohwasserförderwerk gemessen. Der Gehalt an Simazin lag zwischen 0,004 und 0,01 µg/l.

Im Schrifttum sind Einzelbeispiele bekannt, in denen der Nachweis für Pflanzenschutzmittelbelastungen erbracht wurde. So konnte im Juli 1985 an der Donau der Durchgang einer Atrazinwelle beobachtet werden. Der sonst übliche Basiswert von 0,03 µg/l Rohwasser wurde im Einzelfall um das 46fache überschritten, lag also bei 1,38 µg/l. In den folgenden Wochen klangen die Werte wieder auf den Normalwert ab. Für die Trinkwasserversorgung bestand keine Gefahr, da das Atrazin zusammen mit anderen Herbiziden bei der Aufbereitung mit Aktivkohle aus dem Trinkwasser entfernt wird (48).

Eine vergleichbare Beobachtung konnte nach einer Hohenheimer Untersuchung in den Jahren 1983—85 an Donau und Schmiech gemacht werden (46).

Nach einer anderen Untersuchung ist die Belastung der Flüsse mit Pflanzenschutzmitteln aus landwirtschaftlich bedingten Einträgen schon länger ein Problem. Im Mittel werden die Grenzwerte unterschritten, in zeitlicher Übereinstimmung mit der Anwendung konnten aber an einigen Stellen (Rhein) Überschreitungen des Grenzwertes um das 3- bis 4fache beobachtet werden (57).

Nach derselben Quelle sind in einem Zufluß des Halterner Stausees, dem Flüßchen Stever, 1987 Atrazinwerte gemessen worden, die für kurze Zeit das 50fache des EG-Grenzwertes überschritten, dessen Abbauprodukt Desethylatrazin in noch höheren Konzentrationen. Die Übereinstimmung mit der Hauptanwendungszeit (Mai—Juni) konnte beobachtet werden und, trotz geringer Aufwandmengen, auch das Atrazin-Ersatzmittel Terbutylazin in Konzentrationen bis zu 0,8 µg/l.

Abbildung 25: Gehalte an Pflanzenschutzmittel-Wirkstoffen in Regenwasser, Hailfingen 1985 (Gehalte in Mikrogramm je Liter).

Tag der Probenahme	Atrazin	GS 30033	Simazin	Mecoprop	Dichlorprop	Lindan	α-HCH
24. 4.	0,51	0,05	0,22	1,10	0,64	0,09	0,01
1. 5.	0,09	n. n.	n. n.	0,06	0,03	0,10	n. n.
8. 5.	0,31	0,05	n. n.	1,39	0,99	0,12	0,05
11. 5.	0,21	0,03	n. n.	0,39	0,28	0,10	0,03
19. 5.	0,18	0,07	0,02	0,14	0,40	0,06	0,02
21. 5.	0,25	0,08	0,01	0,33	0,27	0,05	0,01
7. 6.	0,20	0,05	0,05	0,11	0,12	0,03	n. n.
8. 6.	0,15	0,04	0,01	0,04	0,02	0,05	n. n.
2. 7.	0,13	0,05	0,01	0,06	n. n.	0,02	n. n.
7. 7.	0,02	n. n.	n. n.	0,04	n. n.	0,02	n. n.
28. 7.	0,06	n. n.	n. n.	—	—	0,01	n. n.
29. 7.	0,03	n. n.	n. n.	n. n.	n. n.	0,01	n. n.
25. 8.	n. n.	n. n.	n. n.	n. n.	n. n.	n. n.	n. n.
26. 8.	n. n.	n. n.	n. n.	n. n.	n. n.	n. n.	n. n.

n. n. = nicht nachweisbar, — = nicht untersucht GS 30033 = Desethylatrazin

Quelle: Hurle et al. 1987 (46)

Obwohl die Datenbasis auch für allgemeine Erkenntnisse und Schlußfolgerungen wesentlich zu klein ist, machen die genannten Beispiele auch mit Blick auf Erfahrungen in den USA deutlich, daß die Oberflächengewässer Pflanzenschutzmittel enthalten können und in die regelmäßige Überwachung einbezogen werden müssen.

Bei den Untersuchungen von *Regenwasser* und den gefundenen Gehalten handelt es sich um ein Ergebnis, das weiter beobachtet werden muß. Die aus der Abbildung 25 ersichtlichen Werte zeigen, daß die Unkrautbekämpfungsmittel Atrazin, Mecoprop und Dichlorprop gefunden wurden, die hauptsächlich in Mais bzw. Getreide eingesetzt werden. Sie erscheinen zu Zeitpunkten, die mit der Hauptanwendung im Zusammenhang stehen. Damit ist anzunehmen, daß zwar ein kleiner, aber nicht unbedeutender Anteil der ausgebrachten Pflanzenschutzmittelmenge in die Luft gelangt und längere Zeit „verschwebt" wird (46). Dies kann auch ein Hinweis darauf sein, daß bei der Anwendung die Grundsätze der „guten fachlichen Praxis" (Vermeidung der Abtrift) nicht genügend beachtet werden. Allerdings kann der Anteil des unvermeidbaren Verdampfens aus behandelten Beständen (je nach Witterungsbedingungen, Dampfdruck des Mittels usw.) und des Verwehens kontaminierter Bodenteilchen hoch sein.

3.5 Die Grenzwerte und ihre Problematik

Die Europäische Gemeinschaft hat 1980 strenge Maßstäbe für das Trinkwasser beschlossen. Wie die meisten Mitgliedstaaten hat die Bundesrepublik diese Grenzwerte in deutsches Recht übertragen. Sowohl bei der Beschlußfassung für die Verkündigung der EG-Richtlinien in Brüssel als auch bei der Herausgabe der Trinkwasserverordnung hat die Bundesrepublik den Prinzipien und Einzelheiten des weitergehenden Schutzes von Trinkwasser als Lebensmittel zugestimmt.

Es gibt eine Reihe von Gründen, die insbesondere die hiervon Betroffenen an der Richtigkeit und Zweckmäßigkeit dieser Vorschriften zweifeln lassen. Hierauf soll im folgenden eingegangen werden. Grundsätzlich wird aber von Kritikern anerkannt, daß Trinkwasser eines besonderen Schutzes und damit auch besonders strenger Regelungen bedarf. Außerdem wird das Prinzip unseres Rechtsstaates bejaht, indem geltende Rechtsgrundlagen wie die Trinkwasserverordnung als Maßstab für jegliches Handeln anerkannt werden.

Diesem Prinzip entsprechen zahlreiche Maßnahmen, die im Rahmen der praktischen Umsetzung von den Bundesländern in Gang gesetzt und von Wissenschaft, Berufsverbänden, Politikern, Verwaltung und sonstigen Institutionen begleitet werden. Dabei ist es legitim, nach der sachlichen Richtigkeit, vor allem auch nach der Verhältnismäßigkeit einzelner Vorgaben zu fragen und gegebenenfalls eine Änderung der Rechtsvorschriften anzustreben.

3.5.1 Entscheidungsgründe und Kritikpunkte

Unter dem Eindruck steigender Wasserbelastungen erschien eine europäische Initiative zur Vereinheitlichung und zu angemessener Verschärfung des Trinkwasserschutzes erforderlich. Der Grundrahmen solcher Vorschriften war durch zahlreiche nationale Rechtsnormen vorgegeben. Es spricht für die früheren deutschen Regelungen, daß viele Qualitätsmerkmale und ihre Größenordnung bereits weitgehend mit der EG-Richtlinie übereinstimmten. Sie wird von der EG-Kommission als ein Eckstein der gemeinschaftlichen Umweltpolitik angesehen.

Zwei Positionen für Grenzwerte von chemischen Stoffen (nämlich Nitrat und Pflanzenschutzmittel) wurden in der EG-Richtlinie so niedrig angesetzt, daß sie allenfalls beim Nitrat einen toxikologischen Bezug haben, bei Pflanzenschutzmitteln aber toxikologisch nicht begründet sind. Da dies im Gegensatz zu den Grenzwerten der übrigen Stoffe und deren Merkmalen steht, ergab sich eine beachtliche Verwirrung.

Die für das Wasserrecht zuständigen Gremien der EG, die sich aus Vertretern der Mitgliedstaaten zusammensetzen, sind vom allgemeinen Reinheitsgebot für Wasser ausgegangen, wie es auch in Deutschland seit Jahrzehnten besteht. Es geht von einem gut gefilterten und vom Menschen möglichst unbeeinflußten Grundwasser aus, das appetitlich, hygienisch einwandfrei und weitgehend ohne Verunreinigung ist. Für naturbedingte Fremdstoffe werden Grenzwerte unter Berücksichtigung der Schwankungsbreiten festgelegt. Vom Menschen (anthropogen) verursachte Belastungen sollen aber möglichst nicht vorhanden sein.

Während beim Nitrat eine Verringerung des bisherigen deutschen Grenzwertes von 90 auf 50 mg je Liter noch aus Gründen der gesundheitlichen Vorsorge verständlich erscheint, obwohl er in seiner Größenordnung aber toxikologisch nicht ausreichend begründet werden kann, liegen die festgesetzten Werte für Pflanzenschutzmittel und ähnliche Stoffe mit 0,1 bzw. 0,5 μg je Liter mit voller Absicht in einem „Fast-Null-Bereich", der nur durch eine öko-toxikologische Vorsorge begründbar ist, ohne diesen Begriff exakt festlegen zu können. Ein Teilnehmer aus der die damaligen Entscheidungsgremien begleitenden Expertenrunde berichtet, daß sich die Fachleute aller Länder und die Kommissionsbeamten darin einig waren, daß Substanzen dieser Stoffklasse grundsätzlich nicht in das Trinkwasser gehören (58). Der niedrige Wert lag damals (die Einigung darauf kam in Brüssel Anfang der 70er Jahre zustande) für viele Stoffe unterhalb der analytischen Nachweisgrenze und wurde als praktische Beschreibung des „Nichts" angesehen.

Die *Kritikpunkte* aus human-toxikologischer Sicht lassen sich wie folgt zusammenfassen:

— Beim Nitratwert ist das Risiko zu hoch eingeschätzt und auf eine sehr kleine Gefährdungsgruppe bezogen.

— Die Grenzwerte für Pflanzenschutzmittel sind ohne relativierten Bezug zu gesundheitlichen Gefährdungen. Sie stehen nicht im Einklang mit den Richtwerten der WHO und der Pflanzenschutzmittelzulassung. Für die Analyse und Kontrolle stehen zwar noch nicht für alle, aber für die wichtigsten Wirkstoffe mit der größten Anwendungsbreite Methoden und Einrichtungen zur Verfügung.

3.5.2 Grenzwerte für Nitrat

Als Grenzwert wurden in der Trinkwasserversorgung 50 mg Nitrat je Liter Wasser festgelegt (siehe Abbildung 9).

Gesundheitsgefährdungen für den Menschen gehen nicht vom Nitrat selber aus. Sie entstehen fast ausschließlich über das Umwandlungsprodukt Nitrit und können sich hauptsächlich in zweierlei Weise auswirken.

— Bei Säuglingen kann *Blausucht* (Methämoglobinämie) entstehen. Ein kleiner Teil des mit Trinkwasser und Nahrung (vor allem Gemüse) aufgenommenen Nitrats wird im Körper in Nitrit umgewandelt. Infolge unsachgemäßer Aufbewahrung und Zubereitung von Nahrung (z. B. Wiederaufwärmen von Spinat) kann diese Umwandlung aber auch schon außerhalb des menschlichen Körpers erfolgt sein, so daß mit der Nahrung Nitrit aufgenommen wird. Wenn dieses Nitrit bei Säuglingen während der ersten drei Lebensmonate in das Blut gelangt, kann (durch Oxidation des Hämoglobins) ein lebensgefährlicher Sauerstoffmangel im Blut entstehen. Es handelt sich aber um eine sehr seltene Krankheit, die zudem meist in Verbindung mit einer Magenerkrankung und bei Nitratgehalten von mehr als 100 mg/l auftrat. In den letzten Jahrzehnten ist in Deutschland, aber auch in anderen Ländern, kein Fall bekanntgeworden (3, 60).

— Über das Nitrit kann es im Verdauungstrakt des Menschen (endogen) zur Bildung von Nitrosaminen kommen, die eine krebsauslösende Wirkung haben können. Nach neueren Untersuchungen ist die endogen verursachte Nitrosaminbildung im Verhältnis zur von außen dem Körper zugeführten Nitrosaminmenge gering (115). Obwohl ein direkter Zusammenhang zwischen Nitrataufnahme über Nahrung und Trinkwasser und Krebserkrankung nicht nachgewiesen wurde, ist eine Gefährdung nicht auszuschließen. Bei erhöhter Nitrataufnahme steigt das Risiko der Nitrosaminbildung an.

Nitrat ist für Menschen relativ wenig toxisch. Die WHO/FAO hält eine tägliche Aufnahme von 3,65 mg Nitrat je kg Körpergewicht noch für vertretbar. Bei einem 70 kg schweren Menschen entspricht das einer regelmäßigen Tagesaufnahme von 255 mg Nitrat. Wie aus der Abbildung 26 hervorgeht, hängt das Erreichen dieser die Gesundheit im allgemeinen nicht gefährdenden Grenze sowohl vom Nitratgehalt des Trinkwassers, mehr aber noch vom sehr unterschiedlichen Nitratgehalt der übrigen Nahrungsmittel ab. Je höher jedoch das Trinkwasser belastet ist, um so enger wird der Spielraum für die übrigen, z. T. unvermeidlichen Nitrataufnahmen. Umgekehrt wird der Spielraum für das Trinkwasser um so enger, je nitratreicher die Nahrung ist.

Abbildung 26: Bedeutung des Nitratgehaltes von Trinkwasser für die Gesamtaufnahme des Menschen an Nitrat.

Nitratgehalt des Trinkwassers mg NO_3/l	∅ Nitratzufuhr pro Person und Tag durch			Nitrataufnahme durch Trinkwasser in % der Gesamtaufnahme
	Trinkwasser[1]) mg NO_3	Nahrungsmittel mg NO_3	Total mg NO_3	
10	18,5	72	90,5	20,4
20	37	72	109	33,9
30	55,5	72	127,5	43,5
40	74	72	146	50,7
50	92,5	72	164,5	56,2
100	185	72	257	72

[1]) Tagesverbrauch = 1,85 l/Person/Tag

Quelle: nach Tremp aus Nitratbroschüre Niedersachsen 1983 (59)

Nach allen Erfahrungen der vergangenen Jahrzehnte sind akut schädigende Wirkungen durch Methämoglinämie auch beim alten Grenzwert von 90 mg/l nicht beobachtet worden. Die Herabsetzung auf 50 mg/l erfolgte, weil im Körper über Nitrit und Amine möglicherweise Nitrosamine entstehen, die ihrerseits krebserzeugend sein können (60).

Bei allgemeinen Erkrankungen (konventionellen Gesundheitsbeeinträchtigungen) können Grenzwerte mit entsprechendem Risikozuschlag eine plausible Größenordnung haben. Die Krebsgefährdung stellt aber eine besondere Dimension dar, weil die Zusammenhänge ihrer Entstehungsfolge noch weitgehend ungeklärt, ihr Vorhandensein aber statistisch bestätigt ist. Zwar haben Magen- und Darmkrebs in den letzten Jahren abgenommen. Trotzdem wird es aus den genannten Gründen auch dem von entsprechenden Einschränkungen Betroffenen schwerfallen, der nach dem Prinzip der Vorsorge erfolgten Herabsetzung auf 50 mg Nitrat je Liter Trinkwasser begründet zu widersprechen.

Es kommt hinzu, daß eine Verunreinigung von Grundwasser langfristig abläuft und ein erforderliches Gegensteuern nur sehr langsam Wirkung zeigen kann.

3.5.3 Grenzwert für Pflanzenschutzmittel

Als Grenzwert wurden in der Trinkwasserverordnung für jede einzelne Pflanzenschutzmittel-Substanz 0,1 μg und für die Summe aller derartigen Substanzen 0,5 μg je Liter Wasser festgelegt (siehe Abbildung 9).

Drei Feststellungen des Bundesgesundheitsamtes erscheinen zunächst bedeutsam:

— Bei einer sachgerechten Anwendung von Pflanzenschutzmitteln können derzeit gesundheitliche Beeinträchtigungen für den Anwender und Verbraucher mit wissenschaftlichen Methoden nicht belegt werden. Die Zulassungsprüfung ist sehr umfassend und berücksichtigt vor allem die toxikologischen Anforderungen und die krebserregenden Stoffeigenschaften.

— Die Rückstandssituation von Pflanzenschutzmitteln in und auf Lebensmitteln kann allgemein als unbedenklich angesehen werden.

— Die Grenzwerte für Pflanzenschutzmittel in Trinkwasser sind nicht gesundheitlich begründet. Sie dienen ausschließlich der Vorsorge. Überschreitungen bedeuten daher nicht notwendigerweise ein gesundheitliches Risiko für den Verbraucher (61).

Wie weit die Grenzwerte für Trinkwasser größenordnungsmäßig von den Höchstmengen für Pflanzenschutzmittel in und auf Lebensmitteln nach der Höchstmengenverordnung entfernt und im Sinne der Vorsorge auf der sicheren Seite sind, geht aus Abbildung 27 hervor. Dabei wurden die Werte bewußt in μg und nicht in mg aufgeführt, um die große Differenz deutlich zu machen. Außerdem wird sichtbar, daß beim Vorsorge-Grenzwert keine Differenzierung nach der gesundheitlichen Bedenklichkeit der einzelnen Stoffe besteht. Der Grenzwert wurde pauschal festgelegt und ist daher für die einzelnen Substanzen von relativ ungleicher Gewichtigkeit.

Der Vergleich von Höchstmenge und Trinkwasser-Grenzwert kann nur größenordnungsmäßig interessieren, weil die Unterschiedlichkeit der Substanzen Nahrungsmittel

Abbildung 27: Vergleich von Pflanzenschutzmittel-Höchstmengen in und auf Lebensmitteln (62) mit den Grenzwerten für Trinkwasser (28).

Stoff	Grenzwert (GW) μg/l	Höchstmenge (HM) μg/l	Verhältnis GW : HM
Alachlor	0,1	100— 20	1: 1 000— 200
Atrazin	0,1	10 000—1 000	1: 100 000—10 000
Bentazon	0,1	500— 100	1: 5 000— 1 000
MCPA	0,1	100	1: 1 000
Metolachlor	0,1	100	1: 1 000
Molinat	0,1	100	1: 1 000
Pencimethalin	0,1	200— 100	1: 2 000— 1 000
Propanil	0,1	2 000	1: 20 000
Simazin	0,1	1 000— 100	1: 10 000— 1 000
Trifluralin	0,1	3 000—1 000	1: 30 000—10 000

(Gemüsearten usw.) und Trinkwasser und deren Bezugsgrößen (kg und l) einen unmittelbaren Vergleich nicht zulassen. Die Höchstmengen für bestimmte Wirkstoffe sind auf die entsprechende Verzehrsmenge eines bestimmten pflanzlichen Lebensmittels bezogen. Für Gemüse und Obst wird beispielsweise mit 0,4 kg je Person und Tag gerechnet. Die Höchstmenge errechnet sich nach der Formel

$$\text{Höchstmenge} = \frac{\textit{ADI-Wert (siehe folgender Absatz) x 70 kg (Mensch)}}{\textit{Tagesverzehr in kg (z. B. 0,4 kg Gemüse/Obst).}}$$

Noch ein anderer Maßstab soll zum Grenzwert in Beziehung gesetzt werden, der auch Verbrauchergewohnheiten berücksichtigt. Die Weltgesundheitsorganisation hat Richtwerte für Trinkwasser festgesetzt (63), die „WHO guideline values". Die Berechnung berücksichtigt die unterschiedliche Toxizität der Pflanzenschutzmittel-Wirkstoffe und die akzeptable tägliche Aufnahme („**a**cceptable **d**aily **i**ntake" = ADI) derselben über die Summe aller Lebensmittel einschließlich Wasser. Dem Trinkwasser wird bei dieser Berechnung ein Anteil von 10 % des jeweiligen ADI unterstellt.

Beim Vergleich der WHO-Richtwerte und der EG-Grenzwerte für Trinkwasser sind zwar die Differenzen nicht mehr ganz so groß wie beim Vergleich mit den Höchstmengen für Lebensmittel. Sie haben aber immer noch einen Vorsorge-Sicherheits-Effekt, der zwischen dem 3fachen und dem 1700fachen schwankt, wie sich aus Abbildung 28 ergibt. Berücksichtigen muß man dabei noch, daß bei der Festlegung von Höchst- und Richtwerten ohnehin Sicherheitsabstände eingehalten werden.

Abbildung 28: Vergleich der WHO-Richtwerte (63) für einige in der Bundesrepublik zugelassene Pflanzenschutzmittel mit dem EG-Grenzwert.

Pflanzenschutzmittel	EG-Grenzwert und Grenzwert der Trinkwasserverordnung mg/l	Richtwert WHO mg/l	Verhältnis EG/WHO
Alachlor	0,0001	0,0003	1: 3
Atrazin	0,0001	0,002	1: 20
Bentazon	0,0001	0,025	1: 250
2,4-D	0,0001	0,1	1: 1 000
Lindan	0,0001	0,003	1: 30
MCPA	0,0001	0,0005	1: 5
Methoxychlor	0,0001	0,030	1: 300
Metolachlor	0,0001	0,005	1: 50
Pendimethalin	0,0001	0,017	1: 170
Propanil	0,0001	0,17	1: 1 700
Pyridate	0,0001	0,06	1: 600
Simazin	0,0001	0,017	1: 170
Trifluralin	0,0001	0,17	1: 1 700

abgeändert nach IPS 1987 (51)

Aus den angestellten Vergleichen wird deutlich, um wieviel stärker das Vorsorge-Prinzip bei der Festlegung der Grenzwerte für Pflanzenschutzmittel in der EG-Trinkwasserrichtlinie berücksichtigt wurde als beim Nitrat. Der Gesetzgeber ging davon aus, daß Pflanzenschutzmittelrückstände im Trinkwasser unerwünscht sind.

Dabei wird ins Feld geführt, daß der Schutz des einzelnen so weit wie möglich im Vordergrund stehen muß. Diese Risiko-Nutzen-Abwägungen können aber wegen der individuell unterschiedlichen gesundheitlichen Empfindlichkeit einerseits und des starken Interesses der Öffentlichkeit andererseits nicht mehr wissenschaftlich erfolgen, sondern müssen politisch entschieden werden. Dies hat die Europäische Gemeinschaft getan und dabei wohl auch berücksichtigt, daß die Bevölkerung gerade hinsichtlich der Reinheit des Trinkwassers hche Ansprüche stellt.

Es werden auch immer wieder Befürchtungen über die Schädlichkeit von Wasserverunreinigungen geäußert, die mit wissenschaftlichen Methoden weder bestätigt noch (ausreichend) widerlegt werden können. Z. B. werden toxische oder sogar krebserregende Wirkungen von sehr geringen Spuren eines Pflanzenschutzmittels oder dessen Abbauprodukten bzw. von synergistischen Effekten (dem Zusammenwirken mehrerer Stoffe) vermutet. Auch werden Nachteile dadurch befürchtet, daß Trinkwasser aus hygienischen Gründen zwingend durch zum Teil aggressive Chemikalien wie Chlor oder Ozon aufbereitet werden muß. Tatsächlich können bei der Chlorung auch unerwünschte chlorierte Kohlenwasserstoffe entstehen, denen ein cancerogenes Potential nachgesagt wird.

Schließlich werden für Trinkwasser wesentlich größere Nachteile bei einer Grenzwertfestlegung für jede einzelne Substanz im Gegensatz zu Lebensmitteln gesehen, weil die zulässige Summierung eine viel zu hohe Gesamtbelastung für Trinkwasser bringen würde, das man nicht wie einzelne Gemüsepartien ohne weiteres aus dem Verkehr ziehen kann. Diese Gesichtspunkte werden von DIETER (64) als hygienisch-ästhetische Qualitätskriterien bezeichnet und als Ergänzung zu den toxikologischen für erforderlich gehalten. OHNESORGE (60) steht auf dem Standpunkt, daß die bisher festgestellten Verunreinigungen und Grenzwertüberschreitungen durch Pflanzenschutzmittel als gesundheitlich völlig unbedenklich anzusehen sind, wobei er toxikologische Maßstäbe anlegt. Er sieht aber eine Berechtigung für strengere Werte bei krebserregenden Stoffen, weil ein statistisches Gesundheitsrisiko damit verbunden ist.

3.5.4 Analytische Schwierigkeiten bei den Grenzwerten für Pflanzenschutzmittel

Zu den oben genannten Schwierigkeiten beim neuen Trinkwassergrenzwert für Pflanzenschutzmittel kommen Probleme bei der Analytik hinzu. Zum Zeitpunkt, als die Trinkwasserverordnung 1986 in Kraft trat, konnten erst einige Pflanzenschutzmittel auf die neuen Grenzwerte untersucht werden.

Inzwischen sind empfindliche Analysemethoden entwickelt und die erforderlichen apparativen Ausstattungen teilweise beschafft worden. Jedoch liegen derzeit noch nicht für alle Wirkstoffe genügend empfindliche Methoden vor. Die Anmelder von Pflanzenschutzmitteln müssen bis zum 31. 10. 1989 der Biologischen Bundesanstalt für alle Wirkstoffe die Analysemethoden vorlegen. Ohne diese Voraussetzungen erfolgt keine neue oder erneute Zulassung. Für die Feststellung eines Grenzwertes von 0,1 μg je Liter Wasser muß ein Meßbereich von mindestens 0,05 μg gegeben sein.

Bei den zur Zeit vorliegenden Methoden handelt es sich vorwiegend um Einzelmethoden (substanzspezifisch). Das heißt, daß in einem Arbeitsgang immer nur ein Wirkstoff gemessen werden kann. Um aber eine ausreichende Kontrolle gewährleisten zu können, werden zumindest für die Überwachungslaboratorien sogenannte Multimethoden benötigt, bei denen in einem Zuge möglichst viele Wirkstoffe analysiert werden können.

Die extrem niedrigen Konzentrationen nennt man den „Ultra-Spurenbereich". Er stellt an die Durchführung der Analytik äußerst hohe Ansprüche. Schon die geringsten Verunreinigungen an den Reagenzien, Apparaturen und Einrichtungen können gravierende Fehler zur Folge haben. Daher ist regelmäßig eine Laborkontrolle erforderlich. Vor allem muß durch Ringanalysen die Größe des laboreigenen Fehlerbereiches bzw. der Abweichungen zwischen den Ergebnissen der Einzellabors festgestellt werden.

Ein besonderes Problem stellen die sogenannten „Blindwerte" dar. Das sind Meßergebnisse, die nicht vom gesuchten Stoff, sondern von natürlich vorhandenen Substanzen ausgehen und positive Ergebnisse vortäuschen können. Diese Blindwerte sind von der Beschaffenheit des Untersuchungsmaterials abhängig und unterliegen daher auch zeitlichen und regionalen Schwankungen. Um einer Fehlinterpretation vorzubeugen, muß daher regelmäßig eine apparativ sehr aufwendige Absicherung der Ergebnisse erfolgen. Sie wird mittels der Kombination Gaschromatographie-Massenspektrometrie durchgeführt.

Die genannten Schwierigkeiten bei der Analytik stellen ein nicht zu unterschätzendes Problem für die Durchführbarkeit und insbesondere die Kontrolle so niedriger Grenzwerte dar.

3.5.5 Kommentar zu den neuen Grenzwerten

Grenzwerte haben in der allgemeinen Umweltdiskussion und -berichterstattung noch nicht das ihnen gebührende Verständnis gefunden. Vor allem ist es bisher nicht gelungen, die unterschiedliche Bedeutung zweier Grenzwert-Kategorien klarzumachen.

Die erste betrifft den Schutz des Menschen vor Beeinträchtigungen des Gesundheitszustandes, wie er am Arbeitsplatz schon vor mehr als 100 Jahren eingeführt wurde. Durch Beobachtung des Gesundheitszustandes und durch Kontrollmessungen wird der Schwellenwert für einen Schadeffekt (wissenschaftlich) ermittelt und durch Hinzufügen eines genügend großen Sicherheitsabstandes ein Grenzwert erarbeitet. Die Festlegung des Wertes, der sich auf toxikologische Begründungen stützt, erfolgt als „politischer Akt" und stellt unter abgewogener Einbeziehung des Sicherheitsspielraumes ein selbst auferlegtes Gebot, einen Standard, dar, wie HABER (116) es kürzlich nannte. Leider wird in der Öffentlichkeit (und in den Medien) ein Überschreiten dieses Standards, Grenzwert genannt, oft als unmittelbare Gefahr empfunden. Der eingebaute Sicherheitsabstand (meist eine Hunderterpotenz) wird vielfach ignoriert.

Die zweite Kategorie betrifft nicht, wie die erste, die reversiblen (umkehrbaren) Wirkungen, die der Körper wieder heilen kann, sondern die nicht reparablen Wirkungen in Form von Krebs und Erbgutveränderungen. Hier ist der Toxikologe überfordert, weil es darum geht, welche kleinste Dosis im Hinblick auf eine nicht (gut) abzuschätzende Gefahr zumutbar erscheint und politisch vertreten werden muß. Das Abwägen der Verhältnismäßigkeit muß auch hier stattfinden, bewegt sich aber in einer anderen Dimension.

Für die Festlegung neuer Grenzwerte für Nitrat und Pflanzenschutzmittel im Trinkwasser muß man grundsätzlich Verständnis haben. Jedoch scheint im Hinblick auf die Grundsätze für die Festlegung von Grenzwertstandards und auf die tatsächlich festgesetzten Rechtsnormen Kritik berechtigt. Selbstverständlich werden aber die geltenden Vorschriften von allen zuständigen Stellen respektiert und eingehalten. Die erforderlichen Maßnahmen zur Durchsetzung sind eingeleitet oder werden veranlaßt.

Die Kritikpunkte richten sich vor allem darauf, daß bei der Festlegung der Grenzwerte das Risiko zu hoch eingeschätzt wurde. Besonders bei Pflanzenschutzmitteln besteht keinerlei Bezug mehr zu gesundheitlichen Gefährdungen. Die dort angesetzten Werte sind so niedrig, daß sie möglicherweise nicht einhaltbar sind, trotzdem einen hohen Kontrollaufwand erfordern und in dieser „Größenordnung" nicht erforderlich sind.

Die Senkung des Nitratgehalts auf 50 mg/l erscheint aus dem Gesichtspunkt der Vorsorge noch vertretbar. Dieser Wert dient auch dazu, daß man angesichts der regional steigenden Gehalte und der Langfristigkeit des Einflusses rechtzeitig eingreifen kann. Jedoch sollten die Ausnahmemöglichkeiten genutzt und Nitratwerte vorübergehend bis zum alten Grenzwert von 90 mg/l toleriert werden. Die Meinungsäußerungen von Medizinern und Toxikologen sprechen dafür.

Gelegentlich wird der Nitratrichtwert von 25 mg/l als künftiger Grenzwert bezeichnet. Für eine solche Grenzwertverschärfung gibt es aus human-toxikologischer Sicht keinerlei sachliche Gründe. Sie wäre auch mit landwirtschaftlicher Bodennutzung nicht zu vereinbaren.

Die pauschale Festsetzung des Pflanzenschutzmittel-Grenzwertes im Ultraspurenbereich war als „Quasi"-Nullwert gedacht. Er kam unter dem Eindruck der damaligen „Nichtmeßbarkeit" zustande. Er muß aus gesundheitlicher Sicht als unangemessen, aus wirtschaftlicher Sicht mit dem Hinweis auf das soeben vorgelegte Gutachten zur Verhältnismäßigkeit der Pflanzenschutzmittel-Grenzwerte (139) als unverhältnismäßig und im Vergleich zu anderen Maßstäben als unspezifisch angesehen werden. Hier muß dringend angeraten werden, angemessene Werte in Richtung der Größenordnung der „WHO guide lines" sowie eine Differenzierung für die einzelnen Wirkstoffe zu erreichen.

Im Hinblick auf die große Zahl von Wirkstoffen erscheint die Forderung nach einem maximalen Summenwert berechtigt. Dieser müßte aber eine Größenordnung aufweisen, die sowohl für die Vorsorge als auch für die Betroffenen als angemessen angesehen werden kann. In der augenblicklichen Situation wird die Landwirtschaft in diesem Bereich vor fast unlösbare Probleme gestellt, was sich erst in Kürze bestätigen wird.

Derartige Initiativen bedürfen eines interprofessionellen und auch eines übernationalen (EG-)Rahmens.

4. Ursachen der Trinkwasserbelastung

Oberflächengewässer und Grundwasser sind erheblichen Einflüssen durch die Natur, vor allem aber Belastungen durch die Einwirkungen des Menschen ausgesetzt. Die Selbstreinigungskraft der Gewässer ist begrenzt und wäre vielerorts ohne Gewässerschutzmaßnahmen völlig überfordert.

Fließgewässer und Seen sind vor allem durch Abwässer gefährdet, die ungenügend geklärt sind. Besondere Gefahr geht von schwer abbaubaren Stoffen wie chlorierten Kohlenwasserstoffen, von Schwermetallen, die sich auch im Flußschlamm anreichern und wieder wandern können, sowie von gelösten Salzen aus. Hinzu kommen Nährstofffrachten (insbesondere Phosphat, Ammonium, Nitrat), die das Algenwachstum und somit den Sauerstoffverzehr fördern, sowie Abwärme aus der Kraftwerkskühlung und aus industriellen Anlagen.

Der umfangreiche Bau von Kläranlagen hat bereits wesentliche Entlastungen gebracht, bedarf aber weiterer Verstärkung, insbesondere hinsichtlich der biologischen und der chemischen Reinigungsstufe (siehe Abbildung 29) (107).

Beim Grundwasser, das als Haupttrinkwasserlieferant besonderen Schutzes bedarf, spielen alle wassergefährdenden Stoffe eine nachhaltige Rolle, die über die Abfallbeseitigung und zahlreiche Pfade per Wasser, Boden oder Luft in den Untergrund gelangen. „Unfälle" mit Mineralöl waren vor 20 Jahren ein Hauptproblem. Es wurde durch verbesserte Lagerung und Transportsicherheit gemildert. Die Lösungs- und Reinigungsmittel auf der Basis von organischen Halogenverbindungen stellen wegen ihrer Toxizität und Langlebigkeit eine besondere Gefahr dar. Sie entstammen der Produktion und dem Gebrauch in Gewerbe und Haushalt. Weitere wasser- und gesundheitsgefährdende Stoffe können aus stillgelegten Produktionsstätten, alten Ablagerungen, aus Transportunfällen usw. in das Grundwasser gelangen. Auch der saure Regen, eine

Abbildung 29: Öffentliche Abwasserbehandlung.

Herkunft	Mengen in Gm^3
Haushalte und Kleingewerbe	3,2
Industrie	1,3
Fremdwasser[1])	3,3
öffentliche Kläranlagen	7,8
— mechanische Stufe	0,47
— biologische Stufe	6,72
— chemische Stufe	0,60
ohne Klärung[2])	0,17

1) Regenabflüsse, Grund- und Oberflächenwasser

2) Direkteinleiter oder Versickerung aus Hausklärgruben

Quelle: Umweltbundesamt 1983 (107)

Folge der Luftverschmutzung, kann direkt, aber auch indirekt durch Lösung schädlicher Metallionen bzw. durch Störung des Bodensäuregehalts mitwirken.

Eine weitere und derzeit in der Öffentlichkeit heftig diskutierte Quelle der Gewässerbelastung sind Stickstoff-Verbindungen, insbesondere als Nitrat, und die Pflanzenschutzmittel. Sie werden im folgenden und mit Schwerpunkt ihrer landwirtschaftlichen Herkunft besonders beschrieben.

4.1 Quellen der Grundwasserbelastung durch Nitrat

Die zahlreichen und unterschiedlichen Quellen der Nitratauswaschung lassen sich von ihrer Auswirkung her in zwei Gruppen gliedern, und zwar in die

- örtlich eng begrenzten mit punktuellen Einflüssen auf die Gesamtheit des Grundwassers (z. B. undichte Kanalisation, Abwässerversickerung, Mülldeponien) und
- großflächigen diffusen Belastungsquellen, die wegen ihrer Ausdehnung eine breite Wirkung auf das Medium Grundwasser ausüben können (z. B. trockene und nasse Niederschläge, landwirtschaftliche Bodennutzung).

4.1.1 Abwasserversickerung

Besonders in ländlichen Gebieten werden häusliche Abwässer häufig noch über Sickergruben oder veraltete Kleinkläranlagen entsorgt. Hier und durch undichte Kanalisationsleitungen können erhebliche Stickstoffmengen ins Grundwasser abwandern (108).

Hinzu kommen betriebliche Abwässer, wie sie in Hofstellen in Form von Silosickersäften, Spül- und Stallreinigungswasser oder Abflüssen aus undichten Jauche- oder Güllegruben gelegentlich anfallen. Dies kommt auch in kommunalen und Gewerbesiedlungen vor. Obwohl der Eintrag von Stickstoff im Einzelfall nennenswert sein kann, hält sich die Auswirkung insgesamt wegen des hohen Anschlußgrades der Bevölkerung an Wasser- und Abwasserversorgungssysteme in engen Grenzen.

4.1.2 Abfalldeponien und sonstige punktuelle Quellen

Nicht genügend abgedichtete Ablagerungen von Haus-, Gewerbe- und Industriemüll können über die Versickerung von gefährlichen Stoffen das Grundwasser beeinträchtigen. Allerdings ist in den allermeisten Fällen der Anteil an Stickstoffverbindungen klein. Es ist aus Einzelfällen sogar bekannt, daß eine Anreicherung mit leicht abbaubaren organischen Verbindungen infolge Sauerstoffverbrauch den Nitratabbau begünstigt (3).

Nitratausträge ins Grundwasser können in Ausnahmefällen durch Erdaufschlüsse verursacht werden, wenn es sich um größere Erdbewegungen und humusreiches Material handelt. In Einzelfällen sind Auftaumittel, wie sie zur Entfrostung z. T. auf Flugplätzen verwendet werden, als grundwassergefährdend angesehen worden.

Diese Fälle repräsentieren eine insgesamt geringere Größenordnung der Belastung als die Abwasserversickerung.

4.1.3 Luftverunreinigungen

Es ist allgemein bekannt, daß die Luft durch die Abgase und Abluft der Energieerzeugung, der Industrie, der Haushalte, des Verkehrs und der Landwirtschaft mit verschiedenen Stickstoffverbindungen in unterschiedlichem Maße belastet wird. Die Emission von Stickoxiden wird in erster Linie durch Verkehr, Kraftwerke und Industrie verursacht. Ein großer Teil des emittierten Ammoniaks (NH^3) kommt aus der landwirtschaftlichen Tierhaltung einschließlich der organischen Düngung (105).

Die Stickstoffmenge, die im Durchschnitt jährlich im Bundesgebiet mit den Niederschlägen dem Boden zugeführt wird, beläuft sich auf etwa 18 kg je Hektar, was insgesamt etwa 450.000 t Stickstoff bedeutet (3). Allerdings ist die Verteilung je nach der Entfernung zur Quelle, nach Witterung und Standort unterschiedlich, so daß die Angaben für den örtlichen Eintrag im allgemein zwischen 10 und 30 kg je Hektar plausibel erscheinen. Manche Quellen geben sogar 40—60 kg/ha N an. Auf der Versuchsstation Limburgerhof wurden in den 50er Jahren ungefähr 10 kg/ha Stickstoffeintrag gemessen, heute sind es 20—25 kg/ha.

Im Zusammenhang mit dem Waldsterben wurde festgestellt, daß der Eintrag auf Waldböden etwa doppelt so hoch anzunehmen ist, weil sich hier die trockenen Niederschläge (Depositionen) auf den Bäumen ablagern und dann in einer zweiten Phase abgeregnet werden (65).

4.1.4 Oberflächengewässer

Obwohl im allgemeinen die Oberflächengewässer außer durch Zuflüsse durch Grundwasser gespeist werden, kann auch eine entgegengesetzte Speisung und Beeinflussung eintreten. Die Nitratgehalte der Flüsse und Seen liegen, wie in Abschnitt 3.4.4 gezeigt wurde, im Durchschnitt unter 25 mg je Liter. Aufgrund dieser niedrigen Konzentration kann eine zusätzliche Nitratbelastung auf diesem Wege praktisch ausgeschlossen werden, zumal nur etwa 5 % der Grundwasserneubildung durch Infiltration von Oberflächenwasser erfolgt.

4.1.5 Landwirtschaftliche Bodennutzung und Nitrataustrag in das Grundwasser

Eine durch das Ausgangsgestein unserer Böden (geogen) bedingte regelmäßige Stickstoffnachlieferung existiert praktisch nicht. Wir kennen solche Erscheinungen aus Trockenklimaten (wo die Verdunstung größer ist als der Niederschlag), z. B. in Form von Chilesalpeter. In unserer Regionen bezieht sich die Nachlieferung vorwiegend auf den humusbedingten Stickstoffvorrat. Auf manchen Böden kann Stickstoff auch aus dem in Tonmineralien fixierten Ammonium freigesetzt werden.

Der Hauptteil des Nitrataustrags in das Grundwasser resultiert aus der landwirtschaftlichen Bodennutzung. Die Entwicklung der modernen Produktionsmethoden in den letzten drei Jahrzehnten hat eine gewaltige Leistungssteigerung bewirkt. Sie drückt sich vor allem in der Steigerung der Ertragshöhe, der Ertragssicherheit und der Qualität aus. Diese Erhöhung der Produktionsintensität, die mit einer Verringerung des Arbeitsaufwandes (und einer entsprechenden Erhöhung der Einkommen) einherging, wurde vor allem durch folgende Maßnahmen erreicht:

— Der Boden wurde tiefer und häufiger bearbeitet, was durch die Stärke und Schlagkraft der vollmotorisierten Mechanisierung möglich wurde.

— Der Viehbestand wurde im Zuge der für die Anhebung der Wertschöpfung erforderlichen Spezialisierung bei den meisten viehhaltenden und insbesondere flächenarmen Betrieben verstärkt, so daß ein höheres Aufkommen an Wirtschaftsdüngern zur Verfügung stand, wenn auch Anzahl und Fläche der viehlosen Betriebe zugenommen haben.

— Die Ernährung der Pflanzen konnte produktionstechnisch optimiert und der züchterisch erreichten höheren Leistungsfähigkeit angepaßt werden. Die wohldosierbare und rentable Mineraldüngung machte es vor allem möglich.
— Die Verluste an Ertrag und Minderung der Qualität durch Schadorganismen konnten durch gezielte Pflanzenschutzmaßnahmen stark reduziert werden.

Viele dieser Maßnahmen bewirkten eine Vertiefung der Krume mit mehr Humus, Nährstoffen und Mikroorganismen, also eine Verbesserung der Bodenfruchtbarkeit. Ein wesentlich höherer Nährstoffumsatz war die Folge. Damit wurde ein effektiver Umbau der Nährstoffe aus der Bodenlösung in die Pflanzenmasse erreicht. Die konsequente Folge ist, daß die den Betrieb verlassenden Nährstoffe dem Boden ersatzweise wieder durch Düngung zur Verfügung gestellt werden müssen.

Ein höherer Nährstoffumsatz im Boden muß keine höheren prozentualen Nährstoffverluste zur Folge haben. Jedoch ist bei relativ gleichen Auswaschungs- oder Abschwemmungsraten der absolute Verlust in kg/ha größer.

Bevor auf die Zusammenhänge zwischen den Nitratauswaschungen in das Grundwasser und den Nutzungsmethoden im einzelnen eingegangen wird, soll der landwirtschaftliche Stickstoffkreislauf vereinfacht erläutert werden.

4.1.5.1 Der Stickstoffkreislauf im Boden

Die schematische Zeichnung in Abbildung 30 soll den Überblick erleichtern.

Die wichtigste Größe ist der Humusvorrat als große Stickstoffreserve. Er ist in der Abbildung im linken Kreis dargestellt und umfaßt je nach Standort 2.000—10.000 kg/ha Stickstoff. Diese Menge hat sich aus abgestorbenen Pflanzen und Lebewesen durch ständigen Umbau durch Mikroorganismen gebildet. Der größte Teil des Stickstoffs ist organisch gebunden und wird nur zu einem Anteil von etwa 1—3 % jährlich mobilisiert (pflanzenverfügbar).

Diese Mineralisierung führt über die Nitrifikation zu der für das Pflanzenwachstum wichtigsten Stickstofform, dem Nitrat (NO_3). Die Pflanze nimmt überwiegend den Stickstoff in der pflanzenverfügbaren und beweglichen Nitratform auf.

Der Umwandlungsprozeß führt vom
— fest gebundenen Humus-Stickstoff
  über Ammoniak (NH_3) zum Ammonium (NH_4) (diesen Teil nennt man Ammonifikation), und vom
— mobilisierbaren Ammonium-Stickstoff
  über Nitrit (NO_2) zum Nitrat (NO_3) (diesen Teil nennt man Nitrifikation).

Jeder dieser Einzelschritte wird von einer bestimmten Bakterienart bewerkstelligt und läuft je nach Standort (Boden, pH-Wert, Luft, Feuchte, Wärme) unterschiedlich ab.

Die bedeutendste Größe für den Stickstoffaustrag ist die Aufnahme durch die Pflanzen,

Abbildung 30: Der landwirtschaftliche Stickstoff-Kreislauf und die hieran beteiligten Stickstoffmengen (Angaben in kg/ha bzw. kg/ha/Jahr).

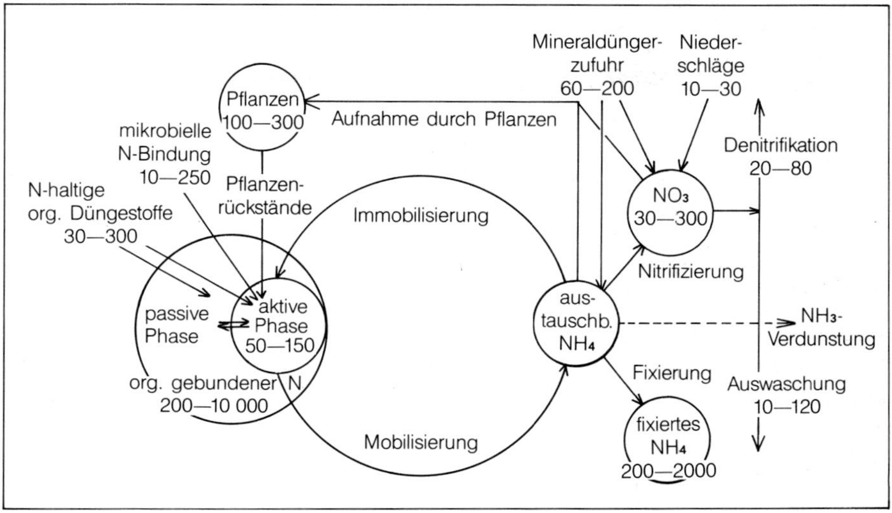

Quelle: Sauerbeck 1984 (66)

die im allgemeinen je nach Kulturart und Ertrag zwischen 80 und 300 kg/ha N liegt. Sie ist in der Zeichnung oben links dargestellt.

Die Deckung dieses Entzugs erfolgt über den bodenbürtigen Stickstoff hinaus durch

— Wirtschaftsdünger (Mist, Jauche, Gülle), bei dem der Stickstoff in organischer und in Ammoniumform vorliegt und durch die Mikroorganismen erst in Nitrat umgearbeitet werden muß (Zeitverzögerung); für die Anwendung von Klärschlamm und Müllkompost trifft ähnliches zu,

— Mineraldünger, die meist schnell verfügbaren Stickstoff enthalten,

— biologisch gewonnenen Stickstoff, hauptsächlich über Knöllchenbakterien in Leguminosen, wobei die Verfügbarkeit verzögert ist,

— Niederschläge, die Stickstoff in relativ löslicher Form in einer Größenordnung von 10—30 kg/ha enthalten,

— Ernterückstände, die noch nicht in den Humusvorrat integriert sind, und in die Berechnung des Stickstoffbedarfs nach der Höhe ihrer spezifischen Vorfrucht-(Stickstoff-)Wirkung eingehen müssen (Zuckerrübenblatt setzt Stickstoff rasch frei, Getreidestroh bindet zunächst Stickstoff).

Zum Stickstoffkreislauf gehören aber auch die Verluste oder Verlagerungen:

— Ammonium-Stickstoff (NH_4) kann pH-abhängig in Ammoniak (NH_3) übergehen und in die Luft entweichen. Jedermann kennt diese Erscheinung insbesondere bei der Ausbringung von Wirtschaftsdüngern.

— Nitrat-Stickstoff kann durch bestimmte Bakterien denitrifiziert werden. Er entweicht dem Boden dann gasförmig als molekularer Stickstoff (N_2) oder als ein Gemisch verschiedener Stickoxide (daher allgemein NO_x genannt). Die Menge ist sehr unterschiedlich.

— Schließlich kann vor allem Nitrat-Stickstoff in das Grundwasser ausgewaschen werden. Die Größenordnung wird zwar durch die zuvor beschriebene Denitrifikation (unter Umständen zeitlich begrenzt) vermindert, wenn sie wirksam ist, beträgt aber netto von zehn bis zu mehreren hundert kg je Hektar. Ein Teil davon versickert unabhängig von der Bewirtschaftungsintensität und dürfte als durchschnittliche Grundlast 20—40 kg Stickstoff je Hektar Ackerland betragen.

4.1.5.2 Ursächliche Wirkungen von landwirtschaftlichen Einzelmaßnahmen auf die Nitratauswaschung

Bodenbearbeitung

Mit der heute vorhandenen landtechnischen Ausstattung (leistungsstarke Schlepper, spezielle Bodenbearbeitungsgeräte) wird der Boden im allgemeinen tiefer bearbeitet als früher. Die Vertiefung und bessere Durchlüftung der Krume hat eine Verstärkung des Bodenlebens zur Folge und damit auch den Einbau erheblicher Nährstoffmengen (insbesondere Stickstoff) in den Humuskörper sowie eine höhere Mineralisierungsrate (mehr bodenbürtiger Stickstoff wird aufgeschlossen). Die Pflanzenwurzeln können sich ausbreiten und mehr Nährstoffe aufnehmen, ihre Wachstumskapazität besser nutzen. Dies bedingt auch den erforderlichen Nährstoffnachschub durch Düngung, wodurch der Umsatz an Nährstoffen (und vor allem an Stickstoff als Wachstumsmotor und Eiweißbildner) groß ist.

Die Wirkung der Bodenbearbeitung auf die Stickstoffmobilisierung wurde in zahlreichen Versuchen nachgewiesen. Sie wird nicht nur von der größeren Mengen an pflanzenverfügbaren Nährstoffen bestimmt, sondern gleichwertig auch von der besseren „räumlichen Verfügbarkeit" (117).

Grünlandumbruch

Der Effekt ist im Prinzip der gleiche wie bei der Bodenbearbeitung. Jedoch stehen bei einem Grünlandumbruch durch den langjährigen (oft viele Jahrzehnte langen) ungestörten Humusaufbau sehr hohe Stickstoffmengen zur Verfügung. Sie sind zu einem großen Teil nicht der fest gebundenen Stickstofform zuzurechnen, sondern mehr der aktiven Phase, die recht schnell über die Ammonifizierung und Nitrifikation in das leicht lösliche Nitrat umgewandelt werden kann.

Landwirte kennen die Wirkung unter dem Schlagwort „Stickstoffstoß". In den ersten Jahren werden oft mehrere hundert kg Stickstoff je Hektar freigesetzt, die auch der leistungsfähigste Pflanzenbestand nicht „verarbeiten" kann. Der Nitrataustrag in das Grundwasser wird als Folge des Grünlandumbruchs, der in den hinter uns liegenden Jahrzehnten der Intensivierung der Bodennutzung umfangreich praktiziert wurde, im allgemeinen am größten sein. Es gibt allerdings beachtliche Unterschiede hinsichtlich der Standortbedingungen und insbesondere der Dauer und Intensität der vorausgegangenen Grünlandnutzung.

Abbildung 31: Verlagerung von Nitratstickstoff in tiefere Schichten eines Kalkbodenprofils unter Dauergrünland (linker Kurvenverlauf) und 12 Jahre nach Grünlandumbruch (rechter Kurvenverlauf).

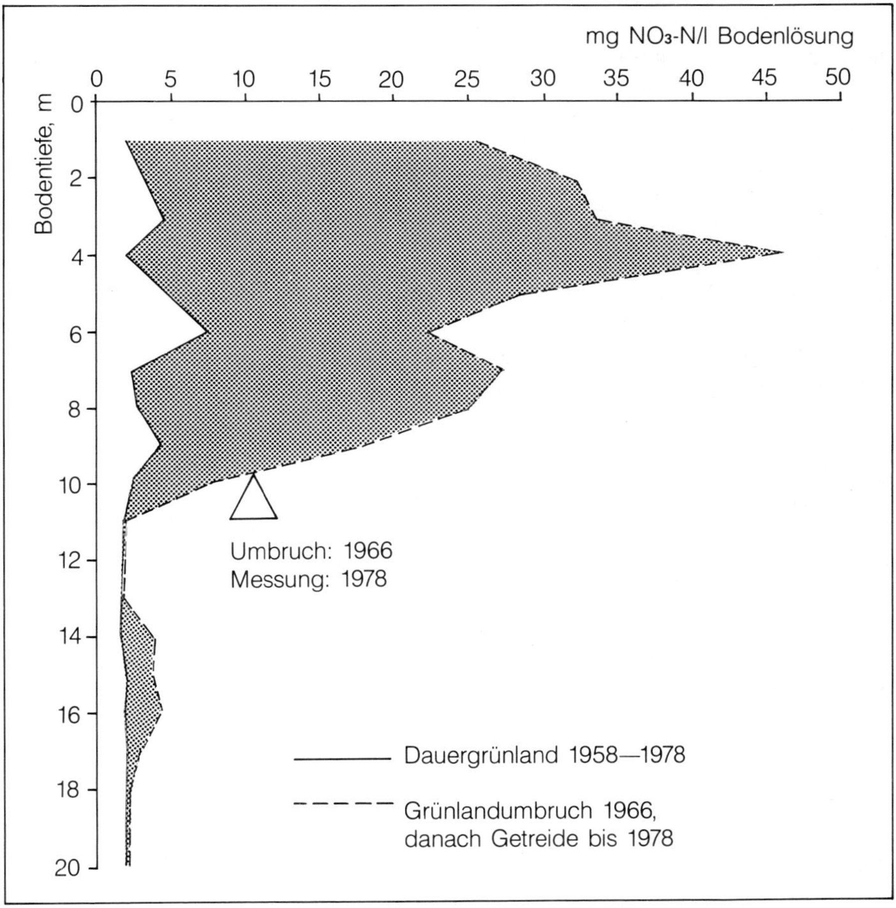

nach Foster et al. 1982 aus BASF-Mitteilungen 2/1986 (68)

In Abbildung 31 werden die Ergebnisse eines Versuchs in Südostengland gezeigt, wo die Nitratverlagerung in tiefere Schichten sowohl unter Dauergrünland als auch parallel dazu nach Grünlandumbruch zu erkennen ist. Bemerkenswert sind die deutlich erhöhten Nitratwerte noch zwölf Jahre nach dem Umbruch. In den ersten Jahren nach einem solchen Eingriff sind häufig Nitratkonzentrationen in der Bodenlösung von über 300 mg/l zu finden.

In einer französischen Untersuchung wurden in drei Folgejahren nach Grünlandumbruch insgesamt bis zu 300 kg/ha Stickstoffverluste im Sickerwasser ermittelt (67). Erst nach einer Reihe von Jahren pendelt sich der Austrag wieder auf ein normales Maß ein.

Bei Grünlandumbruch mit unmittelbar folgender Grünlandneuaussaat wurde in jüngsten (noch nicht veröffentlichten) Hohenheimer Untersuchungen eine Stickstoffmineralisierung beobachtet, die nach Höhe und Dauer mit der eines Grünlandumbruchs mit folgender Ackernutzung gleichzusetzen ist.

Anwendung von Wirtschaftsdüngern

Der Viehbesatz betrug in der Bundesrepublik 84 GV/100 ha landwirtschaftlicher Nutzfläche (LN) 1960/61, 92 GV/100 ha LN 1970/71 und 117 GV/100 ha LN 1986/87 (70).

Durch die Vergrößerung des Viehbestandes, die höhere Leistung des Nutztierbestandes und die gesteigerte Verwendung von importierten Futtermitteln haben sich Anfall und Nährstoffkonzentration von Wirtschaftsdüngern generell erhöht. In viehstarken Betrieben wird dies besonders deutlich.

Der kurzfristige Ausnutzungsgrad des Güllestickstoffs wird bei Gülledüngung auf Ackerland für den Zeitraum März bis Mai mit 50—60 % kalkuliert, im Oktober/Novem-

Abbildung 32: Nitratgehalte in unterschiedlichen Bodentiefen bei unterschiedlicher Düngung auf Ackerland.

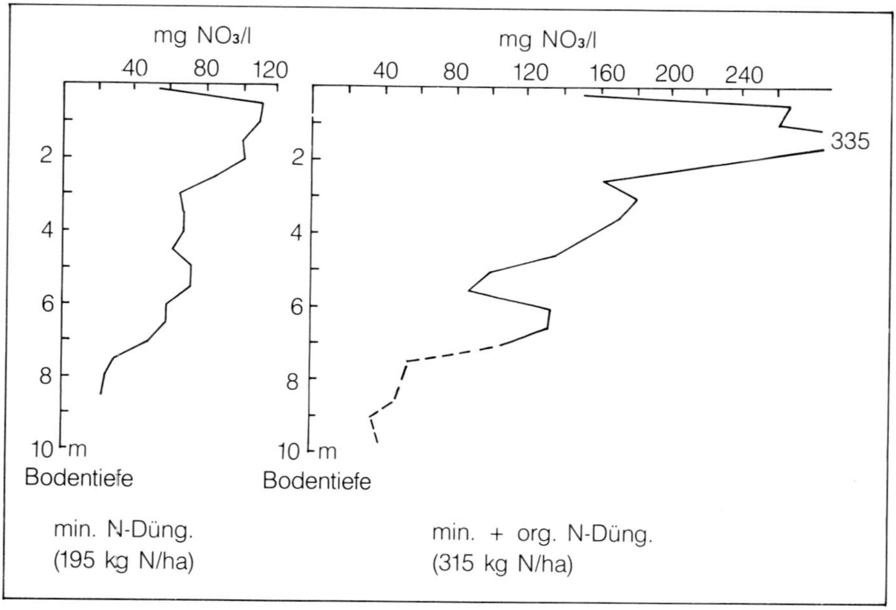

nach Maidl 1987 aus Vetter (73)

ber nur mit 10—40 %. Die Schwankungen sind sowohl vom Ausbringungszeitraum und der Kulturart (siehe Abbildung 41) als auch von Standort- und Witterungsbedingungen abhängig. Bei einer Ausbringung zum Spätsommer und Herbst wird von dem in der Gülle enthaltenen Ammonium-Stickstoff je nach Fruchtfolge (Zwischenfrüchte) und Bodenbearbeitung ein mehr oder weniger großer Teil noch vor Eintritt des Winters nitrifiziert und möglicherweise großenteils ausgewaschen. Langfristige intensive Gülledüngung führt zur Anreicherung des Bodens mit organisch gebundenem Stickstoff, welcher einer jährlichen Mineralisierung von 1—3 % unterliegt. Ein Teil dieses Stickstoffs wird zu Zeiten mobilisiert, in denen kein entsprechender Bedarf durch die Pflanzen besteht.

Bei der Anwendung organischer Dünger sind die Verluste durch Stickstoffverflüchtigung in der Luft und durch Nitratauswaschung nicht zu verkennen (73). Höhere Stickstoffauswaschungsraten bei Wirtschaftsdüngern ergeben sich bei überhöhter, nicht standort- und pflanzengerechter Dosierung der Gaben. Für eine nicht ordnungsgemäße Düngung dieser Art ist Abbildung 32 ein Beispiel. Bei ordnungsgemäßer Bemessung ist damit zu rechnen, daß unterhalb der durchwurzelbaren Zone nur Nitratgehalte vorhanden sind, die deutlich unter 50 mg je Liter Bodenlösung liegen.

In zahlreichen Einzelbeispielen mit hohem Viehbesatz übersteigt die zur Verfügung stehende Menge an Wirtschaftsdüngern das für die Pflanzenernährung erforderlich Maß, zumal vielfach nicht alle Betriebsflächen begüllbar sind.

Anwendung von Mineraldüngern

Wie aus Abbildung 33 hervorgeht, wurde die Anwendung von mineralischen Düngern in den vergangenen Jahrzehnten gesteigert. Dies war eine wesentliche Voraussetzung für die erzielten höheren Erträge und zum Teil auch der Qualität. Derzeit stagniert der Verbrauch bei Stickstoff; bei Phosphat und Kali ist er rückläufig, bei Kalk nimmt er zu.

Die zeitliche Steuerung der mit Mineraldüngern ausgebrachten Nährstoffe (insbesondere des Stickstoffs) ermöglicht eine gezielte und standortgerechte Versorgung der Pflanzenbestände. Die Auswaschungsverluste lassen sich so minimieren.

Allerdings gibt es auch Gründe dafür, daß auch bei Mineraldüngeranwendung eine erhöhte Auswaschung erfolgen kann:

— Die unzuverlässigere Stickstoffwirkung von organischen Düngern veranlaßt manchen Landwirt, zu bestimmten Wachstumsphasen seinen Pflanzenbestand über Mineraldünger dem zeitlichen Bedarf entsprechend und zusätzlich mit Stickstoff zu versorgen, obwohl mit Gülle eigentlich genügend Stickstoff zur Verfügung steht. (Dieser organisch gebundene Stickstoff ist aber erst nach mikrobieller Umsetzung im Boden pflanzenverfügbar.) Würde er nicht so handeln, müßte er zum Teil Einbußen hinnehmen.

— Die Berechnung des Düngerbedarfs ist schwierig, weil insbesondere in der Vergangenheit Schätz- und Meßmethoden für die Stickstoffnachlieferung des Bodens und Stickstoffgehalte in der Gülle kaum zur Verfügung standen. Aus diesem Grund wurde wegen des vorgenannten Nachlieferungsrisikos häufig ein „Sicherheitszuschlag" bei der Bemessung der Düngergabe einkalkuliert.

Abbildung 33: Anwendung von Handelsdüngern und Stickstoffanfall aus organischen Wirtschaftsdüngern (ohne Jauche) in der Bundesrepublik.

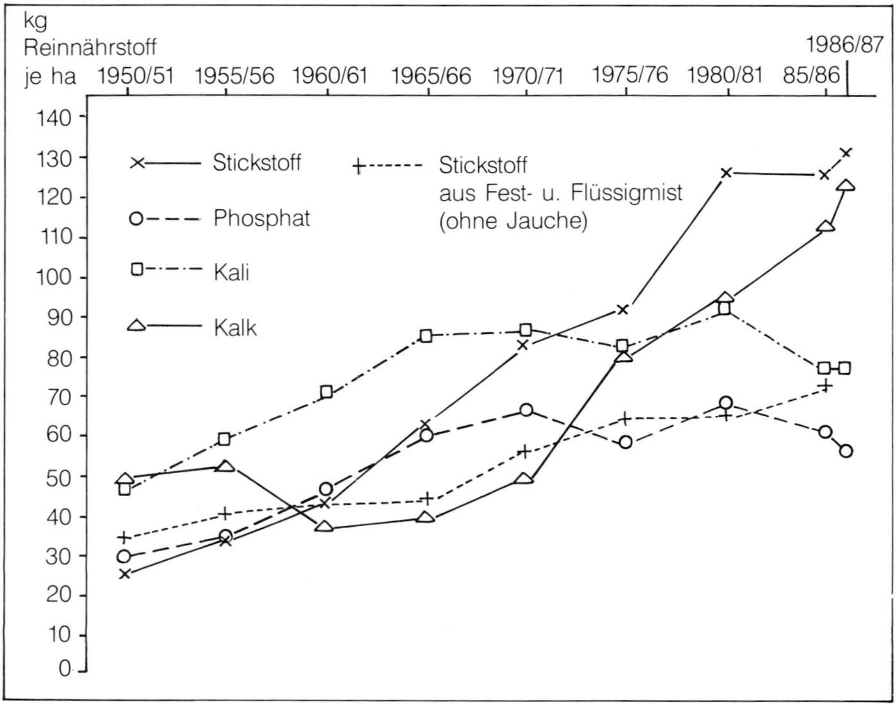

Datenquelle: Statistisches Bundesamt 1988 (111)

Ein in der Rheinebene heute noch trotz Beratung oft gemachter Fehler ist die Überdosierung der Stickstoff-Mineraldüngung bei Spargel. Da selbst bei drei- bis vierfacher Überdosierung über dem Bedarf keine Qualitätsnachteile (höchstens unbemerkte Ertragsdepressionen) auftreten, konnten vor allem viele Nebenerwerbslandwirte nicht von dieser „Sünde gegen das Grundwasser" überzeugt werden. Solche Sonderfälle kommen zwar regional besonders bei Sonderkulturen und in relativ kleiner Zahl vor, aber sie haben Grundwasserwirkung und finden Beachtung.

Anders ist die Entwicklung bei den Zuckerrüben gelaufen. Seit nach bereinigtem Zuckergehalt bezahlt wird, seit also ein Zuviel an sogenanntem schädlichem Stickstoff in der Rübe zu Preisabzügen führt, wird nicht mehr überhöht gedüngt. (Die Rübe neigt als nitrophile Pflanze zu einem Luxuskonsum an Stickstoff. Es bilden sich für die Zuckergewinnung störende Aminozucker.) Die zurückgegangene Rübenblattnutzung spielt dabei auch eine Rolle. Ähnliche Reduzierungen einer früher zu hoch bemessenen Nährstoffversorgung sind aufgrund akzeptierter wissenschaftlicher Erkenntnisse weitgehend im Obstbau und bei Reben zu beobachten.

Fruchtfolge

Die marktpolitische Situation auf dem Agrarsektor hat zu einer Einschränkung der Anzahl der verkaufs- und verwertungsfähigen Pflanzenarten geführt. Verstärkt wurde dieser Trend durch die Notwendigkeit einer kostengünstigen Produktion, die durch Spezialisierung der landwirtschaftlichen Betriebe auf wenige Produktionsrichtungen erreicht wurde.

Der in vielen Gebieten anzutreffende hohe Anteil des Getreidebaus (mehr als 70 % der Ackerfläche), die Verdrängung des Futterbaus durch Importfuttermittel, die mangelnde Nachfrage nach diversen Verkaufsfrüchten, der weitreichende Verzicht auf Zwischenfrucht-(Futter-)Bau, weil verstärkt „späträumende" Früchte angebaut werden, kurz die Einengung der Fruchtfolge hat den Anteil der Ackerflächen, die im Winter ohne Bewuchs bleiben, größer werden lassen. Hinzu kommt die Ausdehnung von Pflanzenarten, die spät gesät werden (Mais u. a.) und damit ebenfalls die Auswaschungsgefährdung erhöhen.

Kulturpflanzen mit hohem Nährstoffbedarf verursachen leicht höhere Stickstoffausträge in den Untergrund, weil der Witterungsablauf mit seinen fördernden oder hemmenden Wirkungen nicht vorausgesehen und die Düngung diesen Umständen nicht angepaßt werden kann. Hinzu kommt, daß vielfach bei Kulturen mit hohen Gelderlösen „vorsichtshalber" etwas mehr gedüngt wurde.

Die in Baden-Württemberg Ende 1987 durchgeführten Nitratuntersuchungen im Boden auf 36.165 Standorten in Wasserschutzgebieten zeigen im Durchschnitt einen erwartungsgemäßen Trend. Beispielsweise liegen die Werte für Grünland und Brache am unteren, für Sonderkulturen und Körnerleguminosen am oberen Ende der Nitratskala (siehe Abbildung 34). Allerdings weichen im Einzelfall die Ergebnisse zum Teil stark von dieser Tendenz ab. Außerdem ist zu ersehen, daß bei den Sonderkulturen die Werte von Spargel und Tabak am höchsten und die von Reben und Baumobst am niedrigsten lagen.

4.1.5.3 Bilanzierung der Nitratausträge

Zahlreiche Wissenschaftler haben sich darum bemüht, einen Überblick über das Nitratproblem zu schaffen. Trotz großer Fehlermöglichkeiten in der Stickstoffdynamik bei gegebener Vielfalt der Standortunterschiede und trotz unterschiedlicher Untersuchungsmethoden gelangen verschiedene Autoren zu dem Ergebnis, daß die Stickstoffbilanz heute im Durchschnitt der Bundesrepublik einen Überschuß von mehr als 100 kg Stickstoff je Hektar aufweist (74). Es bestehen natürlich je nach Viehhaltung, Sonderkulturen, Bewirtschaftungsform und örtlichen Bedingungen beträchtliche Unterschiede. Selbst wenn man eine unvermeidliche „Grundlast" von 20—40 kg/ha Stickstoff in Rechnung stellt und die Erhöhung der Humusmenge durch vertiefte Pflugarbeit (Krume) in Betracht zieht, läßt der Durchschnittsüberschuß seine Bedeutung für das Nitratproblem erkennen.

In den 30er Jahren war die Bilanz negativ (die Pflanzen waren mit Stickstoff unterversorgt, der Austrag war minimal), und in den 70er Jahren waren Zu- und Abgänge (nach BUCHNER und STURM) ausgeglichen (77, 75). Unter der Voraussetzung be-

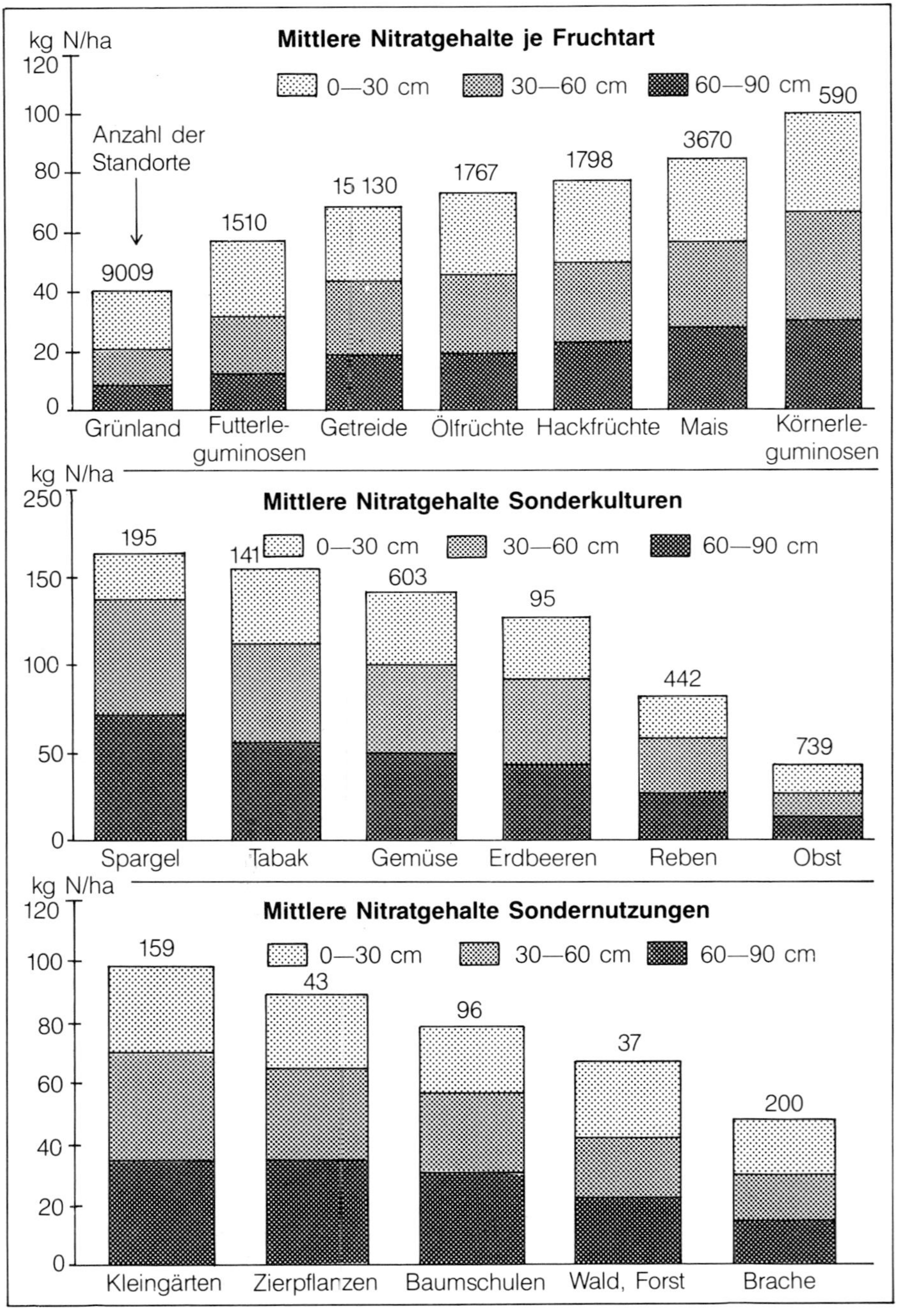
Mittlere Nitratgehalte je Fruchtart
kg N/ha
120
100
80
60
40
20
0
0—30 cm
30—60 cm
60—90 cm
Anzahl der Standorte
9009
1510
15 130
1767
1798
3670
590
Grünland
Futterleguminosen
Getreide
Ölfrüchte
Hackfrüchte
Mais
Körnerleguminosen
Mittlere Nitratgehalte Sonderkulturen
kg N/ha
250
150
100
50
0
0—30 cm
30—60 cm
60—90 cm
195
141
603
95
442
739
Spargel
Tabak
Gemüse
Erdbeeren
Reben
Obst
Mittlere Nitratgehalte Sondernutzungen
kg N/ha
120
100
80
60
40
20
0
0—30 cm
30—60 cm
60—90 cm
159
43
96
37
200
Kleingärten
Zierpflanzen
Baumschulen
Wald, Forst
Brache

stimmter Annahmen (z. B. keine langfristige Änderung des Stickstoffvorrats im Boden) wird folgender vereinfachter Bilanzansatz zugrundegelegt:

	Stickstoff-Zufuhren:	Mineraldünger Wirtschaftsdünger Niederschläge
—	Stickstoff-Entzüge:	Erntesubstanz
=	Stickstoff-Saldo:	Auswaschung Denitrifikation

Die in vielen Bundesländern (besonders im Süden) steigenden Nitratwerte im Grundwasser lassen vermuten, daß der Anteil der Denitrifikation (der Abbau von Nitrat zu gasförmigem Stickstoff) am Verlustsaldo viel kleiner ist als der der Auswaschung.

Dazu muß man wissen, daß die denitrifizierenden Bakterien für ihre Tätigkeit
- Energie in Form von leicht verdaulichen organischen Substanzen (Humus),
- wenig Luft-Sauerstoff, also dichten und feuchten Boden, jedoch Sauerstoff in Form von Nitrat (für „Nitratatmung)
  sowie
- günstige Temperaturen benötigen (77, 3).

Diese Bedingungen scheinen in größeren Gebieten des Norddeutschen Flachlandes häufiger gegeben zu sein als an Rhein, Main und Mosel (78). Die Anteile der Denitrifikation des Wurzelbereichs und des Grundwasserkörpers dürften regional sehr unterschiedlich sein.

Bei nur geringem Gehalt an organischer Substanz unterhalb der Krume kann es infolge der Denitrifikation (Nitratabbau) zum weitgehenden Verbrauch der organischen Stoffe kommen. Dadurch werden die betreffenden Bakterien ihrer Energiequelle beraubt. Der Nitratabbau läßt nach, und somit können größere Nitratmengen zum Grundwasser vordringen.

Auf eine derartige Wirkung wird der plötzliche Nitratanstieg beim Wasserwerk Mussum (siehe Abbildung 35) Ende der 60er Jahre zurückgeführt und vermutet, daß „Nitratdurchbrüche" dieser Art auch bei anderen Wasserwerken befürchtet werden müssen (80). Im allgemeinen rechtnet man mit einer Abbaukapazität (Denitrifikation) von 20—80 kg Stickstoff je Hektar und Jahr (meist unter 50 kg).

Eine denitrifizierende bzw. nitrifikationshemmende Wirkung wird bei Vorliegen bestimmter Schwefelverbindungen im Unterboden, besonders auf leichteren Standorten im Norden der Bundesrepublik, beobachtet. Bei dem chemischen Umbau wird Stickstoff (gasförmig) frei und der Schwefel als Sulfat ausgewaschen. Ähnliche Vor-

Abbildung 34: Nitratgehalte in Böden aus Wasserschutzgebieten in Baden-Württemberg, November 1987. Durchschnittswerte verschiedener Kulturpflanzen und Nutzungen aus 36 165 beprobten Standorten.

Quelle: Schweiger 1988 (79)

Abbildung 35: Ionenkonzentration im Rohwasser des Wasserwerks Mussum in mg/Liter.

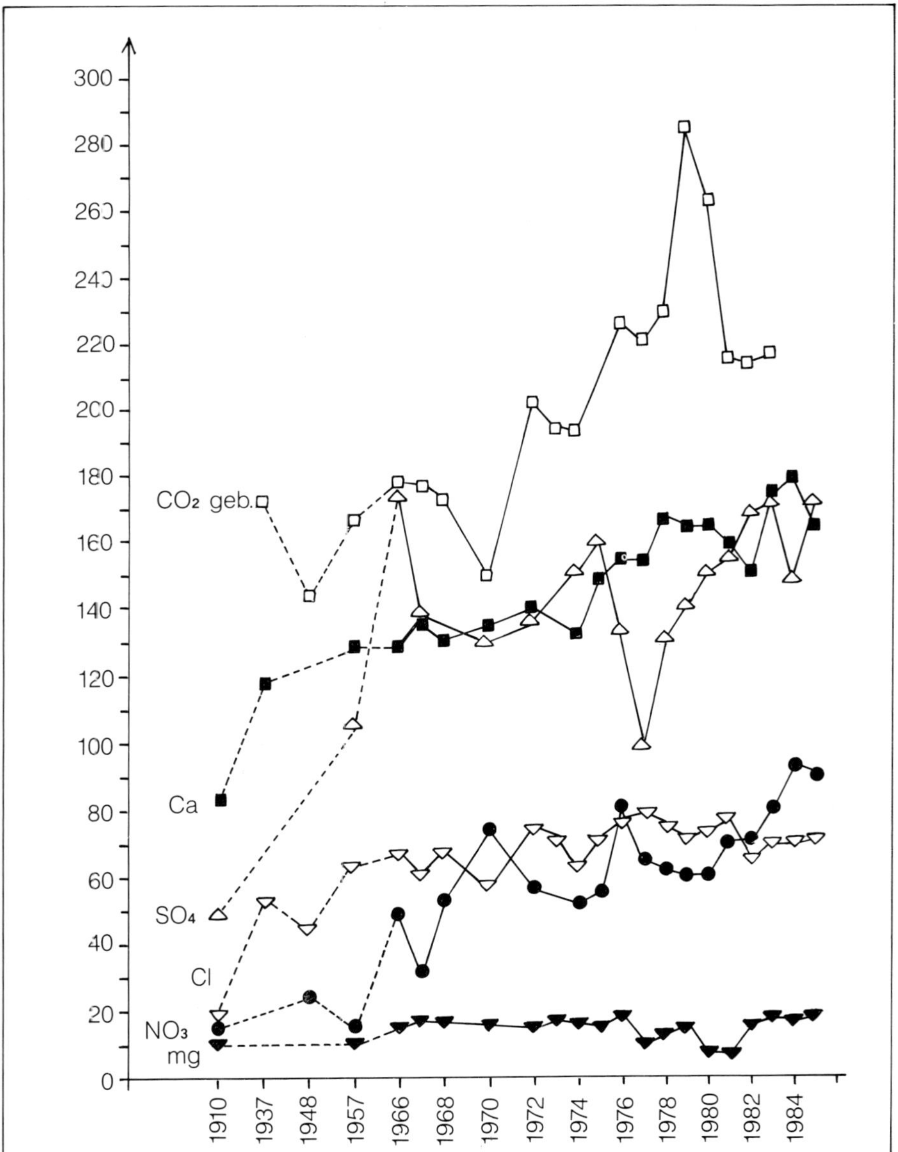

Quelle: Obermann 1987 aus Fachverband Stickstoffindustrie (80)

gänge mit mindernder Wirkung für die Nitratauswaschung sind bei Vorhandensein von Pyrit oder anderen Eisenverbindungen im Unterboden bekannt.

Die starke Beeinflussung des Nitratgehalts durch die landwirtschaftliche Bodennutzung ist zweifelsfrei gegeben. Allerdings sind die örtlichen Unterschiede sehr groß.

Zum einen können außerlandwirtschaftliche Quellen der Nitratbelastung im Einzelfall überwiegen (z. B. defekte Kanalisation, undichte Deponien). Zum anderen spielen bei den flächenmäßigen Austrägen durch intensive landwirtschaftliche Kulturen die unterschiedlichen Standort- und Witterungsbedingungen eine teils mindernde, teils steigernde Rolle. Bindige Böden mit hohem Nitratabbauvermögen stellen häufig trotz intensiver Nutzung keine Gefahr dar. Durchlässige Bodenverhältnisse können dagegen schon bei relativ extensiver Nutzung eine hohe Belastung des Grundwassers bedeuten.

Die Gefahr steigender Nitratausträge ist regional gegeben. Die Belastung durch landwirtschaftliche Ursachen muß reduziert werden. Das Hauptaugenmerk ist dabei auf die Optimierung der Düngung, insbesondere beim Einsatz von Wirtschaftsdüngern, auf die Nährstoffversorgung von Intensiv- und Sonderkulturen und auf den Grünlandumbruch zu richten.

4.2 Quellen der Grundwasserbelastung durch Pflanzenschutzmittel

Wenn man einmal von Unfällen in Produktionsstätten, im Verkehr und beim Umgang mit Pflanzenschutzmitteln absieht, wird die Belastung mit Pflanzenschutzmittel-Wirkstoffen über die breitflächige Anwendung in der Landwirtschaft, im Obst-, Wein- und Gartenbau verursacht. Sie verbrauchen etwa 80 % der abgesetzten Wirkstoffmengen.

Der restliche Teil wird im Landschaftsbau, in der Forstwirtschaft, im privaten Kleingartenbereich, im Straßenbau, bei der Bundesbahn und auf industriell-gewerblichen Freiflächen verwendet. Insgesamt werden in der Bundesrepublik jährlich (Tendenz stagnierend) gut 32.000 t Wirkstoff abgesetzt (siehe Abbildung 36).

Die Biologische Bundesanstalt für Land- und Forstwirtschaft hat in einem Forschungsvorhaben die durchschnittlich aufgewendeten Mittelmengen für die einzelnen ackerbaulichen Kulturen ermittelt. Sie ergeben sich aus Abbildung 37.

Grob geschätzt werden etwa 80 % der landwirtschaftlich genutzten Ackerfläche jährlich ein- oder mehrmals mit Pflanzenschutzmitteln behandelt. Eine Schätzung der Anwendungen im Bereich der drei Hauptwirkstoffgruppen wurde von Baden-Württemberg vorgenommen (vergleiche Abbildung 38).

Infolge der kurzen Zeit, seit der die Verunreinigungen im Grundwasser nachgewiesen werden konnten, besteht über eine große Anzahl von Fragen noch Unklarheit. Inzwischen wurden für die meisten Wirkstoffe abgesicherte Analysemethoden entwickelt.

Offen ist noch die Frage, ob nicht trotz bestimmungsgemäßer und sachgerechter Anwendung von Pflanzenschutzmitteln eine Kontamination des Grundwassers über den neuen Grenzwert hinaus eintreten könnte. Diese Frage betrifft insbesondere „sensible" Standorte, also sorptionsschwache geringmächtige Böden sowie Karst- und Kluftgesteinsgebiete. Ein erhöhtes Risiko besteht auch auf Böden mit einem ausgeprägten Makroporensystem (z. B. Schrumpfrisse).

Abbildung 36: Absatz von Pflanzenschutzmitteln in der Bundesrepublik Deutschland 1988.

Wirkstoffgruppe	Tonnen	Anteil %
Herbizide	17 232	53,0
Fungizide	11 473	35,3
Insektizide	1 281	3,9
andere	2 514	7,8
Gesamt	32 500	100,0

Datenquelle: Industrieverband Agrar 1988/89

Örtlich können Belastungen auch dadurch aufgetreten sein, daß die landwirtschaftliche Praxis nicht die Wasserschutzgebietsauflagen beachtet hat oder auch die Abgrenzungen der Wasserschutzgebiete nicht kannte. Für viele Wassereinzugsbereiche sind die erforderlichen Wasserschutzgebiete noch nicht festgesetzt, so daß Nutzungsbeschränkungen nicht erlassen sind, obwohl dies zum Schutz des Grundwassers nötig wäre.

Unklar sind ferner noch manche dynamischen Vorgänge im Boden. Wie schnell werden die Wirkstoffe abgebaut, sorbiert oder verfrachtet? Welche Abbauprodukte (Meta-

Abbildung 37: In den wichtigsten Ackerbaukulturen ausgebrachte Herbizide, Fungizide und Insektizide in der Bundesrepublik 1979.

Kultur	Wirkstoffmengen					
	Herbizide[1]		Fungizide		Insektizide	
	t	kg/ha	t	kg/ha	t	kg/ha
W-Weizen	4 221,9	2,86	1387,3	0,94	87,7	0,06
S-Weizen	292,9	2,06	79,6	0,56	5,7	0,04
W-Gerste	2 913,6	2,68	302,6	0,28	2,1	0,002
S-Gerste	1 602,8	1,80	78,1	0,09	5,7	0,006
Roggen	1 003,1	1,79	103,2	0,18	0,7	0,001
Hafer	1 233,0	1,70	35,0	0,05	8,4	0,01
Körnermais	178,2	1,60	1,1	0,01	3,9	0,04
Silomais	816,7	1,26	6,3	0,01	15,2	0,02
Raps	448,4	3,62	1,4	0,01	43,2	0,35
Kartoffeln	275,2	1,01	1 073,2	3,92	86,6	0,32
Z-Rüben	1 560,4	4,01	6,5	0,02	211,0	0,54
F-Rüben	492,5	2,92	1,3	0,008	31,0	0,18

1) ohne Kalkstickstoff

Quelle: Hille 1982 (81)

Abbildung 38: Geschätzte Anzahl der Behandlungen und der mit Pflanzenschutzmitteln behandelten Flächen in Baden-Württemberg.

Kultur	% der LF	Herbizide (von—bis)	% beh. Kultur-Flächen	Fungizide (von—bis)	% beh. Kultur-Flächen	Insektizide (von—bis)	% beh. Kultur-Flächen
Winterweizen	13,6	1,5 (1—3)	98	1,5 (1—3)	70	1,0 (1)	25
Zuckerrüben	1,4	2,0 (1—3)	99	1,0 (1)	1	1,5 (1—3)	70
Raps	2,0	1,2 (1—2)	98	1,0 (1)	20	2,2 (1—4)	100
Mais	8,0	1,2 (1—2)	98	—	0	1,3 (1—2)	99
Grünland	41,6	1,0 (1)	<1	—	0	—	0
Hopfen	0,01	1,0 (1)	10	11 (7—14)	100	3,0 (2—4)	100
Tabak	0,01	1,0 (1)	20	6 (5—8)	100	1,0 (1—2)	30
Kernobst	1,2	1,5	85	13 (10—16)	100	4 (3—5)	100
Steinobst (Kirschen)	—	1,0	30	3 (2—4)	60	2 (2—3)	60
Weinbau	1,6	1,0	75	6 (5—7)	100	1,3 (1—2)	100
Landwirtschaftliche Nutzfläche (LF): 1 506 379 ha							

Quelle: Meinert und Häfner 1987 (82)

boliten) bilden sich, in welcher Menge haben sie Schadwirkungen, und wie sind diese ggf. zu beurteilen? Wie laufen die genannten Vorgänge im Grundwasser ab? Es schließt sich die Frage an, ob in weniger wasserdurchlässigen Böden die Verunreinigung des Grundwassers mit Verzögerung erfolgt oder ob mit dem Abbau und Umbau während der langen Versickerungszeit zu rechnen ist.

Bei der Trinkwassergewinnung aus Uferfiltrat, also ursprünglich aus Oberflächenwasser, sind auch Pflanzenschutzmittel analysiert worden. Die Belastung dieser Gewässer kann einerseits aus industriellen Quellen stammen, wird aber vielfach aus oberflächiger Abschwemmung von landwirtschaftlichen und behandelten Nutzflächen (nach starken Regenfällen) verfrachtet. Die Zusammenhänge sind noch nicht eindeutig geklärt.

5. Möglichkeiten der Landwirtschaft zur Begrenzung des Schadstoffaustrags in das Grundwasser

Landwirtschaftliche Einflüsse auf das Grundwasser beschränken sich fast ausschließlich auf Nitrat und Pflanzenschutzmittel. Beide Bereiche sind von den ursächlichen Zusammenhängen und den Maßnahmen her sehr unterschiedlich, so daß sie nacheinander behandelt werden.

Eine Begrenzung der aus der Landbewirtschaftung ins Trinkwasser gelangenden Stoffe ist dringend erforderlich, zumal die geltenden Grenzwerte das Niveau der Gehalte zum Teil kritisch erscheinen lassen.

Bei der Abwägung, ob Gegenmaßnahmen durch Trinkwasserreinigung der Wasserwirtschaft (Immissionsbeseitigung) oder durch Anpassungsmaßnahmen der Landwirtschaft (Emissionsvermeidung) erfolgen sollen, sind die Voten aus Wissenschaft und Politik eindeutig für die präventive Gefährdungsvermeidung an der landwirtschaftlichen Quelle abgegeben worden. Sie ist nicht nur die kostengünstigste Lösung, sondern wird im Hinblick auf das Lebensmittel Trinkwasser als die (von Ausnahmen abgesehen) sinnvollste und einzig vertretbare volkswirtschaftliche Alternative angesehen (83). Diese Auffassung wird allgemein als politische Zielvorstellung vertreten.

5.1 Minderung des Nitrataustrags durch Strategien des Integrierten Pflanzenbaus

Trotz großer Unterschiede in regionaler Sicht und im Einzelfall läßt sich die Situation der Nitratauswaschung allgemein folgendermaßen beschreiben:

- Die Nitratgehalte im Grundwasser zeigen regional deutlich steigende Tendenz.
- Der Hauptteil an der Nitratfracht entstammt im allgemeinen großflächiger Versickerung aus landwirtschaftlich und gärtnerisch genutzten Böden.
- Die Sicker- und Fließzeiten zum und im Grundwasser bis zur Trinkwasserfassung (Brunnen) sind teilweise sehr lang (bis zu zehn Jahren und darüber hinaus), so daß unerwünschte Trends nicht schnell zu ändern sind und daher rechtzeitig beeinflußt werden müssen.
- Die Belastungssituation mit Nitrat gibt zum Teil zur Besorgnis Anlaß, obwohl der weitaus überwiegende Trinkwasseranteil im gering belasteten Bereich liegt (siehe Abbildung 15).

Aus der geschilderten Lage ergibt sich ein dringender und nicht aufschiebbarer Handlungsbedarf. Er ist regional unterschiedlich und hängt unter anderem von der Bodenzusammensetzung, der Bodennutzung und den Düngegewohnheiten ab.

Nach den in vielen Bundesländern bereits vorliegenden Erfahrungen erscheint es möglich, den regional noch steigenden Nitrattrend zum Stillstand und zur Umkehr zu bringen. Zu den wichtigsten Maßnahmen einer erfolgversprechenden Handlungsstrategie gehören:

— *Begrenzung der Stickstoffdüngung auf den tatsächlichen Bedarf*
Erkenntnisse der letzten Jahre gestatten eine zuverlässigere Bestimmung der Bedarfsmenge unter Anrechnung der aus dem Bodenvorrat zu erwartenden pflanzenverfügbaren Anteile.

— *Berücksichtigung des Stickstoffs aus organischen Düngern*
Die abschätzbaren und meßbaren Stickstoffgehalte sind in die Stickstoffbilanz einzubeziehen. Der mineralische Ergänzungsbedarf ist entsprechend zu bemessen. Bei einem Wirtschaftsdüngeranfall, der den Bedarf übersteigt, müssen Lösungen gefunden werden, die eine Überdüngung der eigenen Flächen ausschließen (z. B. Gülleverkauf, Kooperationen, Verringerung des Viehbesatzes).

— *Wachstumsgerechte Stickstoffausbringung*
Die Stickstoffversorgung des Pflanzenbestandes sollte möglichst in mehreren Gaben erfolgen, die dem Wachstumsrhythmus angepaßt sind. Die technischen Möglichkeiten einer exakten Ausbringung sollten genutzt werden, auch wenn hier noch Nachholbedarf bei der Gülleausbringung besteht.

— *Einschaltung von Zwischenfrüchten und Fruchtfolgegestaltung*
Eine möglichst durchgehend vorhandene Pflanzendecke sollte den im Boden (noch) vorhandenen mineralisierten oder über Wirtschaftsdünger zugeführten Stickstoff verwerten und damit vor Auswaschung bewahren.

— *Verzicht auf Grünlandumbruch*
Die plötzliche Mobilisierung hoher Stickstoffmengen, wie sie bei Umbruch auftreten, sollten nach Möglichkeit vermieden werden. Sie sind von keinem Pflanzenbestand in den ersten Jahren aufnehmbar und wandern zwangsläufig in den Untergrund.

Die genannten Schwerpunkte gehören zum ersten Teil der Handlungsstrategie, die das *ordnungsgemäße Bewirtschaften landwirtschaftlicher Nutzflächen im Sinne des Integrierten Pflanzenbaus* zum Ziel haben. Eine Korrektur der bisherigen Praktiken ist erforderlich, weil einerseits moderne Schätz- und Meßmethoden einen auch ökonomisch günstigeren Betriebsmitteleinsatz (insbesondere in der Düngung) ermöglichen und andererseits die ökologischen Erfordernisse aus gegebenen Anlässen stärker berücksichtigt werden müssen. Grundwasserbelastung bedeutet eine volkswirtschaftliche Last, die es abzuwenden gilt. Aber auch langfristige Vorteile für den Einzelbetrieb sind Maßstäbe für ökologische Rücksichten geworden, wie die Bodenerosion zeigt, die, ließe man sie unbeachtet, schon in wenigen Jahrzehnten die Krume und damit die landwirtschaftliche Existenzgrundlage weggeräumt haben könnte.

Diese Bemerkungen zielen auf die Feststellung ab, daß die genannten Schwerpunkte der Handlungsstrategie nicht nur in Wasserschutzgebieten, sondern in der Landbewirtschaftung allgemein angewandt werden sollten.

Der vorzuschlagende zweite Teil einer Wasserschutzstrategie richtet sich auf die *Wasserschutzgebiete* selbst. Hier ergeben sich ebenfalls einige besonders herauszuhebende Gesichtspunkte:

— Die Abgrenzung und Vorschriften der bereits festgesetzten Wasserschutzgebiete sind den betroffenen Landwirten nicht überall bekannt. Dies muß nachgeholt werden.

— Nur etwa die Hälfte der für den Trinkwasserschutz für notwendig befundenen Fläche ist rechtlich als Wasserschutzgebiet festgesetzt. Der Nachholbedarf liegt im Interesse der Allgemeinheit.

— Die Empfindlichkeit der Böden ist je nach Durchlässigkeit und Nutzungsintensität unterschiedlich (siehe Abbildung 39). Dies sollte durch genaue hydrologische Erhebungen festgestellt und (kartenmäßig) abgegrenzt werden, damit eventuell notwendige stärkere Einschränkungen in Wasserschutzgebieten auf besonders auswaschungsgefährdete Areale beschränkt werden können.

— Bei wasserkapazitätsschwachen Böden und bei Verringerung oder Erschöpfung der Nitratabbaukapazität können besondere Nutzungsbeschränkungen (Verzicht auf bestimmte Sonderkulturen bis hin zur Umwandlung von Acker in Grünland) erforderlich werden.

— Besondere Beachtung müssen in Wasserschutzgebieten der Verzicht auf Grünlandumbruch und die sorgfältige Bemessung organischer Düngung finden.

Das Schwergewicht sollte bei beiden Strategiebereichen auf der *Beratung des Landwirts* liegen. Im Zuge der Intensivierung der Landnutzung wurden Produktionstechniken entwickelt und eingeführt, deren Umweltwirkungen größtenteils erst nach der breiten Anwendung erkannt und diskutiert wurden. Nachteilige Auswirkungen einer Anwendung von Düngemitteln (oder Pflanzenschutzmitteln) für das Grundwasser waren lange Zeit unbekannt oder wurden unterschätzt. Auch gab es keine oder nicht

Abbildung 39: Einfluß der landwirtschaftlichen Kulturart und des Anbausystems auf die Sickerung und ihre Wirkung auf die Nitratkonzentration.

Anmerkung: Bei der Sickerwasserspende wirkt vor allem der Bodenunterschied, bei der Nitratkonzentration das Anbausystem zunehmend.

Modellunterstellung 1.) Mittl. Jahrestemperatur = 8,5 °C 2.) Mittl. Jahresniederschlag 600—650 mm				
Kulturart und Anbausystem	Sickerwasserspende des Jahresniederschlags (%)		Mittl. Nitratkonzentration (mg/l)	
	wasserkapazitätsstarke schluffige Lehme	wasserkapazitätsschwache Sande	wasserkapazitätsstarke schluffige Lehme	wasserkapazitätsschwache Sande
Grünland Wiese u. Mähweide, mittl. Nutzungsintensität	bis 25 = 160 mm	→ zunehmend	bis 10	15— 30
Acker (günstig) mit relativ lückenlosem Anbausystem	bis 30 = ~190 mm	→ zunehmend	20—40	60—70
Acker (ungünstig) mit längeren Halb- und Schwarzbracheperioden	bis 35 = ~220 mm	→ zunehmend	30—60 ↓	100—130

abgeändert nach Wohlrab 1985 (84)

ausreichende Hinweise und Methoden, um Aufwandmengen den heutigen Erkenntnissen entsprechend zu optimieren.

Aus diesen Gründen wird die Vermittlung der neuesten fachlichen Erkenntnisse, verbunden mit einer überzeugenden Motivation des Praktikers durch den kompetenten Berater, der wichtigste Schlüssel zum Erfolg sein.

Besondere Beschränkungen in Schutzgebieten werden dennoch nicht ohne klare und kontrollierbare Ver- und Gebote realisiert werden können. Diese sollten aber einleuchtend sein und deshalb auf die empfindlichen Gebiete beschränkt werden bzw. bleiben.

5.1.1 Berechnung des Stickstoffdüngebedarfs

Die Ermittlung des Stickstoffbedarfs und der erforderlichen Stickstoffzufuhr erfolgt nach dem in Abbildung 40 dargestellten Prinzip.

Abbildung 40: Die Ermittlung des Stickstoffbedarfs.

	A.	N-Entzug der Kulturart (in Abhängigkeit von der Ertragserwartung)
—	B.	Nachlieferung aus Mineralisation im Boden
—	C.	Verfügbarer N aus bereits verabreichter organischer Düngung
—	D.	Verfügbarer N aus Ernterückständen
=	E.	Erforderliche N-Zufuhr durch Mineral- und/oder organische Dünger (N = Stickstoff)

A. Entzug

Die erforderlichen Zahlen können den Tabellen in Beratungsunterlagen, Fachbüchern usw. entnommen werden, wo sie meist in Kilogramm Stickstoff je Dezitonne (kg N/dt) Ertrag angegeben sind. Beispielsweise gilt für Winterweizen ein Stickstoffentzug von 2,5 kg/dt Ertrag, so daß sich für 60 dt Weizen 150 kg Stickstoff je Hektar errechnen.

Wichtig ist bei der Feststellung dieses Werts, daß die Ertragserwartung nach den realistischen Möglichkeiten des Standorts eingeschätzt wird (Boden, Klima, Höhenlage, Sorte, Bestandsdichte usw.). Praktische Erfahrungen und Versuchsergebnisse stellen hierfür eine angemessene Basis dar, wobei die langjährige Leistung und nicht „Spitzenjahre" den Ausschlag geben müssen. Allerdings kann die Ertragserwartung in Rechnung gestellt werden, die sich aus guter Produktionstechnik ergibt. Zielgerichteter Pflanzenschutz (gute fachliche Praxis) kann die Ausnutzung des Nährstoffangebots verbessern und somit die Auswaschungsgefahr mindern.

B. Nachlieferung

Ein wichtiger Wert ist der leicht lösliche Stickstoffvorrat im Boden, der unmittelbar vor Vegetationsbeginn zur Verfügung steht und durch Bodenproben aus drei Schichten von je 30 cm Mächtigkeit (0—90 cm) genommen und im Labor auf Nitrat untersucht wird (N_{min}).

Schwieriger ist die zu erwartende Stickstoff-Nachlieferung des Bodens während der Vegetationsperiode abzuschätzen. Sie ist um so höher anzunehmen,

- je höher der Gehalt an organischer Substanz ist,
- je besser die Bodenstruktur und die Bodenfruchtbarkeit sind,
- je mehr Leguminosen oder organische Düngung im Vorjahr nachlieferbaren Stickstoff hinterlassen haben und
- je günstiger Temperatur- und Feuchteverhältnisse im Boden die Mineralisierung beschleunigen.

Während die Nitratmenge zu Vegetationsbeginn als Meßwert zur Verfügung stehen kann (oder durch eine Schnellmethode annäherungsweise erfaßtbar ist), kann die während der Vegetationsperiode nachlieferbare Menge nicht exakt ermittelt werden. Man rechnet auf gut durchlüfteten tätigen Böden mit 30—60 kg/ha, auf schweren, schlecht durchlüfteten mit z. T. weniger, bis gegen 0 kg/ha. Auf Grünland beträgt die Nachlieferung je nach Wüchsigkeit 50—100 kg/ha (72). Sofern keine Nitratuntersuchung gemacht werden kann, bieten die Beratungsstellen Faustzahlen an, mit deren Hilfe man die ungefähren Werte für die Gesamtnachlieferung abschätzen kann.

Die N_{min}-Methode nach WEHRMANN/SCHARPF erfaßt den im Frühjahr im Boden vorhandenen pflanzenverfügbaren Stickstoff. Diese Methode eignet sich vor allem für tiefgründige mittelschwere bis schwere Böden. Hier wurde mit Hilfe von umfangreichen Versuchen der für bestimmte Standorte anzuwendende „Sollwert" ermittelt. Er stellt den Stickstoff-Düngebedarf im Frühjahr dar. Von ihm ist der im Frühjahr im Boden gefundene Nitratgehalt abzuziehen, dann ergibt sich die noch erforderliche Düngermenge für die erste Stickstoffgabe. Im übrigen gelten auch hier die oben genannten Berechnungsprinzipien, um eine erhöhte Stickstoff-Düngung zu vermeiden.

Man kann die Stickstoff-Nachlieferung und damit den Düngebedarf auch durch Ermittlung der N_{org}-Fraktion im Boden bestimmen; das ist der Stickstoffanteil im Boden, dessen organische Bindungsform eine Mobilisierung (in pflanzenverfügbare Form) während der Vegetationsperiode erwarten läßt. Diese N_{org}-Fraktion kann mit verschiedenen Methoden festgestellt werden (z. B. Elektro-Ultra-Filtration EUF, Kalzium-Chlorid $CaCl_2$). Der Aussagewert dieser Verfahren ist noch umstritten.

Zur schlagspezifischen Kontrolle des annähernden Stickstoffnachlieferungsvermögens eines Standorts kann auch folgende einfache Rechnung über mehrere Jahre (BRAUN) vorgenommen werden:

Erzielter Ertrag	=	bestimmter Stickstoffverbrauch
		abzüglich gedüngter Stickstoff
ergibt		Nachlieferung aus dem Boden.

Die Einzelposten Verbrauch und Düngung müssen allerdings sorgfältig gerechnet werden.

Zudem werden in der Praxis vermehrt einfache Vergleiche (wie das Düngefenster nach RIMPAU, kleine Teilflächen, die nicht oder mit unterschiedlichen Gaben gedüngt werden und so zum Vergleich herangezogen werden können) angestellt und Erfahrungswerte genutzt, um die Düngungshöhe zu optimieren.

Die zur Verfügung stehenden Verfahren befriedigen noch nicht. Vielfach fehlt noch eine ausreichende Eichung im Exaktversuch. Zu vielseitige Einflußfaktoren wirken an der Stickstoffdynamik mit. Es ist zu wünschen, daß hier möglichst bald sichere Methoden gefunden werden, die zudem in der Praxis einfach anwendbar sind. Ansätze hierfür sind mit EDV-gestützten Prognosemodellen für die Stickstoffdüngung entwickelt. Dennoch kann man feststellen, daß sich die Möglichkeiten, den Stickstoff richtiger einzuschätzen, erheblich verbessert haben.

5.1.2 Die organischen Dünger

Im Rahmen der Düngerkalkulation bedarf es zunächst einer sorgfältigen Ermittlung des Nährstoffgehalts der Wirtschaftsdünger. Man kann zwar aus Tabellen die ungefähre Größenordnung ablesen. So sind z. B. für Rindergülle mit 7,5 % Trockensubstanzgehalt 35 kg N je 10 m³ angegeben (72), jedoch schwanken die Gehalte je nach Haltungsform, Fütterung, Leistung usw. von Betrieb zu Betrieb beträchtlich. Es ist daher anzuraten, in regelmäßigen Abständen (zwei bis drei Jahre) eine chemische Untersuchung oder eine Berechnung durchführen zu lassen. Außerdem gibt es inzwischen eine Reihe von Schnellbestimmungsgeräten, die eine regelmäßige betriebliche Kontrolle des Ammonium-N-Gehalts direkt zum jeweiligen Ausbringungstermin gestatten (106).

Die Errechnung des jährlichen Wirtschaftsdüngeranfalls (es können Tabellenwerte für die verschiedenen Tierarten und Stückzahlen verwendet werden) ist Voraussetzung für die Kenntnis

- des jährlichen im Betrieb zur Verfügung stehenden Stickstoffs (und anderer Nährstoffe) sowie
- der erforderlichen Lagerkapazität.

Als weiteres ist der im Wirtschaftsdünger enthaltene pflanzenverfügbare Stickstoff in die Düngerplanung einzubeziehen. Da der überwiegende Teil des Stickstoffs in Form des mineralischen Ammoniums (NH_4), ein anderer Teil in organisch gebundener Form vorliegt, werden je nach Ausbringungszeit nur bestimmte Anteile ausnutzbar. Dies zeigt die Abbildung 41.

Es sollte das Ziel sein, die Gülle soweit wie möglich nur im Frühjahr einzusetzen. Zu diesem Zeitpunkt ist die Stickstoff-Wirkung der Gülle am höchsten und die Gefahr einer Auswaschung am geringsten. Das Ausbringen im „Spätsommer" sollte nur den Fällen vorbehalten bleiben, bei denen z. B. wegen ungünstiger Witterung der Einsatz im Frühjahr nicht möglich war oder wo diese Gabe mit Stroh- und Gründüngung bzw. Zwischenfruchtanbau kombiniert durchgeführt wird.

Schon aus diesen kurzen Ausführungen geht hervor, wie schwierig ein ökonomischer und umweltschonender Einsatz von organischen Wirtschaftsdüngern ist. Ihre zur Verfügung stehenden Nährstoffe sind wesentlich schlechter kalkulierbar als jene in Mineraldüngern. Durch den Einsatz von Nitrifikationshemmern können die Auswaschungsverluste erheblich reduziert werden. Die Verzögerung der Umwandlung von Ammonium- in Nitratstickstoff wirkt sich vor allem dann positiv aus, wenn Gülle aufgrund mangelnder Lagerkapazität bereits im Herbst oder Winter ausgebracht werden muß oder wenn die Ausbringung im zeitigen Frühjahr zu Kulturen mit später Nährstoffaufnahme (Mais) erfolgt. Anzustreben ist jedoch ausreichender Lagerraum, damit die Güllega-

Abbildung 41: Ausnutzung des Wirtschaftsdüngerstickstoffs in Prozent der Mineraldünger-Stickstoffwirkung.

Monat der Ausbringung	Stallmist		Jauche und Gülle					
	Hackfrucht Grünland	übrige Kulturen	Raps	Wintergetreide	Sommergetreide Frühkart.	Rüben, Kohl, Kartoffeln	Mais	Zweit-, Zwischenfrucht
Juli	30	30	30	10	10	10	10	50
August	30	30	30	10	10	10	10	50
September	30	30	—	20	20	20	10	40
Oktober	30	30	—	20	20	20	10	40
November	30	30	—	20	30	30	20	20
Dezember	30	30	—	30	30	30	30	20
Januar	30	30	—	30	40	40	40	30
Februar	40	30	—	40	50	50	40	40
März	40	30	50	50	60	60	50	50
April	40	30	50	50	50	60	60	60
Mai	30	30	—	50	50	50	50	60
Juni	30	30	—	—	—	—	50	50

Quelle: Arbeitsgruppe Düngerberatung der Landwirtschaftskammern und Länder 1983

ben dem Bedarf der Pflanzen entsprechend so weit wie möglich kurz vor Beginn der Vegetationsperiode ausgebracht werden.

Das Problem der Wirtschaftsdünger liegt in einem relativ großen Anteil des durch die Pflanzen nicht (sofort) verwerteten Stickstoffs. Nach VETTER (73) entspricht der mit organischen Düngern verwertete Stickstoff im Mittel der Bundesrepublik etwa 40 Mineraldüngeräquivalenten. Das heißt, 100 kg N in organischen Düngern wirken wie 40 kg Mineraldünger-N. Der Rest wandert in den sogenannten Stickstoffpool des Bodens bzw. wird ausgewaschen. Die Verwertung von Rotte-Mist dürfte bei 50, die des Güllestickstoffs zwischen 10 und 90 liegen, je nach Gülleart, -qualität, Düngungszeitpunkt und begleitenden Pflanzenbaumaßnahmen. Schließlich sind anwendungstechnisch möglichst günstige Bedingungen zu schaffen.

Eine wesentlich höhere Ausnutzung des Güllestickstoffs (etwa 75 %) ist aus ökologischen Gründen dringend geboten. Die gegebenen Möglichkeiten (Ausbringungszeitpunkt, Technik der Ausbringung, Fruchtfolge, Einarbeitung) müssen neben dem erforderlichen Lagerraum ausgeschöpft werden. Außerdem ist Entwicklungsarbeit der Landtechnik gefordert.

Aus etwa 36.000 Bodenkontrollproben in Wasserschutzgebieten Baden-Württembergs vom November 1987 (siehe auch Abbildung 34) bestätigt sich die schlechte Verwertung des Stickstoffs aus organischer Düngung (79). Der Nitratgehalt belief sich in der Summe der drei Bodenschichten 0—30, 30—60 und 60—90 cm auf

60,9 kg N/ha ohne organische (mit mineralischer) Düngung (23.688)
69,7 kg N/ha bei Stallmist (3.122)

61,9 kg N/ha	bei Gülle im Frühjahr (1.405)
67,4 kg N/ha	bei Gülle im Sommer/Herbst (1.979)
72,2 kg N/ha	bei Ernterückständen (884)
60,7 kg N/ha	bei Stroh / Gründüngung (1.040)
84,2 kg N/ha	bei sonstigen Kombinationen (3.982)
115,4 kg N/ha	bei Klärschlamm (63)

Zwar ist der Unterschied zwischen den Durchschnittswerten nicht groß, aber „Gülle im Frühjahr" hebt sich deutlich von „Gülle im Herbst" ab. Das Klärschlamm-Ergebnis stützt sich auf nur 63 Einzelfälle und zeigt, daß der Stickstoffgehalt von Klärschlamm sorgfältig in die Düngerplanung einbezogen werden sollte und daß die nach der Klärschlammverordnung vorgeschriebene Begrenzung von 5 t je Hektar einzuhalten ist.

Ein weiteres, die Situation verschärfendes Problem ist die *Höhe des Viehbestandes*, die in bestimmten Fällen zu einem wirtschaftseigenen Stickstoffangebot führt, das den Stickstoffbedarf des Betriebes oder der begüllbaren Flächen übersteigt. Dabei ist zu berücksichtigen, daß ein gewisser Anteil der Stickstoffdüngung (etwa 25 % des Entzugs) den mineralischen Düngern vorbehalten bleiben muß.

Mineraldünger können gezielter und mit zuverlässigerer Wirkung zur Startdüngung im Frühjahr, bei witterungsbedingten Änderungen der Bodenwerte, zur Qualitätsdüngung und bei Mangelzuständen eingesetzt werden. Die Gülle hat neben der verzögerten Stickstoffmineralisierung den Nachteil, daß sie wegen ungünstiger Witterungsbedingungen über einen längeren Zeitraum im Frühjahr möglicherweise nicht ausgebracht werden kann.

Unter Berücksichtigung dieser Gesichtspunkte läßt sich der für den Betrieb mögliche Viehbesatz errechnen. Für Ackerbaubetriebe werden 2,0 bis 2,5 Großvieheinheiten je Hektar als Richtgröße angesehen.

Viehstarke Betriebe müssen dafür sorgen, daß eventuell vorhandene Überschüsse an organischen Düngern anderweitig verwertet, z. B. an viehlose Betriebe abgegeben werden. Eine abfallgleiche „Gülleentsorgung" zu Lasten des Grundwassers ist nicht zu verantworten. In besonders gelagerten Fällen wird eine Verringerung des Tierbestandes in Erwägung zu ziehen sein. Letzteres könnte insbesondere dort Bedeutung gewinnen, wo die Wasserschutzzone II mit absolutem Ausbringeverbot für flüssige Wirtschaftsdünger hohe Anteile der Betriebsfläche umfaßt und Kooperations- bzw. Gülleverkaufsmöglichkeiten nicht bestehen.

Die organischen Dünger stellen für die Nitratauswaschung eine besondere Problematik dar. Der bäuerliche Betrieb ist überwiegend auf die Viehhaltung angewiesen. Wirtschaftsdünger fällt an. Damit er umweltfreundlich verwertet werden kann, darf der Nährstoffanteil aus der Tierhaltung keineswegs höher sein als der Nährstoffexport durch Verkäufe des Betriebes. Diesem Grundsatz müssen auch die Regelungen bezüglich der Gülleanwendung entsprechen.

5.1.3 Ausbringung der Stickstoffdünger

Die Stickstoffgaben müssen dem speziellen Nährstoffbedarf der Pflanze nach Zeit und Menge angepaßt und daher möglichst aufgeteilt ausgebracht werden. Die Technik des Verteilens von Mineraldünger und Flüssigmist muß eine genügende Genauigkeit aufweisen, um die Verwertung zu verbessern und Auswaschungsverluste zu vermeiden. Gülle ist zweckmäßigerweise zuvor zu homogenisieren, um eine gleichmäßigere Applikation zu erreichen. Die gerätetechnische Entwicklung in dieser Hinsicht sollte bald wirksame Verbesserungen erwarten lassen.

Zum Schutz des Grundwassers sollten organische wie mineralische Stickstoffdünger nur in der Vegetationszeit ausgebracht werden. Dies bereitet jedoch gerade bei flüssigen Wirtschaftsdüngern gewisse Schwierigkeiten, da der witterungsbedingte Zustand des Bodens und der Pflanzenbestand nicht jederzeit ein Ausbringen ermöglichen. Auf leichten sorptionsschwachen Böden kann auch bei Güllegaben im Frühjahr die Anwendung eines Nitrifikationshemmers zur Verminderung der Auswaschungsgefahr sinnvoll sein. Auch Stickstoffdünger mit Nitrifikationshemmern können dem gleichen Zweck dienen. Durch die verlängerte Ammoniumphase ist der Stickstoff dieser Dünger in den ersten Wochen nach der Anwendung auch bei starken Niederschlägen weitgehend vor Auswaschung geschützt.

5.1.4 Fruchtfolgegestaltung

Im Vordergrund steht eine weitgehend lückenlose Pflanzendecke auf dem Acker. Dies ist bei den heute üblichen Fruchtfolgen vor allem durch die Einschaltung von *Zwischenfrüchten* möglich, die erst nach dem Winter in den Boden eingearbeitet oder gemulcht werden. Diese Pflanzen sollen die zum Teil unvermeidlichen Nitratreste im Boden verwerten und festhalten. In Gebieten mit auswaschungsgefährdeten Böden sollten hierfür keine Leguminosen verwendet werden. Nach Mais lassen sich wegen dessen später Ernte kaum noch überwinternde Zwischenfrüchte einbringen. Daher wurden in der Oberrheinebene mit Erfolg Untersaaten in den fast kniehohen Körnermaisbestand eingesät (z. B. mit Deutschem Weidelgras), die dann sowohl einen Schutz gegen Auswaschung als auch gegen Erosion bedeuten können. Zwischenfruchtanbau ist stark witterungsabhängig, gelingt nicht immer und bedarf besonderer pflanzenbaulicher Sorgfalt.

Wenn die Stickstoffnachlieferung nicht stark ist, können eingesäte Zwischenfrüchte eine Stickstoff-Startdüngung in Höhe von etwa 50 kg/ha anrechenbarem Güllestickstoff oder maximal 30 kg/ha Mineraldüngerstickstoff erhalten.

Ernterückstände sollten wegen ihres meist hohen Stickstoffgehalts nach der Ernte nur dann eingearbeitet werden, wenn unmittelbar eine Zwischenfrucht oder eine Winterung folgt. Das mengen- und flächenmäßig am stärksten ins Gewicht fallende Ernterückstandsprodukt Stroh bindet dagegen Bodenstickstoff.

Das derzeit agrarpolitisch favorisierte System der Einschaltung einer Grünbrache (zur Minderung der Produktionsüberschüsse) kommt dem Grundwasserschutz entgegen, weil Grünbrache im Gegensatz zur Schwarzbrache Bewuchs aufweist. Dieser bindet und verwertet den vorhandenen mineralisierten bodenbürtigen Stickstoff. Vor allem wird der Boden nicht bearbeitet. Allerdings muß nach der Grünbrache eine Nutzung erfolgen, die dann den „aufgestauten" Stickstoff verwertet.

In jüngsten Arbeiten wird eine Anpassung von *Fruchtfolgen* mit der Tendenz zur Vielseitigkeit für wahrscheinlich gehalten. Hierfür können zum einen die veränderten Bedürfnisse der Umwelt (Erhaltung eines ökologischen Gleichgewichts) sowie der sparsame Umgang mit Betriebsmitteln Anreize schaffen (85). Vielseitige Fruchtfolgen nutzen Nährstoffe und biologische Begrenzungsmechanismen im Sinne von integrierten Anbausystemen aus. Sie bedürfen allerdings einer gezielten agrar- und preispolitischen Unterstützung.

Aus dem *Gemüsebau*, der als sogenannte Intensivkultur allgemein mit hohen Stickstoffgaben verbunden ist, ist ein Beispiel für den Erfolg einer Fruchtfolge- und Düngungsberatung bekannt. In einem Wasserschutzgebiet wurde einem Gartenbaubetrieb der Gemüsebau untersagt. Der Widerruf des Verbots wurde für den Fall in Aussicht gestellt, daß keine überdurchschnittliche Nitratbelastung des Grundwassers eintritt. Dieser Nachweis ist gelungen (96).

Zunächst wurde die Bemessung der Düngung mit der N_{min}-Methode und nicht mehr nach „Erfahrungswerten" vorgenommen. Das Düngungsniveau verringerte sich von vorher durchschnittlich 240 kg N/ha auf ca. 100 kg N/ha.

In der Fruchtfolge wurden hauptsächlich zwei Änderungen vorgenommen, die wesentlich für eine Verminderung des Nitrataustrags waren:

— In der Kulturfolge wurde Kopfsalat als Zweitfrucht durch Wirsing ersetzt, der einen großen N-Bedarf besitzt sowie ein tiefergehendes Wurzelwerk und längere Kulturzeit aufweist. Dadurch wurde der Boden stark „entleert".

— Die Zerkleinerung und Einarbeitung von Ernterückständen der Spätkulturen wurden in die Monate Dezember bis Februar verschoben, so daß deren mineralisierte Stickstoffreste von der Folgekultur genutzt werden konnten.

Neben der beschriebenen N_{min}-Methode nach WEHRMANN/SCHARPF gibt es auch das sogenannte „Kulturbegleitende N_{min}-Sollwertesystem (KNS)" nach LORENZ, SCHLAGHECKEN, ENGL besonders für Freilandgemüse.

Mit dem Mulchen von Obstanlagen und der Rebenbegrünung erzielt man zwar in erster Linie eine Erosionsverhütung, doch wird auch Reststickstoff zum Nutzen des Grundwasserschutzes vorteilhaft verwertet. Die Stickstoffdüngung dieser beiden Kulturpflanzen ist meist schon seit längerem auf das optimale Maß zurückgeführt worden. Allerdings konkurriert Rebenbegrünung unter bestimmten Standortbedingungen mit der Wasserversorgung der Reben, zum Teil mit der Folge von Ertragseinbußen.

5.1.5 Bodenbearbeitung und Beregnung

Die wichtigste Maßnahme zum Schutz des Grundwassers ist das *Unterlassen eines Grünlandumbruchs in Wasserschutzgebieten*. Nach einem solchen Eingriff werden schlagartig große Stickstoffmengen aus dem unter der Grünlandnarbe angereicherten Humus mineralisiert und können von den angebauten Pflanzen nur zum Teil verwertet werden. Der erhebliche Rest ist stark auswaschungsgefährdet. Dies trifft, wie bereits bei 4.1.5 erwähnt, auch für den Umbruch zum Zweck der Grünlanderneuerung zu.

Im übrigen wird *schonende Bodenbearbeitung* empfohlen. Hacken oder Fräsen durchlüften den Boden stark und fördern die Stickstoffmineralisierung. (Es gibt einen Spruch: „Den Humus aus dem Boden hacken.") Daher sollte dies nur geschehen, wenn nachgebaute Pflanzen den Stickstoff auch verwerten.

Schonende Bodenbearbeitung kann auch bedeuten, daß die Pflugfurche etwas flacher gefahren wird, um die Menge des umgesetzten pflanzenverfügbaren Stickstoffs zu verringern und damit der Gefahr der Auswaschung unverbrauchter Nitratmengen entgegenzuwirken.

Bei der in Trockengebieten notwendigen *Beregnung* sollten die Regengaben sparsam dem wirklichen Bedarf angepaßt werden, damit keine zusätzlichen Sickerungen und damit Auswaschungen eintreten können. In Trockenperioden kann eine maßvoll eingesetzte Beregnung sogar Auswaschungen oder Abschwemmungen vermeiden, weil eine kontinuierliche Stickstoffverwertung gewährleistet wird. Anderenfalls kann der während einer Trockenheit nicht aufnehmbare Stickstoff durch später folgende natürliche Starkregen abgeschwemmt oder ausgewaschen werden.

5.1.6 Weitergehende Beschränkungen in Wasserschutzgebieten

In besonders empfindlichen Wasserschutzgebieten (Böden mit geringem Wasserhaltevermögen) oder Teilen davon können u. a. die Maßnahmen der ordnungsgemäßen Bewirtschaftung nicht ausreichen, um den erforderlichen Schutz des Grundwassers zu gewährleisten. Hier wird es in der Zukunft nicht ausbleiben können, daß konkrete Einschränkungen durchgesetzt werden müssen.

Dabei kann eine gezielte Reduzierung der ordnungsgemäßen Düngung, das Verbot der Anwendung flüssiger Wirtschaftsdünger, das Verbot des Anbaus bestimmter Intensivkulturen oder sogar das Gebot in Betracht kommen, Ackerflächen in Grünland umzuwandeln.

Um solche Fälle, die im übrigen einer später zu beschreibenden Ausgleichsleistung unterliegen, möglichst klein zu halten, wäre eine Begrenzung auf die wirklich gefährdeten Flächen wünschenswert. Hydrogeologische Untersuchungen und Kartierungen sind also geboten.

Allerdings besteht auch unter Fachleuten die Befürchtung, daß die Auswaschungsgefährdung unter „guten" Bodenverhältnissen (hohe Wasserhaltefähigkeit) nur verzögert besteht, wenn nicht die bedarfs- und standortgerechte Stickstoffdüngung sorgfältig durchgeführt wird. Ein ständig zu hohes Nährstoffangebot würde die Stickstoffbilanz positiv überfrachten und möglicherweise die grundwasserschützenden Eigenschaften bindiger Böden eines Tages überfordern. Die Hinweise auf ein stellenweises Nachlassen des Denitrifikationspotentials müssen wohl auch in diesem Zusammenhang weiter beobachtet werden.

Die zuvor aufgezählten und beschriebenen Maßnahmen zur Minderung des Nitrataustrags in das Grundwasser haben selbstverständlich ein unterschiedliches Gewicht. Zwar ist das von den Bedingungen des jeweiligen Standorts abhängig, es läßt sich aber eine gewisse Reihenfolge hinsichtlich ihrer Bedeutung für den Grundwasserschutz aufstellen. Nach der bisherigen Auswirkung auf die Nitratbelastung und nach der Notwendigkeit zukünftiger Schutzmaßnahmen könnte etwa folgende „Rangordnung" gelten:

1. Vermeidung von Grünlandumbruch in Wasserschutzgebieten;
2. Begrenzung der organischen Wirtschaftsdünger (und damit des Viehbesatzes) auf ein verträgliches Maß;

3. lange (möglichst lückenlose) Bodenbedeckung durch Fruchtfolgegestaltung einschließlich Zwischenfrucht;
4. Bemessung der Stickstoffdüngung nach dem Bedarf unter realistischer Einschätzung der Standortleistung;
5. ausgewogene Produktionstechnik im Sinne eines Integrierten Pflanzenbaus (Bodenbearbeitung, Sortenwahl, Beregnung, Pflanzenschutz, Pflanzenernährung usw.).

5.2 Minderung der Grundwasserbelastung mit Pflanzenschutzmitteln durch Maßnahmen des Integrierten Pflanzenbaus

Grundlage für die Konzeption von Maßnahmen zur Minderung von Verunreinigungen des Grundwassers mit Pflanzenschutzmitteln sind die folgenden Feststellungen:

— Im Bundesgebiet ist bei Untersuchungen verbreitet das Vorhandensein von Pflanzenschutzmitteln im Grundwasser festgestellt worden.
— Neben dem Maisherbizid Atrazin wurden auch andere Pflanzenschutzmittel und zum Teil deren Abbauprodukte (Metaboliten) nachgewiesen. Jedoch ermangelt es für einen Gesamtüberblick und eine ausreichende Abschätzung der Wassergefährdung noch der systematischen und flächendeckenden Untersuchung.
— In einigen Fällen wurden Überschreitungen des ab 1. 10. 1989 geltenden Grenzwerts festgestellt. Es ist damit zu rechnen, daß weitere Untersuchungen eine Erhöhung der Anzahl der gefundenen Wirkstoffe und der Grenzwertüberschreitungen zur Folge haben werden.

Auf die Schwierigkeit, die ursächlichen Zusammenhänge aufgrund der noch unzureichend vorliegenden Ergebnisse zu klären, wurde bereits hingewiesen. Somit kann auch die Frage noch nicht beantwortet werden, ob mit ordnungsgemäßer Anwendung (also mit guter fachlicher Praxis, siehe 3.3.4) der künftige Grenzwert bei allen Wirkstoffen wird eingehalten werden können.

Doch ergeben sich für das vorsorgliche Handeln mit dem Ziel einer Minimierung des Pflanzenschutzmittelaustrags in das Grundwasser relativ klare Vorstellungen grundsätzlicher Art. Diese sollen im folgenden beschrieben werden. Sie werden in drei Bereiche zusammengefaßt:
— verstärkte Einführung von Systemen des Integrierten Pflanzenschutzes,
— Verbesserung der Anwendungspraxis im landwirtschaftlichen Pflanzenschutz durch die Prinzipien der „guten fachlichen Praxis",
— verstärkte Berücksichtigung von Wasserschutz-Gesichtspunkten bei der Zulassung von (neuen) Pflanzenschutzmitteln.

5.2.1 Verstärkte Einführung von Systemen des Integrierten Pflanzenschutzes

Im Zusammenhang mit dem Grundwasserschutz steht das Ziel im Vordergrund, die Anwendung chemischer Pflanzenschutzmittel auf das unbedingt notwendige Maß zu beschränken. Hierfür ist es notwendig, die Schadorganismen zunächst durch pflanzenbauliche und Kulturmaßnahmen, dann auch durch biologische bzw. biotechnische

Verfahren unterhalb der wirtschaftlichen Schadensschwelle zu halten. Dabei sollen bewußt natürliche „Begrenzungsfaktoren" im Vordergrund stehen, das heißt die Einengung von Schadorganismen durch nützliche, in der Natur vorkommende Gegenspieler. Dies gelingt um so eher, je weniger das Kleinleben im Bereich Boden und Pflanze durch Fremdstoffe gestört wird. Erst wenn diese Möglichkeiten nicht ausreichen, kommt der Einsatz von chemischen Pflanzenschutzmitteln in Betracht.

Eine solche Kombination von Maßnahmen, die je nach Standort, Kulturart und Witterungssituation unterschiedlich sein muß, nennt man Integrierten Pflanzenschutz. Er ist ein wichtiges Teilgebiet des Integrierten Pflanzenbaus (oder der Integrierten Pflanzen-

Abbildung 42: Die Instrumentarien des integrierten Pflanzenschutzes im Ackerbau.

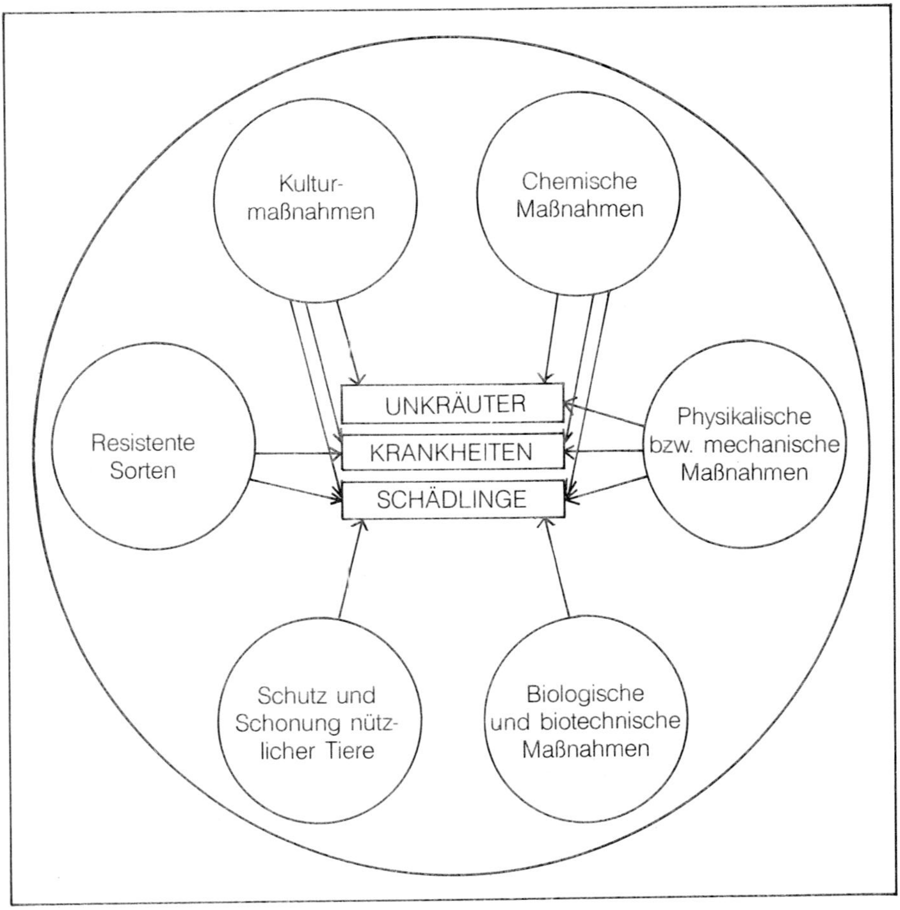

geändert nach Diercks (87)

produktion — Bezeichnung in einigen Ländern), das sich auf den Schutz der Pflanzen vor Krankheiten und Schädlingen bezieht. Der umfassende Begriff des „Integrierten Pflanzenbaus" schließt alle Kombinationen des vom Landwirt beeinflußbaren Verbunds natürlicher Gegebenheiten und eingreifender Maßnahmen ein, die das Ziel einer ökonomisch-ökologisch ausgewogenen Pflanzenproduktion verfolgen.

Zu den Kulturmaßnahmen zählen beispielsweise die *Bodenbearbeitung* und die *Saat*, die so gestaltet werden sollten (Zeitpunkt, Tiefe, Reihenweite usw.), daß die Pflanzengesundheit gestärkt und Schadorganismen zurückgedrängt werden.

Mit einer ausgewogenen und gezielt eingesetzten *Düngung* kann die Empfindlichkeit der Pflanze gegenüber Schadorganismen beeinflußt werden. Im allgemeinen sind harmonisch ernährte Pflanzen gegen Schwächeparasiten und bestimmte Wurzelkrankheiten widerstandsfähiger als schwächliche. Umgekehrt ist von einem durch gezielten Pflanzenschutz gesund erhaltenen Bestand eine bessere Ausnutzung des Stickstoffeinsatzes zu erwarten. Andererseits aber breiten sich zahlreiche Infektionen gerade in kräftigen Beständen schnell aus. Insbesondere wirkt eine das Bedarfsoptimum übersteigende Stickstoffdüngung oft erhöhend auf die Anfälligkeit gegen Pilzkrankheiten und tierische Schädlinge und damit auf die Schadenswahrscheinlichkeit. Die damit verbundene Notwendigkeit zu chemischen Abwehrmaßnahmen kann durch bedarfsgerechtes Versorgen der Pflanze mit Stickstoff und durch Aufteilen der Gaben vermindert werden.

Trotz dieser allgemeinen Feststellung können Stickstoffdünger auch direkt zur Abwehr von Krankheiten beitragen, was beispielsweise über Kalkstickstoff (Cyanamidphase) oder Ammoniumdünger teilweise bei Fußkrankheiten, Halmbruch, Lagern usw. bekannt ist. Umfangreiche Versuchsergebnisse zeigen vielseitige positive und negative Wechselbeziehungen, die je nach Standort, Sorte und Witterung sehr unterschiedlich sind.

Eine Erweiterung oder vielseitigere Gestaltung der *Fruchtfolge* kann ebenfalls zur Verminderung der Schadenswahrscheinlichkeit und damit zur Verringerung des Einsatzes von Pflanzenschutzmitteln beitragen. Dies trifft vor allem zu, wenn der Getreideanteil auf 50—60 % verringert und eine häufige Folge der gleichen Kulturart vermieden wird. (Dies setzt allerdings eine Anpassung der agrarpolitischen Rahmenbedingungen voraus.) Fruchtfolgekrankheiten oder -schädlinge treten weniger auf. Auch Zwischenfrüchte können gewisse Wirkungen dieser Art nach sich ziehen.

Eine besondere Bedeutung kommt der Berücksichtigung der *wirtschaftlichen Schadensschwellen* zu. Sie geben die Befallsstärken an, die ohne wirtschaftliche Nachteile sind. Erst wenn diese Schwellen überschritten werden, wenn also höhere Geldverluste (durch Ertragseinbußen, Ernterisiko, Folgeverunkrautung) eintreten würden als die Unterdrückung der betreffenden Schadorganismen kostet, erscheint der gezielte Einsatz von chemischen Pflanzenschutzmitteln gerechtfertigt.

Da die Herbizide den höchsten Anteil am Pflanzenschutzmittelverbrauch aufweisen, läßt sich das Prinzip am besten bei der Unkrautbekämpfung erläutern. Ausgangspunkt der Überlegungen ist die Frage, ob ein Herbizideinsatz bei dem gegebenen Unkrautbesatz noch in allen Fällen zur Abwendung von Schäden erforderlich ist. Wenn nämlich durch einen geringen Unkrautbestand keine oder nur geringfügige Einbußen an

Abbildung 43: Schematische Darstellung der jährlichen Schwankungen einer Schädlingspopulation mit nur gelegentlichem Überschreiten der wirtschaftlichen Schadensschwelle.

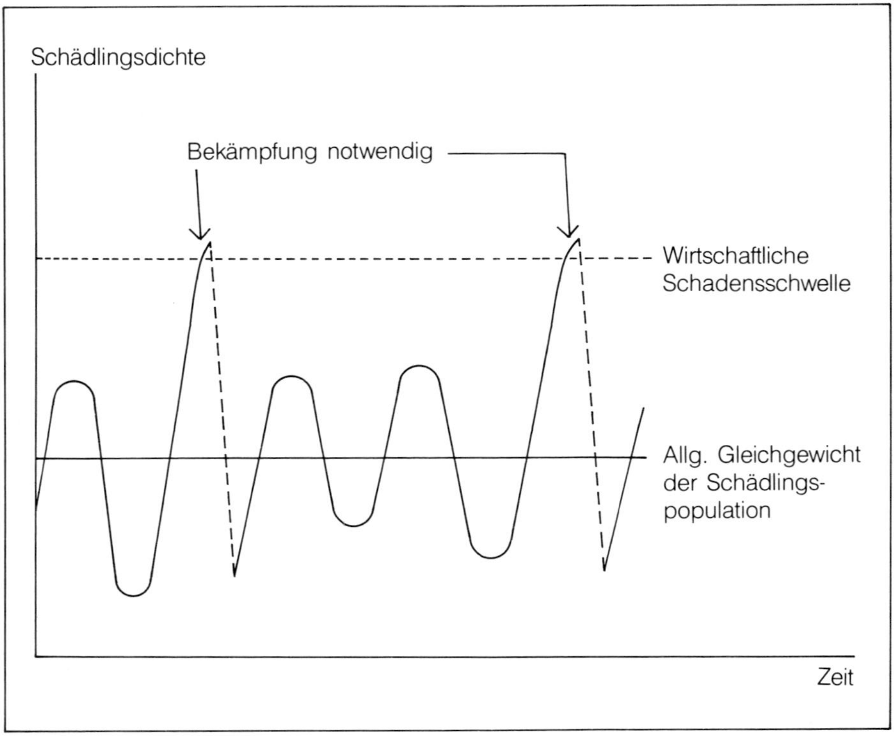

Quelle: Stern et al. aus Diercks 1983, S. 313 (87)

Ertrag und Qualität entstehen, die unter den Kosten der Pflanzenschutzbehandlung liegen, dann hat die Bekämpfung ihren wirtschaftlichen Sinn verloren.

So wurde und wird an praktischen Empfehlungen für wirtschaftliche Schadensschwellen gearbeitet. Für eine Reihe von Unkräutern bestehen Schadensschwellen-Richtwerte, die mit Getreideart und Standortmerkmalen in Beziehung zu setzen sind. Es ist allerdings nicht nur genaues Beobachten und das Erkennen der Unkräuter erforderlich, sondern auch die sorgfältige Bestimmung von Unkrautdichte und Deckungsgrad im Feld mit Hilfe eines Zähl- und Schätzrahmens. Für Ackerfuchsschwanz im Winterweizen, z. B. liegt der Schwellenwert bei etwa 60—90 Pflanzen je m^2. Für Beratungszwecke wird als Richtwert die Zahl von 30 Pflanzen je m^2 als obere Grenze für nicht erforderliche Behandlung angesetzt. Allerdings ist bei bestimmten Problemunkräutern schon bei einigen wenigen Pflanzen je m^2 eine Behandlung unumgänglich. Damit werden auch mögliche Risiken abgedeckt, die aus dem Witterungsablauf, aus unvollständiger Herbizidwirkung, erhöhter Unkrautentwicklung, Fehlern bei Dichteermittlung usw. entstehen können.

Aus zahlreichen Versuchen geht hervor, daß durch die Anwendung des Schadensschwellenprinzips konkrete wirtschaftliche Vorteile entstehen können. Außerdem sind mit der Verfeinerung der Verfahren weitere Nutzen zu erwarten:
— Das Auftreten der Herbizidresistenz kann verzögert werden;
— tolerierbares Restunkraut fördert Nützlinge und schützt vor Erosion;
— weniger Mittelaufwand ist nicht nur betriebswirtschaftlich, sondern auch aus Gründen der Umwelt sinnvoll (88).

Die große Zahl der zu berücksichtigenden Einzelfaktoren und die Schwierigkeiten bei der Befallsbeobachtung engen die Berechnung und Anwendung von Schadensschwellen ein. Dennoch besteht schon eine große Zahl von praxisnahen Schadensschwellenangaben für tierische Schadorganismen und Unkräuter, die von der Pflanzenschutzberatung der Bundesländer genutzt werden. Die damit angebotenen Vorteile ökonomischer und ökologischer Art sollten noch stärker verbreitet werden (90).

Unterstützt werden diese Bemühungen durch *Befalls- und Terminprognosen* über das Auftreten bestimmter Schaderreger oder Pflanzenkrankheiten auf meteorologischer Datenbasis. Einige Prognosemodelle bestehen schon, z. B. für die Braunspelzigkeit des Weizens, für den parasitären Halmbruch bei Weizen, für die Krautfäule der Kartoffel und andere. Das Angebot und die Inanspruchnahme sind zu erweitern.

Zum Integrierten Pflanzenschutz gehört auch die Überlegung, ob für einen bestimmten Bekämpfungszweck nicht *biologische oder biotechnische Pflanzenschutzverfahren* eingesetzt werden können. Allerdings beschränken sich die Anwendungsmöglichkeiten bisher auf nur wenige Einzelfälle, weil es äußerst schwierig ist, solche Verfahren mit biologisch wirksamen Gegenspielern zu entwickeln und in der landwirtschaftlichen oder gartenbaulichen Praxis einzusetzen. Ein Musterbeispiel für nachhaltige Wirkung ist die biologische Bekämpfung der San-José-Schildlaus. Sie wurde nach dem Krieg aus Amerika eingeschleppt und hat den Obstbau am Oberrhein beträchtlich geschädigt. Von 1950—74 wurden 28 Millionen Exemplare der Schlupfwespe Prospaltella perniciosi als Parasit des Schädlings ausgesetzt. Diese Schlupfwespe, die für diesen Zweck in einem Institut vermehrt wurde, legt ihre Eier in den Körper der San-José-Schildlaus; die Schlupfwespenlarven vernichten als Parasiten die Schildläuse. Seither hält sich der Schildlausbefall auf einem unschädlichen Niveau, weil die fest eingebürgerte Schlupfwespe Übervermehrungen begrenzt.

Im Ackerbau und im Gemüsebau unter Glas beschränken sich die biologischen Verfahren auf wenige Anwendungsbereiche. Für den Körnermais steht zur Bekämpfung des Maiszünslers die Schlupfwespe Trichogramma evanescens zur Verfügung, die ihre Eier in das Eigelege des Maiszünslers legt und es damit zerstört. Gegen den Maiszünsler wirkt auch ein raupentötendes Bakterienpräparat (Bacillus thuringiensis). Schließlich können im Gewächshaus Raubmilben gegen Spinnmilben, Schlupfwespen gegen „Weiße Fliegen" (Mottenschildläuse) und Schimmelpilze gegen Blattläuse eingesetzt werden.

Im Obstbau haben einige biotechnische Verfahren gewisse Bedeutung erlangt. Mit Hilfe von bestimmten Reizstoffen (Pheromenen) können natürliche Reaktionen von

Abbildung 44: Abnahme des Befalls der San-José-Schildlaus-Population bei gleichzeitiger Zunahme der zur biologischen Bekämpfung ausgesetzten Schlupfwespen 1969—1981.

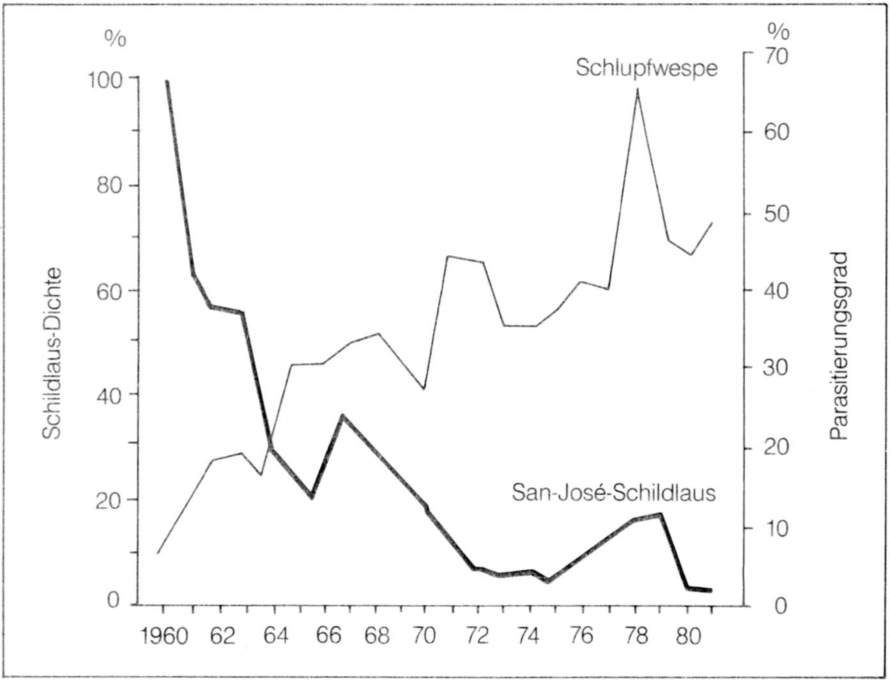

Quelle: MELUF Baden-Württemberg 1982 (89)

Schädlingen durch Anlocken, Verwirren, Abschrecken und Einflüsse auf Wachstum und Vermehrung ausgenutzt werden. Sie werden auch für die Schadensprognose eingesetzt. Insgesamt umfassen die vorliegenden Verfahren nur einen sehr kleinen und wegen der „Biologie" nicht immer funktionierenden (in der Öffentlichkeit oft überschätzten) Teil des Pflanzenschutzes. Aber weitere Fortschritte sind zu erwarten.

Trotz aller Bemühungen des Integrierten Pflanzenschutzes ist der Einsatz *chemischer Pflanzenschutzmittel* unersetzbar, weil in vielen Fällen keine oder keine wirksamen Möglichkeiten zur Abwehr von Schädlingen oder Krankheiten über biologische, biotechnische oder ackerbauliche Maßnahmen bestehen. In diesen Fällen sollte bei der Auswahl der Mittel neben den Gesichtspunkten der Wirksamkeit gegen den betreffenden Schadorganismus unbedingt den weniger die Umwelt belastenden Wirkstoffen Vorrang gewährt werden. In bezug auf das zu schonende Grundwasser ist besonders auf die wassergefährdenden Eigenschaften (geringe Abbaubarkeit, hohe Mobilität, Toxizität), also auf die Anwendung von Pflanzenschutzmitteln ohne Wasserschutzgebietsauflage, zu achten.

Schließlich spricht der Integrierte Pflanzenbau noch die Bevorzugung von *Pflanzensorten* an, die *Resistenzen gegen bestimmte Schadorganismen* aufweisen. Auch hierdurch kann der Aufwand an Fremdstoffen verringert werden.

5.2.2 Gute fachliche Praxis

Gute fachliche Praxis umfaßt die ordnungsgemäße Durchführung aller Maßnahmen des Pflanzenschutzes nach

- den geltenden Rechtsvorschriften,
- den durch Wissenschaft, Beratung und praktische Erfahrung als geeignet, angemessen und notwendig anerkannten Regeln und
- den Grundsätzen des Integrierten Pflanzenschutzes.

Die Beachtung der umfassenden Gesichtspunkte der guten fachlichen Praxis verlangt ein hohes Maß an Kenntnissen und Verantwortung. Aus diesem Grund verlangt das Pflanzenschutzgesetz (siehe 3.3.4) vom Anwender die erforderlichen Kenntnisse und Zuverlässigkeit, gegebenenfalls auch den Nachweis derselben. Ordnungsgemäßes Handeln nach diesen Leitlinien kann zahlreiche Grundwassergefährdungen vermeiden.

Mit einem kurzen Überblick sollen die Grundsätze und Bereiche der guten fachlichen Praxis beispielhaft dargestellt werden, soweit sie nicht schon in 5.2.1 zum Integrierten Pflanzenschutz beschrieben sind. Eine umfassende Darstellung haben RESCHKE, BÖTGER und RIPKE gegeben (23).

- *Lagerung und Transport*
  Bei der Aufbewahrung und Beförderung von Pflanzenschutzmitteln sind zahlreiche Vorschriften zu beachten. Beispielsweise dürfen Präparate mit Wasserschutzgebietsauflage nicht in Wasserschutzgebieten gelagert werden, sind Lagerräume und Schränke zu kennzeichnen und verschlossen zu halten. Beim Transport dürfen Behälter nicht undicht sein oder werden sowie mit anderen Gütern (z. B. Futtermitteln) in Berührung kommen.

- *Ausbringung*
  Zunächst ist darauf zu achten, daß das Mittel für die vorgesehene Bestimmung (Kulturart) zugelassen ist und daß die Gebrauchsanleitung hinsichtlich Aufwandmenge, maximaler Anzahl der Spritzungen und Wartezeit eingehalten wird. Die Abtriftgefahr ist zu beachten. Im Kontakt mit den Präparaten muß sorgfältig eine Gefährdung des Anwenders vermieden werden. Schließlich sind bei der Ausbringung die Vorschriften zum Wasserschutz („. . . nicht in oder unmittelbar an oberirdischen Gewässern . . ., in Wasserschutzgebieten keine Mittel mit W-Auflage") und zum Artenschutz zu beachten.

- *Auswahl der Mittel*
  Neben der erwünschten Wirksamkeit des zugelassenen Pflanzenschutzmittels müssen bei der Auswahl auch Resistenzwirkungen beachtet (einen Wirkstoff nicht wiederholt zu einer Kultur oder Fruchtfolge anwenden) und mindertoxische, selektive, nützlingsschonende und bienenungefährliche Mittel bevorzugt werden.

- *Verwendung von Pflanzenschutzgeräten*
  Neben der regelmäßigen Wartung der Geräte und Kontrolle ihrer Funktionstüchtig-

keit müssen die technischen Voraussetzungen für ein sachgerechtes Behandeln des Pflanzenbestandes erfüllt sein. Die ausgewählten Düsen müssen mit Betriebsdruck und Fahrgeschwindigkeit übereinstimmen, genaues „Anschlußfahren" vermeidet Überlappungen , bei Windgeschwindigkeiten über fünf Meter je Sekunde bei Feldspritzen (vier Meter je Sekunde bei Sprühgeräten) muß die Behandlung unterbleiben.

— *Beseitigung von Pflanzenschutzmittelresten*
Im Hinblick auf den Wasserschutz ist besondere Sorgfalt bei der Reinigung der Geräte und der Beseitigung von unvermeidlichen Spritzflüssigkeits-Restmengen geboten. Letztere sind am zweckmäßigsten nach starker Verdünnung mit Wasser (mindestens 1 : 10) im Gerät auf der Behandlungsfläche auszubringen. Niemals dürfen solche Flüssigkeiten in die Kanalisation oder in Wasserläufe gelangen oder auf nicht landwirtschaftlich genutzten Flächen ausgebracht werden.
Reste von unverbrauchten (und nicht mehr benötigten) oder inzwischen verbotenen Pflanzenschutzmitteln müssen einer geordneten Entsorgung zugeführt werden.

5.2.3 Verstärkte Berücksichtigung von Wasserschutzgesichtspunkten bei der Zulassung von Pflanzenschutzmitteln

Wassermobile Pflanzenschutzmittel und Nitrat erreichen den Grundwasserkörper gleichermaßen über die Versickerung aus landwirtschaftlichen Nutzflächen. Ein wesentlicher Unterschied besteht darin, daß Nitrat in einer naturbedingten standorttypischen Grundrate aus dem Stickstoffbodenvorrat in das Grundwasser gerät und schon durch Bodenbearbeitung verstärkt werden kann, während Pflanzenschutzmittel im Untergrund nur aus der flächenhaften Mittelanwendung stammen (abgesehen von punktuellen Unfällen). Daher ist zu bedenken:

— Wenn Pflanzenschutzmittelwirkstoffe wegen ihrer hohen Beweglichkeit im Boden und Bodenwasser bei sachgerechter Anwendung in das Grundwasser gelangen können, ist dies vom Anwender nicht unbedingt durch verminderte Aufwandmengen zu verhindern. Es bedarf dann eines Anwendungsverbots für Wasserschutzgebiete.

— Solange nicht alle Wassereinzugsgebiete als Wasserschutzgebiete festgesetzt sind, gelten dort auch nicht die das Grundwasser schützenden Verbote der Pflanzenschutz-Anwendungsverordnung (siehe 3.3.4). Es ist daher erforderlich, die rechtlichen Abgrenzungen schnell zu vollziehen. Das gilt auch für notwendige Erweiterungen von Wasserschutzgebieten, wenn das Einzugsgebiet nicht voll erfaßt ist. Allerdings gelten in Einzugsgebieten die von der Biologischen Bundesanstalt bei der Mittelzulassung verfügten Wasserschutzauflagen.

— Die Auswaschungsgefährdung ist in durchlässigen und sorptionsschwachen Böden groß, in Böden mit hoher Wasserhalte- und Sorptionskapazität geringer.

— Wenn sich im Laufe der künftigen Untersuchungen herausstellen sollte, daß es langfristig nur wenige „sichere" Böden für die Verhinderung von Pflanzenschutzmittelauswaschungen gibt, dann muß der als „Null-Wert" gedachte Grenzwert auf eine realistische Größenordnung angehoben werden, wenn man nicht alle Pflanzenschutzmittel verbieten will (und kann).

— Bei „kritischen" Wirkstoffen für Wasserschutzgebiete kann eine Verminderung der Anwendungsbereiche (Indikationen) in der Pflanzenschutz-Anwendungsverordnung unter Umständen Abhilfe schaffen.

Im Rahmen des *Zulassungsverfahrens* wird dem Schutz des Grundwassers und damit des Trinkwassers dadurch Rechnung getragen, daß jedes Pflanzenschutzmittel auf seine Versickerungsneigung geprüft wird. Wenn das Verhalten hinsichtlich der Abbaugeschwindigkeit, der Bildung von Abbauprodukten und der Versickerung auf wassergefährdende Eigenschaften hinweist, wird die Anwendung des Mittels in Wasserschutzgebieten durch die Pflanzenschutzmittel-Andwendungsverordnung (siehe 3.3.4) verboten. Bis Mitte 1988 gab es neben der uneingeschränkt einsetzbaren Mittelgruppe noch drei verschiedene, in ihrer Wirkung abgestufte Wasserschutzgebietsauflagen. Heute gibt es nur noch zwei Gruppen von Pflanzenschutzmitteln, nämlich solche, die überall angewendet werden dürfen, und solche, deren Einsatz in Wasserschutzgebieten untersagt ist. Zur letzteren Gruppe gehören derzeit etwa 30 % der zugelassenen Präparate.

Die Forderungen, die unter dem Eindruck des stärkeren Grundwasserschutzes erhoben werden, laufen meist darauf hinaus, daß die Mittel im Boden möglichst wenig beweglich und andererseits möglich schnell abbaubar sein sollen. Die Zulassungserfahrung zeigt aber, daß bei diesen Stoffen oft Umwandlungsprodukte entstehen, die von geringerer Abbaufähigkeit und höherer Mobilität sind (91). Es gilt also, bei der Zulassungsprüfung weiterhin genau zu untersuchen, wie sich Wirkstoffe und deren Umwandlungsprodukte verhalten.

Die Beurteilung der Wassergefährdung muß das Verhalten der Metaboliten einbeziehen, zumal noch nicht alle Zusammenhänge der Wirkstoffdynamik im Boden geklärt sind. Man weiß, daß der Anteil an organischem Material im Boden, die Korngrößenzusammensetzung, der pH-Wert, die Durchlüftung und Temperatur sowie die Feuchte eine abbaubeeinflussende Rolle spielen. Man kennt auch die Kenngrößen, die die Versickerungsneigung der zu prüfenden Substanzen bestimmen. Die durchgeführten Prüfungen dürften nach dem Stand heutigen Wissens auch gute Gewähr für eine zutreffende Einstufung bieten. Jedoch werden aus den jüngsten im Bundesgebiet durchgeführten wissenschaftlichen Arbeiten neue Erkenntnisse zu erwarten sein. Ein Widerspruch bleibt. Einerseits verlangt die Zulassung (Pflanzenschutzgesetz), daß keine schädlichen Auswirkungen auf das Grundwasser gegeben sein dürfen, ohne daß die Schädlichkeit konkret definiert ist. Andererseits verlangt die Trinkwasserverordnung, daß Grenzwerte nach dem Vorsorgeprinzip (ohne Bezug zur Schädlichkeit) einzuhalten sind.

Zudem besteht die Forderung an die Zulassungspraxis, daß aktuelle Erkenntnisse über geänderte Beurteilungen zur Grundwassergefährdung durch bestimmte Pflanzenschutzmittel schnell umgesetzt werden. Nur so kann Schäden vorgebeugt werden.

Außerdem bleibt zu prüfen, ob eine weitergehende Differenzierung dahingehend möglich ist, daß Wasserschutzgebietsauflagen nur in abzugrenzenden sensiblen Zonen der Wasserschutzgebiete gelten sollen.

Schließlich wäre durch Entwicklung von für den Wasserschutz günstigen Wirkstoffen langfristig anzustreben, daß Pflanzenschutzmittel überall eingesetzt werden können und eine Wasserschutzgebietsauflage überflüssig wäre.

5.3 Minderung der Nitrat- und Pflanzenschutzmittelgehalte des Grundwassers durch wasserwirtschaftliche Maßnahmen

Trotz der grundsätzlichen Tendenz, die aus der großflächigen Landnutzung entstammenden Nitrat- und Pflanzenschutzmittelbelastungen des Grundwassers durch Einschränkungen der landwirtschaftlichen Nutzungsintensität und nicht durch technische Trinkwasserreinigungssysteme zu reduzieren, führt die Wasserwirtschaft im Einzelfall technische Sanierungsmaßnahmen des Trinkwassers durch.

Vor allem werden zunächst die Möglichkeiten der Reduzierung höherer Schadstoffgehalte auf ein erlaubtes Maß durch das Vermischen z. B. von nitratreicherem Wasser mit nitratärmerem Wasser aus benachbarten Brunnen desselben Förderbetriebes oder tiefer gelegenen Grundwasserstockwerken genutzt. Auch kommt der Bezug von Wasser über das Verbundsystem der öffentlichen Wasserversorgung in Betracht, wobei hoch kontaminierte Brunnen stillgelegt werden.

Zu den sogenannten hydraulischen Maßnahmen gehören auch Abwehrbrunnen zur Absenkung des Grundwasserspiegels, die eine weitere Schadstoffausbreitung im Grundwasser verhindern. Praktiziert wird auch das (aus dem Schema der Abbildung 45 erkennbare) Verfahren, einen Brunnen (A) mit hohen Nitratwerten nicht abzuschalten, weil sonst ein benachbarter Brunnen (B) durch die sich dann ausbreitende Verschmutzungszone ebenfalls gefährdet wäre.

Abbildung 45: Benachbarte Trinkwassergewinnungsbrunnen in unterschiedlich belasteten Zonen der Grundwasserströmung.

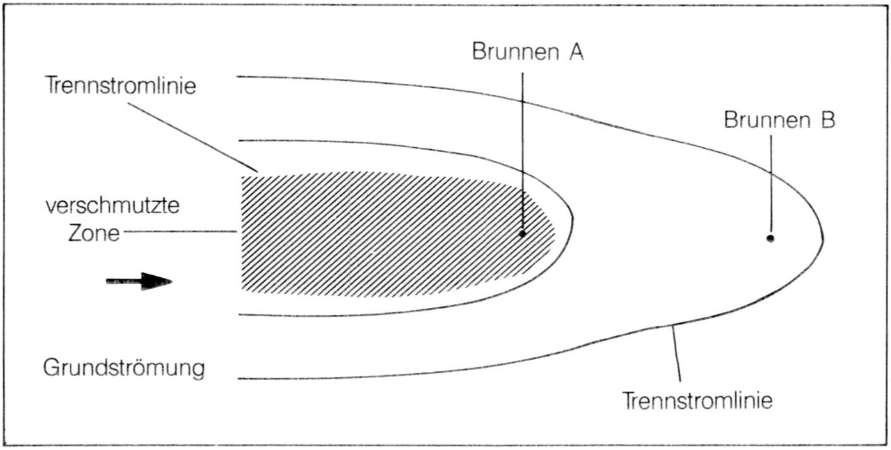

Quelle: Kinzelbach 1988 (97)

In Einzelfällen erfolgt ein Nitratabbau auch bei der Trinkwasseraufbereitung. Hierfür stehen gegebenenfalls folgende Verfahren zur Verfügung:

— Die *Umkehrosmose* bewirkt eine weitgehende Entsalzung, wobei auch das Nitrat (praktisch nur Nebeneffekt) entfernt wird.
— Beim *Ionenaustauschverfahren* wird zunächst Sulfat und dann Nitrat entfernt, wobei aber durch den Austausch hohe Chloridkonzentrationen entstehen und Beeinträchtigungen nach sich ziehen können.
— Die biologischen Verfahren der *Denitrifikation* reduzieren das Nitrat zu gasförmigem Stickstoff, führen aber zur Erhöhung des Hydrogencarbonatgehalts.

Allen diesen Systemen ist gemein, daß sie teuer, verfahrenstechnisch schwierig sind und den Geschmack verändern, so daß sie nur in Ausnahmefällen in Betracht kommen (37).

Pflanzenschutzmittelgehalte werden in verschiedenen Wasserwerken bei der Aufbereitung des Rohwassers mit Hilfe des *Absorptionsverfahrens* vermindert. An der Oberfläche von Aktivkohle lagern sich die zu entfernenden Substanzen an, was neben Geruchs- und Geschmacksstoffen auch für chlorierte Kohlenwasserstoffe und für Pflanzenschutzmittel zutrifft. Es wurde über ein sehr kostengünstiges Verfahren berichtet, mit dem die Gehalte weit unter dem zulässigen Grenzwert eingestellt werden können (142).

Die besonders in ländlichen Gebieten mehrerer Bundesländer vorhandenen überdurchschnittlichen Nitratgehalte in *Einzel*versorgungsbrunnen (siehe 3.4.2) werden nicht nur durch die Beseitigung von ursächlichen Mängeln (z. B. überaltete Abwassersysteme, undichte Jauchegruben) zu vermindern sein, sondern vorwiegend durch ihren (zum Teil teuren) Anschluß an die öffentliche Wasserversorgung.

5.4 Ausgleichsleistungen und ordnungsgemäße Landbewirtschaftung

Die fachlichen Erkenntnisse der Wasserwirtschaft und der Landwirtschaft verdeutlichen, daß der Schutz des Grundwassers zum Teil Nutzungsbeschränkungen für den Landwirt erfordern wird. Auf bestimmten Standorten mit besonders durchlässigem Untergrund müssen die Einschränkungen weiter reichen als auf solchen mit bindigem Bodenmaterial, um den Eintrag von Nitrat und Pflanzenschutzmitteln in das Grundwasser zu begrenzen und damit die Grenzwerte der Trinkwasserversorgung einzuhalten.

Der Gesetzgeber hat erkannt, daß eine unterschiedliche Belastung der Landbewirtschafter nicht vertretbar erscheint. Während die einen Landwirte wegen der Lage ihrer Grundstücke außerhalb von Schutzgebieten die Leistungskapazität des Standorts nutzen können, müssen andere über Nutzungsbeschränkungen auf Einkommen verzichten. Wie bereits unter 3.3.1 beschrieben, hat das Wasserhaushaltsgesetz die Regelung getroffen, daß

> für angeordnete erhöhte Anforderungen und die dadurch verursachten wirtschaftlichen Nachteile

ein angemessener Ausgleich zu zahlen ist.

Die Rechtslage bis 1986 sah nur eine Entschädigungspflicht vor, wenn es sich um eine gravierend einschränkende Anordnung handelte, nämlich um einen „enteignungsgleichen Eingriff". Er besteht neben der neuen Regelung fort.

Voraussetzung für die Ausgleichsleistung sind allerdings wirtschaftlich nachteilige Anordnungen, die „die ordnungsgemäße land- und forstwirtschaftliche Nutzung eines Grundstücks einschränken".

Unter dem Begriff *„ordnungsgemäße landwirtschaftliche Nutzung"* kann nur eine objektive, fachliche Regel verstanden werden. Sie umfaßt eine den Naturgesetzen verbundene und die landwirtschaftliche Existenzgrundlage Boden/Pflanze/Tier verantwortungsvoll schonende Bodenbewirtschaftung. Der Begriff schließt auch die Grundsätze der „guten fachlichen Praxis" mit ein, wie sie im Pflanzenschutzgesetz (siehe 3.3.4) formuliert sind.

Diese Regel schließt Überforderung der Standortbedingungen aus und zielt mit einer Kombination von ökonomischen und ökologischen Rücksichten auf eine langfristig intakte Nutzungsbasis ab.

Ordnungsgemäße Landbewirtschaftung beinhaltet also grundsätzlich auch Schutzfunktionen für die Umwelt. Sie kann aber nicht alle Bedürfnisse des Natur-, Arten-, Landschafts- und Wasserschutzes gleichzeitig aus ihrer Zielfunktion erfüllen. Beispielsweise kann der Mähdrescher nur ausnahmsweise Vogelnester oder Nistplätze im Bestand umgehen. Der Pflug greift in vielfältige Bereiche von Kleinlebewesen und Wildpflanzen ein.

Wer einen besonderen Schutz erreichen will, der nicht von selbst aus landwirtschaftlicher Bodennutzung erwächst, muß das ordnungsgemäße Wirtschaften gezielt einschränken. Wo z. B. Orchideen erhalten werden sollen, verbieten sich Mahd und Beweidung. Wo Landschaft in seltener und schützenswerter Form bestehen bleiben soll, kann es notwendig sein, bestimmte Nutzungen ganz zu unterlassen, z. B. bei Wald. Zum Erhalt von Wiesen, die unter dem Einfluß des Menschen entstanden sind, bedarf es gewisser extensiver Nutzungen oder bestimmter Pflegemaßnahmen.

Wo Grundwasser in bestimmten Gebieten auch unter extrem durchlässigem Untergrund möglichst geringe Nitratwerte und keine Pflanzenschutzmittel aufweisen soll, da müssen die für diesen Standort erforderlichen und gezielten Beschränkungen der ordnungsgemäßen Landbewirtschaftung angeordnet werden.

Es handelt sich dann nicht um eine ordnungsgemäße, sondern um eine *wasserschutzgemäße Landbewirtschaftung*. In vielen Fällen ist ordnungsgemäße Landbewirtschaftung ausreichender Schutz für das Grundwasser. Unter empfindlichen Standortbedingungen bedarf es aber der Beschränkungen auf das bestimmte Niveau der „wasserschutzgemäßen Landbewirtschaftung".

Das Land Baden-Württemberg hat bereits 1984 eine Beschreibung der ordnungsgemäßen Landbewirtschaftung in Form eines Erlasses an die landwirtschaftlichen Fachbehörden herausgegeben (92). Der Bundesminister für Ernährung, Landwirtschaft und Forsten hat in seinem Jahresbericht der Wasserwirtschaft für das Haushaltsjahr 1987 (93) eine Erläuterung der *Grundsätze einer ordnungsgemäßen Landbewirtschaftung* veröffentlicht. Es handelt sich um das Ergebnis eingehender Diskussionen in Fachkreisen von Bund und Ländern sowie um einen Beschluß der Agrarminister des Bundes und der Länder vom 23. 9. 1987.

Die Grundsätze lauten:

„Das vielfältige Zusammenwirken der unterschiedlichen Standortfaktoren auf die verschiedensten Ansprüche der Kulturpflanzen bei sich stets ändernden Bedingungen erlaubt es lediglich, Grundsätze einer ordnungsgemäßen Landbewirtschaftung zu formulieren:

1. *Gestaltung der Feldflur (Agrarlandschaft)*
   Die naturbetonten Strukturelemente der Feldflur (Hecken, Feldgehölze, Feldraine, Ackerterrassen u. a.) sind auch wegen ihrer günstigen abiotischen (Boden, Kleinklima und Wasserhaushalt) und biotischen (Nützlinge) Wirkung zu erhalten.

2. *Bodenbearbeitung*
   Die Bodenbearbeitung hat unter Berücksichtigung der Witterung grundsätzlich standortangepaßt so zu erfolgen, daß die Bodenstruktur möglichst günstig beeinflußt, das Bodenleben geschont und gefördert, Erosionsrisiken gemindert und schädliche Bodenverdichtungen vermieden werden.

3. *Anbau- und Bodennutzung*
   Ordnungsgemäße pflanzenbauliche Maßnahmen zielen grundsätzlich auf einen standortgerechten Anbau der Kulturpflanzen ab. Die Fruchtfolgegestaltung soll dazu dienen, die Bodenfruchtbarkeit nachhaltig zu sichern sowie unerwünschte Pflanzen und Schadorganismen abzuwehren.
   Soweit möglich, ist mit Untersaaten und Zwischenfruchtanbau dem Stickstoffaustrag und der Erosion entgegenzuwirken. Auch die Erhaltung des Gründlands auf erosionsgefährdeten Hanglagen, in überschwemmungsgefährdeten Flußauen sowie zusätzliche erosionsmindernde Wirtschaftsweisen auf gefährdeten Ackerstandorten sind zur Minderung ökologischer und ökonomischer Schäden erforderlich. Bei der Sortenwahl ist neben den Qualitäts- und Ertragsaspekten auch den Resistenzeigenschaften Beachtung zu schenken.

4. *Pflanzenernährung (Düngung)*
   Die Düngung ist nach Art und Menge auf die Sicherung des Nährstoffbedarfs der Pflanze unter Berücksichtigung der verfügbaren Nährstoffe im Boden auszurichten, z. B. nach Maßgabe von Boden- oder Pflanzenuntersuchungen, oder nach Berechnungen auf der Grundlage regelmäßiger schlagspezifischer Aufzeichnungen. Beim Einsatz von Mineraldünger sind der jeweilige Nährstoffbedarf der Pflanze sowie die nutzbaren Nährstoffe der Wirtschaftsdünger, der Ernterückstände, der Gründüngung und der aufgebrachten Siedlungsabfälle zu berücksichtigen.
   Auf eine Sicherung des Humusgehalts und auf ausreichende Kalkversorgung des Bodens ist zu achten.
   Die Ausbringung von Düngemitteln muß sachgemäß und mit funktionsgerechtem Gerät erfolgen.

5. *Pflanzenschutz*
   Gute fachliche Praxis im Pflanzenschutz bedeutet, daß die Anwendung chemischer Pflanzenschutzmittel auf das notwendige Maß beschränkt wird. Dabei sind vorrangig biologische, biotechnische, pflanzenzüchterische sowie anbau- und kulturtechnische Maßnahmen zu nutzen. Werden chemische Pflanzenschutzmittel angewandt, so hat dies durch sachkundige Personen bestimmungsgemäß und

sachgerecht zu erfolgen; Schadensschwellen sind zu beachten. Beeinträchtigungen aus Abtrift und Abschwemmung sind zu vermeiden. Für die einwandfreie Funktion der Geräte sowie eine sachgerechte Beseitigung von Resten und leeren Behältern ist zu sorgen."

Art und Umfang der Anordnungen in Wasserschutzgebieten und der Ausgleichsleistungen werden nach Maßgabe des Landesrechts festgelegt. Die Nutzungsbeschränkungen können nach der Einschätzung ihrer Erforderlichkeit entweder landeseinheitlich oder individuell in einzelnen Wasserschutzgebieten veranlaßt werden. Dies ist sowohl in Form einer Rechtsvorschrift oder auch einer vertraglichen Regelung möglich (siehe 3.3).

Jedes Bundesland kann für die Berechnung und Zahlung der Ausgleichsleistungen eine eigene Regelung treffen. Denkbar sind Leistungen entweder von seiten der Wasserversorgungsunternehmen oder aus Mitteln des Landeshaushalts.

Für die Berechnung und Abwicklung der Ausgleichsleistungen bedarf es zahlreicher Voraussetzungen. Zunächst müssen die in den Wasserschutzgebieten gelegenen landwirtschaftlichen (und gärtnerischen) Nutzflächen nach Lage, Größe, Besitzer usw. bekannt und identifizierbar sein. Außerdem ist die Art der Nutzung jedes Grundstücks für das betreffende Ausgleichsjahr festzustellen.

Grundlage für die Berechnung der Höhe einer Ausgleichsleistung sind einerseits Art und Umfang der angeordneten Nutzungsbeschränkungen für das bestimmte Wasserschutzgebiet und andererseits möglichst genaue Erhebungen über die eingetretenen bzw. zu erwartenden Ertragseinbußen, Mehr- und Minderaufwendungen sowie die sich ergebenden Einkommensverluste. Hierfür bedarf es zahlreicher und eingehender Feldversuche und Untersuchungen, die unter verschiedenen Standortbedingungen Vergleichsergebnisse aus „ordnungsgemäßer" und aus „wasserschutzgebietsgemäßer Landbewirtschaftung" liefern. Wegen der Vielfalt der Einzelbedingungen auch aus betriebswirtschaftlicher Sicht (eventuell notwendige Änderung der Betriebsorganisation) wird eine gewisse Rahmenpauschalierung der Höhe der Ausgleichsleistung nach Bewertungskriterien zweckmäßig sein.

6. Schutzmaßnahmen in den Bundesländern

Die Aktualität des Grundwasserschutzes hat in allen Ländern Aktivitäten ausgelöst. Nach Feststellung der Lage wurden in unterschiedlicher Weise Untersuchungen und Forschungsvorhaben in Gang gesetzt und die landwirtschaftliche Beratung um den Schwerpunkt Wasserschutz verstärkt.

Als erstes Bundesland hat Baden-Württemberg am 1. 1. 1988 ein Grundwasserschutzkonzept rechtlich und praktisch in Kraft gesetzt. In anderen Bundesländern werden derartige Vorbereitungen für ähnliche oder stark abweichende Regelungen getroffen.

6.1 Grundwasserschutzkonzept Baden-Württemberg

Unter dem Eindruck eines nennenswerten Anstiegs des Nitratgehalts und einer steigenden Belastung mit Pflanzenschutzmitteln wurde eine umfassende Grundwasserschutzmaßnahme in Gang gesetzt. Sie besteht aus zwei Hauptbereichen:

— Anordnung von Beschränkungen der landwirtschaftlichen Nutzung in allen Wasserschutzgebieten des Landes und Zahlung von Ausgleichsleistungen an die Bewirtschafter der betroffenen Grundstücke aus Mitteln des Landeshaushalts,

— Erhebung eines Wasserentnahme-Entgelts für Wasser aus Oberflächengewässern und Grundwasser zugunsten des Landeshaushalts.

6.1.1 Wasserentnahme-Entgelt

Besonders heftig umstritten (und auch heute noch politisch und rechtlich angegriffen) war das als „Wasserpfennig" bekanntgewordene Wasserentnahme-Entgelt. Der Landtag hat nach Vorliegen mehrerer, auch verfassungsrechtlicher Gutachten das Gesetz zur Änderung des Wassergesetzes (Entgelt für Wasserentnahmen) beschlossen. Es wurde am 27. 7. 1987 verkündet (94). Das Entgelt beträgt 0,10 DM/m³ für Wasser aus der öffentlichen Wasserversorgung und Grundwasser. Ein Betrag von 0,01 DM/m³ gilt für Grundwasser zur Wärmegewinnung, Oberflächenwasser zur Kühlung und Beregnung.

Für Oberflächenwasser zu sonstigen Zwecken sind 0,04 DM/m³ zu zahlen.

Ermäßigungen werden für die wasserintensive Produktion gewährt, während vom Entgelt folgende Bereiche ausgenommen sind:

— Heilquellen (außer Abfüllung von Mineralwasser),
— Wasser aus Oberflächengewässern zur Wärmegewinnung,
— Wasser für die Fischerei,
— jährliche Verbrauchsmenge unter 2000 m³.

6.1.2 Nutzungsbeschränkungen

Grundsätzlich bestand im Landtag Übereinstimmung, daß entschlossene Schutzmaßnahmen für das Grundwasser erforderlich sind. Mit dem Gesetz zur Änderung wasserrechtlicher Vorschriften vom 27. 7. 1987 (18) wurden u. a. einige wichtige Voraussetzungen geschaffen:

- In Ergänzung zu § 19 Wasserhaushaltsgesetz (mögliche Verbote, Beschränkungen, Duldungen in Wasserschutzgebieten) können Nutzungsberechtigte zu Handlungen verpflichtet werden. Dies ist z. B. erforderlich, wenn eine Umwandlung von Acker in Grünland anzuordnen wäre.
- Ermächtigung zum Erlaß einer Verordnung, mit der Anordnungen für alle oder mehrere Wasserschutzgebiete gemeinsam getroffen werden können. Da Schutzmaßnahmen schnell „greifen" sollen, können sie so überall sofort in Kraft gesetzt werden. Anderenfalls hätte jede einzelne Wasserschutzgebietsverordnung (mehr als 2000) geändert werden müssen.

Die Einzelheiten der Nutzungsbeschränkungen wurden in der Schutzgebiets- und Ausgleichs-Verordnung (SchALVO) vom 27. 11. 1987 (95) festgelegt. Die wichtigsten Bestimmungen sind:

- Verbot des Umbruchs von Dauergrünland,
- Verbot des Aufbringens von flüssigen Wirtschaftsdüngern in Zone II,
- zeitliche Einschränkungen der Stickstoffdüngung außerhalb der Vegetationsperiode,
- Verbot der Anwendung von Pflanzenschutzmitteln mit einer Wasserschutzgebietsauflage (Positivkatalog),
- Reduzierung der ordnungsgemäßen Stickstoffdüngung um 20 % sowie Einhaltung einiger weiterer Bewirtschaftungsregeln.

Zwei Bestimmungen sollen wegen ihrer Bedeutsamkeit kurz erläutert sein:

Das Verbot der Gülleausbringung in Zone II bringt besonders im Wasserschutzgebiet Donauried beträchtliche Schwierigkeiten, weil hier die Zone II annähernd 4000 ha umfaßt und von über 300 landwirtschaftlichen Betrieben (nur acht sind ohne Viehhaltung) bewirtschaftet wird. Zur Vorbereitung einer Lösung sind umfangreiche Untersuchungen eingeleitet worden.

Die 20%ige Verminderung der ordnungsgemäßen Stickstoffdüngung wurde mit dem Ziel angeordnet, zum Ende der Vegetationsperiode in Wasserschutzgebieten einen Restgehalt an Nitrat im Boden von weniger als 45 kg/ha zu erhalten. Diese Grenze wird von Wasserwirtschaftlern im allgemeinen als Voraussetzung dafür angesehen, daß die Auswaschung den Trinkwassergrenzwert von 50 mg/l Nitrat nicht überschreitet. — Die unterschiedlichen natürlichen Einflußgrößen lassen einen pauschalen „Bodengrenzwert" von 45 kg N/ha nicht zu. Der Wert dient aber als Vermutungstatbestand und soll im übrigen durch eine große Anzahl von Kontrollproben überprüft und zu gegebener Zeit nach Standortkriterien, die noch nicht konkretisiert werden konnten, differenziert werden.

6.1.3 Ausgleichsleistungen

Die Ausgleichsleistungen werden in einer Pauschalsumme von DM 310,— je Hektar und, falls die Einbußen höher sind, mit einem individuell zu berechnenden Einzelausgleich gewährt. Wie zahlreiche Berechnungen von normalen Fruchtfolgen zeigen, werden die Ertragseinbußen und Mehraufwendungen (teurere Pflanzenschutzmittel, Zwischenfruchtanbau usw.) durch den Pauschalausgleich abgedeckt. Im Einzelausgleich, der individuell bearbeitet wird, sollen neben höheren Ertragsverlusten bei Sonderkulturen auch Einbußen abgedeckt werden, die z. B. durch eine notwendige Änderung der Betriebsorganisation bedingt sind.

Durch jährliche Kontrollproben (Herbst) in der Größenordnung von 80 000 Standorten und Beratungsproben (Frühjahr) von etwa der Hälfte sowie durch 150 Vergleichsflächen sollen neue Erkenntnisse gewonnen und in Beratung umgesetzt werden. Insgesamt wurden 60 neue Stellen für Beratung und Analytik geschaffen und besetzt.

6.2 Ausgleichsleistungen in Bayern

Die erforderlichen Nutzungseinschränkungen in Wasserschutzgebieten und der Ausgleich für dadurch entstehende wirtschaftliche Nachteile werden in Bayern dezentral geregelt. Grundlage hierfür ist das Gesetz zur Änderung des Bayerischen Wassergesetzes vom 10. 12. 1987 (98). Mit den darin enthaltenen ergänzenden Regelungen zum Wasserhaushaltsgesetz gilt in Bayern grundsätzlich das folgende Verfahren:

— Die Anordnungen von erhöhten Anforderungen in Wasser- und Quellschutzgebieten werden von der Unteren Wasserbehörde (Kreisverwaltungsbehörde) getroffen. Sie werden also für jedes einzelne Wasserschutzgebiet nach den örtlichen Erfordernissen festgesetzt.

— Die Ausgleichsleistungen an die betroffenen Land- und Forstwirte trägt der von der Anordnung unmittelbar Begünstigte, das ist in der Regel der Träger der öffentlichen Wasserversorgung oder der Betreiber von Heilquellen. Damit ist die Ausgleichspflicht in der gleichen Hand wie die Entschädiungspflicht (bei enteignungsgleichem Eingriff).

6.2.1 Ausgleichsverfahren

Der Nutzer eines in einem Wasserschutzgebiet gelegenen Grundstücks stellt, wenn er von einer Anordnung mit wirtschaftlichen Nachteilen betroffen ist, einen Antrag auf Ausgleichsleistung beim betreffenden Wasserversorgungsunternehmen. Für die Abwicklung sind drei Alternativen denkbar:

— Die Forderung wird anerkannt und ausbezahlt.

— Nur vom Grund her wird die Forderung anerkannt, nicht aber von der Höhe. In diesem Fall setzt die Kreisverwaltungsbehörde (nach gutachterlicher Äußerung des Amts für Landwirtschaft) die Höhe des Ausgleichsbetrags fest. Gegen diese Entscheidung ist der ordentliche Rechtsweg gegeben.

— Die beantragte Forderung wird vom Ausgleichspflichtigen nach Grund und Höhe abgelehnt. Der Anspruch muß dann über den ordentlichen Rechtsweg geltend gemacht werden.

6.2.2 Ausgleichstatbestände

Vergleichsbasis für wirtschaftliche Nachteile ist die ordnungsgemäße Landbewirtschaftung. Allgemeine Verbote gelten nicht als erhöhte Anforderungen. Außerdem besteht kein Anspruch auf Ausgleich, wenn diese innerbetrieblich oder durch Dritte kompensiert werden können.

Bei Düngungsbeschränkungen besteht Anspruch auf entgangenen Deckungsbeitrag (darin auch Kosten für Ersatznährstoffe, andere Ausbringungstechnik). Kein Ausgleich wird gewährt für ein Ausbringverbot von Gülle im Winter oder wenn überschüssige Gülle auf andere Betriebsflächen gebracht werden kann.

Für Pflanzenschutzeinschränkungen kommt ein Anspruch auf den Mehraufwand für teurere Präparate und andere Verfahren in Betracht. Auch Verbote nach der Pflanzenschutzmittel-Anwendungsverordnung (Wasserschutzgebietsauflage) gelten als erhöhte Anforderung.

Ein Anwendungsverbot für Klärschlamm und Abwässer fällt nicht unter die Ausgleichspflicht.

Wenn auf eine offene Lagerung von Dungstoffen, Feldsilagen usw. im Schutzgebiet verzichtet werden muß, kann Wegstreckenentschädigung in Betracht kommen. Wenn feste Güllegruben usw. aufgegeben und außerhalb des Schutzgebiets neu errichtet werden müssen, werden die Mehrkosten (Abschreibung, Unterhalt, Zinsen) in den Ausgleich einbezogen.

Nicht durchgeführter Grünlandumbruch kann in den Ausgleichsanspruch mit dem entgangenen Deckungsbeitrag einbezogen werden, wenn er „als Maßnahme der ordnungsgemäßen Landwirtschaft" angesehen wird.

Ein Verbot der Errichtung von Dränungen und Vorflutgräben begründet keinen Ausgleichsanspruch, wenn es sich um eine erlaubnis- oder planfeststellungspflichtige Maßnahme handelt. In allen anderen Fällen wird die Ausgleichsfähigkeit individuell geprüft.

6.3 Grundwasserschutzmaßnahmen in Hessen

Aufgrund der festgestellten Grundwasserbelastungen hat das Land Hessen Schutzmaßnahmen eingeleitet, die das Vorsorgeprinzip und einen langfristigen Schutz des Wassers zum Ziel haben. Es wurde der Entwurf eines Änderungsgesetzes für das Hessische Wassergesetz im Landtag eingebracht. In Ergänzung der Bestimmungen des geänderten Wasserhaushaltsgesetzes soll es vor allem

- die Vorschriften für die Festsetzung von Wasserschutzgebieten verschärfen (z. B. strengere Anforderungen an die Lagerung und den Einsatz von Pflanzenschutzmitteln) und
- die Ausgleichsleistungen für erhöhte Anforderungen bei der landwirtschaftlichen Nutzung regeln.

Durch die neuen Vorschriften wird verstärkt darauf geachtet, daß Jauche, Gülle und Silosickersäfte nicht in das Grundwasser gelangen dürfen. Die Ämter für Landwirtschaft und Landentwicklung leisten hierbei intensive Beratungshilfe. Für die Erweiterung des Güllegrubenraums (er sollte mindestens für sechs Monate ausreichen) sind zusätzliche Förderungsmittel vorgesehen.

Die Ausgleichsleistungen für wirtschaftliche Einbußen infolge von angeordneten Nutzungsbeschränkungen in Wasserschutzgebieten haben die Träger der Wasserversorgung aufzubringen. Die Verfahren und Ausführungsvorschriften werden erarbeitet.

Eine differenzierte Pauschalierung ist vorgesehen, damit Einzelgutachten auf besondere Standort- und Betriebsbedingungen beschränkt werden können.

Die wirtschaftlichen Nachteile, die aus dem Freihalten eines zehn Meter breiten Uferrandstreifens entstehen, sollen nach den gleichen Grundsätzen ausgeglichen werden (99).

6.4 Wasserschutzanpassungen in Berlin

Die Rahmenvorschriften des geänderten Wasserhaushaltsgesetzes sollen durch eine Änderung des Berliner Wassergesetzes umgesetzt werden. Für die landwirtschaftlichen Betriebe sind vor allem zwei darin enthaltene Vorschriften wichtig:

— Im Zusammenhang mit dem Umgang mit wassergefährdenden Stoffen wird eine Anzeigepflicht für „Anlagen zum Lagern und Abfüllen von Jauche, Gülle und Silagesickersäften" aufgenommen.

— Für erhöhte Anforderungen in Wasserschutzgebieten wird ein Ausgleich geleistet. Ausgleichspflichtig ist grundsätzlich der Träger der Wasserversorgung, der auch entschädigungspflichtig ist.

Die Ausgleichsleistung soll angemessen sein und nicht unbedingt einen vollen Ausgleich bedeuten. Der unbestimmte Rechtsbegriff der „ordnungsgemäßen Landnutzung" und die Sorgfaltspflicht bei der Gewässerbenutzung stellen die Berechnungsvoraussetzung dar. Eine „Geringfügigkeitsgrenze" von 100,— DM je Betrieb und Jahr wird für vertretbar gehalten. Außerdem sind betriebliche Möglichkeiten einer Schadensminderung zu nutzen und von einer Ausgleichsleistung abzusetzen (100).

6.5 Umsetzung des neuen Wasserrechts in allen Bundesländern

Wie aus den genannten Beispielen ersichtlich ist, werden die Maßnahmen für einen intensiveren Grundwasserschutz, wie er sich aus den Belastungsgegebenheiten und aus den Vorschriften des geänderten Wasserhaushaltsgesetzes ergibt, in den Bundesländern nach ähnlichen Gesichtspunkten durchgeführt oder eingeleitet.

Ganz allgemein herrscht die Tendenz vor, den Schutz vor einem erhöhten Nitrataustrag und einer Belastung durch Pflanzenschutzmittel zunächst durch eine strikte Anwendung der ordnungsgemäßen Landbewirtschaftung und der guten fachlichen Praxis zu erreichen. Wenn aus gegebenem Anlaß weitere Einschränkungen erforderlich sind, was bei durchlässigen und „grundwassersensiblen" Böden der Fall sein kann, dann werden diese zur Aufnahme in die einzelne Wasserschutzgebietsverordnung vorgesehen. Lediglich Baden-Württemberg hat es für erforderlich gehalten, in allen Wasserschutzgebieten des Landes Nutzungsbeschränkungen anzuordnen, wobei die wichtigsten im Umbruchverbot und in einer 20%igen Reduzierung der ordnungsgemäßen Stickstoffdüngung bestehen.

Mit dieser unterschiedlichen Haltung, der dezentralen und individuell auf jedes Wasserschutzgebiet zugeschnittenen Nutzungseinschränkung einerseits und der zentral verordneten andererseits hängt auch die Regelung der Ausgleichsleistung zusammen. Während Baden-Württemberg den Ausgleich für die wirtschaftlichen Nachteile

Abbildung 46: Stand der Umsetzung des § 19 Abs. 4 Wasserhaushaltsgesetz (angemessener Ausgleich für erhöhte Anforderungen in Wasserschutzgebieten) in Landesrecht.

Land	Art und Fundstelle	Zahlungspflichtiger	Umfang
Baden-Württ.	1. Änderung Wassergesetz v. 27.7.87, GBl. S. 228 2. Schutzgebiets- u. Ausgleichs-VO v. 27.11.87, GBl. S. 742	Land	Pauschal 310,- DM/ha/a und Einzelausgleich auf Antrag Bagatellgrenze 100,- DM/Betrieb/a
Bayern	Änderung Bayer. Wassergesetz v. 10.12.87, GVBl. S. 426	Wasserversorg.-Unternehmen (bei geplanten WSG: Land)	voller Ausgleich
Hamburg	Änderung HH Wassergesetz v. 9.10.86, GVBl. S. 322	Wasserversorg.-Unternehmen	Pauschalierung möglich voller Ausgleich
Hessen	*Entwurf* z. Änderung Hess. Wassergesetz v. Juli 1988	Wasserversorg.-Unternehmen	Differenzierte Pauschale und Einzelgutachten Bagatellgrenze 100,- DM/Betrieb/a
Berlin	*Entwurf* z. Änderung Berl. Wassergesetz v. Herbst 1988	Wasserversorg.-Unternehmen	Bagatellgrenze 100,- DM/Betrieb/a
Nordrh.-Westf.	*Änderung* Landeswassergesetz v. 14.3.89 GV.NW. S. 194	Wasserversorg.-Unternehmen	Bagatellgrenze 150,- DM/Betrieb/a
Rheinl.-Pfalz	*Vorentwurf* z. Änderung Wassergesetz	Wasserversorg.-Unternehmen	Bagatellgrenze 300,- DM/Betrieb/a
Saarland	*Referenten-Entwurf*	Wasserversorg.-Unternehmen	
Schl.-Holstein	noch kein Entwurf		
Bremen	Entwurf in Vorbereitung		

infolge der landesweit einheitlichen Einschränkungen in Wasserschutzgebieten aus dem Landeshaushalt zahlt, ist bisher in allen anderen Bundesländern die Leistung der Nachteilserstattung durch die Wasserversorgungsunternehmen vorgesehen. In den meisten Ländern werden die Verfahren noch erarbeitet. Das Land Nordrhein-Westfalen hat am 14. 3. 1989 ein entsprechendes Änderungsgesetz seines Wasserrechts verabschiedet (141) und bereitet jetzt die Durchführung nach dem dezentralen Prinzip vor. Im übrigen unterstützen viele Bundesländer den Grundwasserschutz durch die finanzielle Förderung der Güllelagerung.

Die Aufstellung in Abbildung 46 gibt einen Überblick über den Stand der Umsetzung.

7. Aktuelle Forschungsvorhaben

Im Bundesgebiet gibt es eine große Zahl von abgeschlossenen und laufenden Forschungsvorhaben zu grundsätzlichen und einzelnen Bereichen der Gesamtproblematik einer Grundwasserverunreinigung durch Nitrat und Pflanzenschutzmittel. Der Nitratbereich ist bereits länger bekannt und bearbeitet, so daß zahlreiche Ergebnisse zur Ursächlichkeit landwirtschaftlicher Maßnahmen, zur komplizierten Stickstoffdynamik im Boden, zu Maßnahmen der Nitrataustragsverminderung und auch zur Denitrifikation vorliegen.

Allerdings bestehen weitere Forschungsbedürfnisse, weil die Durchführung von Abwehrmaßnahmen spezielle Kenntnisse über die Berücksichtigung von Standortbesonderheiten erfordert. Sie sind meist sehr komplex. Insbesondere läßt sich die Denitrifikationskapazität eines Bodens für Nitrat immer noch sehr schlecht abschätzen. Selbst das Schätzen des in der Vegetationszeit pflanzenverfügbaren Stickstoffs ist noch mit großen Ungenauigkeiten behaftet.

Dennoch ist es äußerst hilfreich, die vorzusehenden Maßnahmen auf die bisher vorliegenden Erkenntnisse und Erfahrungen stützen zu können.

Bei den Pflanzenschutzmitteln und ihrem Einfluß auf das Grundwasser befindet sich die Forschung noch in einem früheren Stadium, weil das Problem erst später entdeckt wurde und wegen der Vielzahl der Wirkstoffe erst schrittweise bearbeitet werden konnte. Außerdem sind erst seit kurzem Analysemethoden vorhanden, mit denen man überhaupt Untersuchungen auf ursächliche Zusammenhänge durchführen kann.

Dennoch liegen im Bereich der Beeinträchtigung des Grundwassers mit chemischen Pflanzenschutzmitteln zahlreiche Ergebnisse vor, die wirksame Maßnahmen zumindest teilweise erlauben.

Eine umfassende Information über die einschlägige Forschung kann nicht gegeben werden. Für den interessierten Fachmann werden aber aus einigen Quellen Forschungsvorhaben aufgelistet oder Hinweise vermittelt, die die eine oder andere Anregung geben können. Da es keine vollständige zentrale Dokumentation aller Forschungsprojekte gibt, die eine Selektion nach Forschungsgebieten gestattet, hätte es den Rahmen dieser Publikation überstiegen, einen umfassenden Überblick zu erarbeiten. Es wird aber aus den (heterogenen) Angaben deutlich, daß zum Thema Trinkwasserschutz und Landwirtschaft eine Fülle von wissenschaftlichen Ergebnissen vorliegt.

Die Hinweise sind wie folgt gegliedert:

7.1 Nutzen-Kosten-Untersuchung Nitrat
7.2 Stickstoffumsetzung Wurzelraum
7.3 Nitrat und Denitrifikation
7.4 Wasserschutz und Pflanzenschutzmittel
7.5 Nitrat, Pflanzenschutzmittel, Wasserschutz
7.6 Forschung Industrie
7.7 Übrige Forschung

Abbildung 47: Schnitt durch die durchwurzelte Bodenzone, die Sickerwasserzone (= wasserungesättigter Grundwasserleiter) und den wassergesättigten Grundwasserleiter (= Grundwasser oder Aquifer).

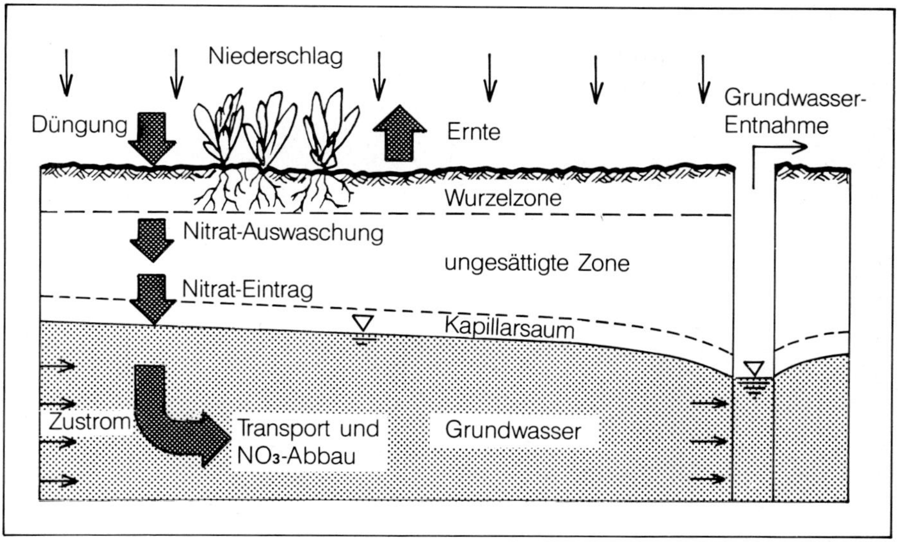

Quelle: Universität Stuttgart 1988 (101)

Da nicht jedem die häufig wiederkehrenden Begriffe der „ungesättigten Zone", des „Aquifers", der „Nitratauswaschung" und des „Nitrateintrags" klar sind, wird an dieser Stelle eine entsprechende Grafik zur Kenntnis gegeben (Abbildung 47).

7.1 Nutzen-Kosten-Untersuchung Nitrat (BML)

Das Bundesministerium für Ernährung, Landwirtschaft und Forsten (BML) hat mit Unterstützung des Deutschen Bundestages und der Agrarministerkonferenz (1982/83) eine Reihe von Forschungsaufträgen im Rahmen einer Kosten-Nutzen-Untersuchung „Nitratbelastungen des Grundwassers" in Gang gesetzt. Die bisher vorliegenden Ergebnisse sind vor allem aus den Veröffentlichen 83, 122, 123 zu entnehmen.

Alle drei Schriften sind beim Landwirtschaftsverlag GmbH in Münster-Hiltrup verlegt. Die darin beschriebenen Teilvorhaben befassen sich mit folgenden Themen:

— Ökonomische Beurteilung von Alternativen zur Einhaltung von Obergrenzen der Nitratbelastung des Grundwassers,
— bodenkundliche, produktionsökologische und geohydrochemische Aspekte,
— Schätzung von Produktionsfunktionen organischer und mineralischer Stickstoffdüngung,
— Kosten für die Einstellung des Trinkwassers auf einen bestimmten Nitratgehalt,
— Nitrat in der ungesättigten Zone (Wechselwirkungen, die zur Nitratauswaschung führen),
— Denitrifikation (Nitratabbau) in der ungesättigten Zone.

7.2 Stickstoffumsetzung im Wurzelraum, Nitratauswaschung, Möglichkeiten zur Verringerung der Auswaschung

(Liste Universität Hannover, 102)

THEMENSCHWERPUNKT/ZIEL Bundesweit	BETEILIGTE INSTITUTIONEN	ANSPRECH-PARTNER	VERSUCHS-STANDORT	FÖRDERER
1.1.1 Ermittlung des Einflusses unterschiedlicher min. und org. Düngung auf NO_3-Eintrag; Lösung des Konfliktes zwischen Land- und Wasserwirtschaft	Lehrstuhl u. Institut für Wasserbau RWTH Aachen, Uni Bochum, Landesämter und Landwirtschaftskammern	Rouve als Koordinator	Gatzweiler, Mussum, Süchteln, Ahlintel, alle in NRW	MURL, NRW
1.1.2 Abschätzung der Zusammenhänge zwischen Stickstoffdüngung und Nitrataustrag, Beitrag der Landwirtschaft zur Eintragsverminderung und die dabei entstehenden Belastungen, Möglichkeiten der Wasserwirtschaft zur Einhaltung eines bestimmten NO_3-Gehaltes	Uni Göttingen, Uni Bochum, Uni und FAL Braunschweig, TU München, RWTH Aachen	de Haen, Meyer, Obermann, Sauerbeck, Reiner, Böhnke, Zakosek	Einzugsgebiet der Wasserwerke Liedern, Mussum und Löhnen, alle NRW	BMELF
1.1.3 Nitrat im Grundwasser; optimale Beratungs- und Aufklärungsarbeit zur Verringerung der NO_3-Auswaschungsgefährdung aus landwirtschaftlichen Nutzflächen durch gezielte Stickstoffdüngung	LUFA Augustenberg, Landesanstalt für Umweltschutz, Karlsruhe	Schweiger	16 Wassereinzugsgebiete in Baden-Württemberg	MELUF Baden-Württemberg
1.1.4 Fallstudien über N-Umsetzungen in Boden und GW; Erfassung von Daten über NO_3-Auswaschung in der ungesättigten und gesättigten Zone als Grundlage für die Beschreibung von NO_3-Transport und -Umsetzung	DVGW/Engler-Bunte-Institut	Rohmann, Sontheimer	Bruchsal/Karlsdorf-Neuthard, Lobdenau	wie 1.1.3
1.1.5 Einfluß der Änderung der Bodennutzungsintensität bei verschiedenen Bodennutzungsarten auf Sicker- und Grundwasserqualität	Bayerisches Landesamt für Wasserwirtschaft, Stadtwerke Augsburg	Roeder	Trinkwasserschutzgebiet der Stadt Augsburg	BMI, Umweltbundesamt
1.1.6 Erarbeitung von Simulationsmodellen für die Wasserbewegung und Schadstofftransport im Boden, Auswaschungsgefahr von Nitrat und Schwermetallen	TU Berlin, MLfB und BGR Hannover	Renger	Berling-Gatow	BMFT

1.1.7 Nährstoffverlagerung in einem Sandboden beim Anbau verschiedener Pflanzenarten	BASF	Knittel	Limburger Hof	Eigenmittel
1.1.8 Einfluß der N-Düngung auf die langfristige Veränderung der Bodenfruchtbarkeit und Ertragsfähigkeit von Ackerböden	BASF	Knittel	Schleswig-Holstein	Eigenmittel
1.1.9 Dynamik lehmiger und sandiger Böden intensiver und alternativer landwirtschaftlicher und forstlicher Nutzung	Institut für Pflanzenernährung und Bodenkunde, Kiel	Blume	Ostholstein, Segeberg	BMFT
1.1.10 Grundwasserqualität bei intensiver Düngung und Nutzung von Böden mit unterschiedlichen hydrologischen Eigenschaften	Hess. Lehr- u. Forsch.-Anst. f. Grünlandwirtsch. u. Futterbau, Inst. f. Bodenkunde, Uni Bonn	Zakosek	Eichhof, Bad Hersfeld	DFG
1.1.11 Zur Ökologisierung der Agrarpolitik; international vergleichende Untersuchung von Politikprozessen im Bereich N-Düngung, NO_3-Belastung, Trinkwasser	Int. Inst. f. Umwelt u. Gesellschaft, Wissenschaftszentrum Berlin	Conrad		
1.1.12 Säuren und Spurenelemente in Regen- und Nebelniederschlägen in unbelasteten Gebieten Neuseelands und im Fichtelgebirge — Teilaspekt Nitrat	Universität Bayreuth	Hermann	Fichtelgebirge, Neuseeland	Bay. Minist. f. Landesentw. u. Umweltfr.
1.1.13 Optimierung der Düngungsstrategie im intensiven Landbau zur Verminderung der NO_3-Auswaschung	Institut für Pflanzenbau und -züchtung	Hanus	Hohenschulen/Kiel	MELF Schleswig-Holstein
1.1.14 Optimierung der landwirtschaftlichen Düngung bezüglich NO_3-Belastung des Grundwassers	Landesämter f. Bodenforschung u. Ernährung, Landwirtschaft und LUFAs in Hessen		Wiesbaden-Delhen-Lollar-Ruttershausen, Malsfeld, Salzberg, Seibelsdorf	MLFN Hessen
1.1.15 Verringerung des Nitrateintrags bei Feldgemüseanbau; Beweis, daß sich Feldgemüseanbau und Trinkwassergewinnung nicht ausschließen	Hess. Landesamt f. Ernährung, Landwirtschaft u. Landesentwickl., LK und Uni Hannover		Kassel-Neue Mühle	Eigenmittel

7.3 Nitrat im Grundwasser, Transport, mikrobielle Denitrifikation
(Liste Universität Hannover, 102)

THEMENSCHWERPUNKTE/ZIEL Bundesweit	BETEILIGTE INSTITUTIONEN	ANSPRECH-PARTNER	VERSUCHS-STANDORT	FÖRDERER
2.1.1 Modellierung des großräumigen Wärme- und Schadstofftransports im Untergrund; Erarbeitung von Berechnungsgrundlagen für den Transport und deren Erprobung an Fallbeispielen; Erstellung von Konzepten zur Sanierung, Bewirtschaftung und Schutz von GW-Leitern; Entwicklung einsatzreifer Modelle	Institut für Wasserbau der Uni Stuttgart, Uni Hohenheim, Engler-Bunte-Institut der Uni Karlsruhe	Kobus, Kinzelbach, v.d. Ploeg, Schlichting, Rohmann, Sontheimer	Versuchsgut Ihinger Hof/Hohenheim, Wassereinzugsgebiete im Raum Heidelberg und Bruchsal	DFG
2.1.2 Hydrochemische Untersuchungen zu den Stoffumsetzungen im oberflächennahen Grundwasser; Ermittlung des Einflusses organisch bedingter (mikrobiologischer) Redoxreaktionen auf den Stoffgehalt des GW bei landwirtschaftlicher Nutzung	Institut für Geologie u. Hygiene der Uni Bochum, Uni Bremen	Obermann, Selenka, Mehrkorn	Raum Bocholt	DFG
2.1.3 Stratigraphie der mikrobiellen Besiedlung des GW-Leiters und des korrespondierenden GW; Klärung der Zusammenhänge zwischen hydro- und geochemischen Eigenschaften des Aquifers und der Besiedelung des Grundwasserraums	Institut für Hygiene und Geologie der Uni Bochum	Selenka, Obermann	Raum Bocholt	DFG
2.1.4 Simulationsvorgang zur Nitrifikation und Denitrifikation; Ermittlung des Nitrifikations-/Denitrifikationsverhältnisses im Boden in Form einer Profilanalyse in Abh. verschieder Parameter; Fernziel: Steuerung der Prozesse im Hinblick auf NO_3-Gehalt	Lehrstuhl für allgemeine Chemie und Biochemie der TU München	Schmidt	Laborversuche	DFG
2.1.5 Hydrochemische und -biologische Untersuchungen zur gezielten Ausnutzung der natürlichen Reinigungsleistung des Untergrunds zur Elimination von Nährstoffen, insbes. N	wie 2.1.4, Institut für Radiochemie am Kernforschungszentrum Karlsruhe		Laborversuche	BMFT
2.1.6 Entwicklung, Bau und Betrieb eines Laboratoriumwagens als mobile Meßstation zur Erfassung von GW-Verunreinigungen und deren vertikale Schichtung, Beprobung von GW-Meßstellen mit speziellen Entnahmevorrichtungen zur schichtweisen Probenahme	DVWG/Engler-Bunte-Institut, Stadtwerke Karlsruhe	Rohmann		BMFT

7.4 Wasserschutz und Pflanzenschutzmittel

Liste Biologische Bundesanstalt, BBA)

Wie bereits angedeutet, gibt es in den Ländern und bei Bundesinstitutionen eine große Zahl von Untersuchungen und Forschungsergebnissen. Auch ist die Zahl der laufenden Forschungen beträchtlich. Allein in Bayern laufen 18 Forschungsvorhaben mit dem Ziel, den Pflanzenschutzmitteleinsatz zu verringern, wie aus der Antwort auf eine Landtagsanfrage hervorgeht (103). Neben dem Bundesgesundheitsamt ist vor allem die Biologische Bundesanstalt für Land- und Forstwirtschaft mit dem Thema befaßt, wie aus der folgenden Aufstellung hervorgeht.

Teil-projekt	Thema	Ausführende Stelle, Anschrift	Leiter des Teilprojektes
1	Zentrale Koordination der Probeentnahme und -aufbereitung sowie Erfassung und Auswertung aller Daten der Teilprojekte Aktenzeichen: 39050 A	Institut f. Pflanzenschutz in Ackerbau u. Grünland Messeweg 11/12 3300 Braunschweig	Dr. G. Bartels, WOR
2	Untersuchungen des Rückstandsverhaltens der angewendeten Fungizide und Insektizide im Boden Aktenzeichen: 39050 B	Abteilung für ökologische Chemie Königin-Luise-Straße 19 1000 Berlin 33	Dr. W. Ebing, Dir. u. Prof.
3	Prognosen der Persistenz von Herbiziden und Auswirkung der Rückstände auf Nachbaukulturen nach langjähriger Anwendung Aktenzeichen: 39050 C	Institut für Unkrautforschung Messeweg 11/12 3300 Braunschweig	Dr. W. Pestemer WOR, Priv.-Doz.
4	Einfluß langjähriger unterschiedlicher Pflanzenschutzintensitäten im Ackerbau auf die Aktivität von Bodenorganismen Aktenzeichen: 39050 E	Institut für Unkrautforschung Messeweg 11/12 3300 Braunschweig	Dr. H.-P. Malkomes WOR
5	Untersuchungen über den Einfluß einer langjährigen intensiven Anwendung von Pflanzenschutzmitteln auf das Bodenpilzspektrum Aktenzeichen: 39050 F	Institut für Mikrobiologie Königin-Luise-Straße 19 1000 Berlin 33	Prof. Dr. Sauthoff Prof., Dir. u. Prof.
6	Untersuchungen über ein Einfluß einer langjährigen intensiven Anwendung von Pflanzenschutzmitteln auf das Bodenalgenspektrum	Institut für Mikrobiologie Königin-Luise-Straße 19 1000 Berlin 33	Prof. Dr. Sauthoff Prof., Dir. u. Prof.
7	Einfluß unterschiedlich hoher Intensitäten acker- und pflanzenbaulicher Maßnahmen auf die Populationsdichte der Regenwürmer und anderer Bodentiere Aktenzeichen: 39050 G	Institut f. Pflanzenschutz in Ackerbau u. Grünland Messeweg 11/12 3300 Braunschweig	Dr. G. Bartels, WOR
8	Untersuchungen zum Einfluß von Maßnahmen der Pflanzenproduktion auf die Collembolenfauna des Ackerbodens Aktenzeichen: 39050 H	Institut f. Pflanzenschutz in Ackerbau u. Grünland Messeweg 11/12 3300 Braunschweig	Dr. F. Schütte Dir. u. Prof.

9	Vergleiche Untersuchungen von Milbenpopulationen in Ackerböden bei unterschiedlicher Bewirtschaftungsintensität Aktenzeichen: 39050 I	Institut f. Pflanzenschutz im Gartenbau Messeweg 11/12 3300 Braunschweig	Dr. V. Köllner, WOR
10	Untersuchungen über den Einfluß unterschiedlicher Pflanzenschutzintensitäten auf die Nematoden- und Enchytraeidenfauna des Bodens Aktenzeichen: 39050 K	Institut für Nematologie und Wirbeltierkunde Toppheideweg 88 4400 Münster	Dr. D. Sturban, WO

Weitere BBA-Vorhaben sind:

1. Verhalten ausgewählter Umweltchemikalien (Pflanzenschutzmittel) in der gesättigten Zone im Hinblick auf die Trinkwasserschutzzonenproblematik (Privat-Dozent Dr. W. Pestemer und Dr. H. Nordmeyer) — gefördert durch Umweltbundesamt, 1986—1988
2. Schadstoffe im Grundwasser: Langzeitverhalten von Umweltchemikalien und Mikroorganismen in Abfalldeponien auf dem Wege zum und im Grundwasser. Hier: Untersuchungen zur Dynamik ausgewählter Pestizide — DFG-Schwerpunktprogramm (Privat-Dozent Dr. W. Pestemer und Dr. H. Nordmeyer), 1982 — laufend
3. BMFT-Bodenschutzprogramm. Teilprojekte des Verbundantrages, 1987 — laufend
4. Wasser- und Stoffdynamik in Agrar-Ökosystemen. DFG-Sonderforschungsbereich 179. Teilprojekt Dr. W. Pestemer: Herbiziddynamik im Boden, 1986 — laufend

7.5 Wasserschutz, Nitrat und Pflanzenschutzmittel

(Agrardokumentation, 118)

Aus der Veröffentlichung der Zentralstelle für Agrardokumentation und -information über Forschungsvorhaben 1987 (Herausgeber BML) wurden die folgenden Projekte mit einschlägigen Themen zusammengestellt.

— **Sommer, C. / **Strebel, O. 107
Bundesanstalt für Geowissenschaften und Rohstoffe, Hannover,
gemeinsam mit der
Bundesforschungsanstalt für Landwirtschaft Braunschweig-Völkenrode

Einfluß von Bodenbearbeitung und N-Düngungsniveau bei Ackernutzung auf die Stoffanlieferung an das Grundwasser
(Effects of soil tillage and N-fertilizing intensity on arable soils on the solute load into the groundwater)
1984—1987

— Zerr, W. / **Puffe, D 786
Zentrallabor der Hessischen Lehr- und Forschungsanstalt für Grünlandwirtschaft und Futterbau
Eichhof, Bad Hersfeld

Grundwasserqualität bei intensiver Düngung und Nutzung unter dem Einfluß unterschiedlicher hydrologischer Bedingungen
(Quality of groundwater in intensive fertilization and utilization as influenced by different hydrological conditions)
1978 (Fortsetzung)
Publikationen

— Hoppmann, D. 1051
Deutscher Wetterdienst, Abt. Agrarmeteorologie des Zentralamtes Offenbach, Agrarmeteorologische Beratungs- und Forschungsstelle Geisenheim, in Zusammenarbeit mit dem Institut für Bodenkunde und dem Institut für Weinbau der Forschungsanstalt für Weinbau, Gartenbau, Getränketechnologie und Landespflege, Geisenheim, und dem Wasserwirtschaftsamt Wiesbaden

Untersuchungen zur Modellierung der Nitratdynamik in weinbaulich genutzten Arealen und zur Optimierung der Stickstoffdüngung unter Berücksichtigung verschiedener Bodenpflegesysteme bei gleichzeitiger Reduzierung des flächenhaften Nitrateintrages in Grundwasservorkommen, die der langfristigen Trinkwasserentnahme durch Städte und Gemeinden dienen sollen
(Modeling of nitrate dynamics in different vineyard soils in view of optimizing nitrogen fertilizers using different cultivation methods and of reduced nitrate leakage into groundwater to be used as municipal drinking-water resource)
1987—1989

— Schollmayer, G. / *Zakosek, H. 1638
Institut für Bodenkunde der Universität Bonn

Nitratverlagerung im Bereich der Wasserwerke Bocholt
(Nitrate removal in the area of the waterworks of Bocholt)
1984—1987 (Dissertation)
Fördernde Stelle — BML

— Schulte-Kellinghaus, S. / *Zakosek, H. 1639
Institut für Bodenkunde der Universität Bonn

Untersuchung der Denitrifikation in der ungesättigten Zone des Lösses im Vorgebirge bei Bonn und im Bereich des Wasserwerke Bocholt
(Analysis of the denitrification in the unsatured zone of loess in the "Vorgebirge" near Bonn and in the area of the waterworks of Bocholt)
1984—1987 (Dissertation)
Fördernde Stelle — DFG

— Sommer, C. / Bramm, A. / Zach, M. / El Bassam, N. / Standke, K. H. / *Dambroth, M. 1679
Institut für Pflanzenbau und Pflanzenzüchtung der Bundesforschungsanstalt für Landwirtschaft, Braunschweig-Völkenrode, in Zusammenarbeit mit der Bundesanstalt für Geowissenschaften und Rohstoffe, Hannover

Einfluß der Landbewirtschaftung auf die Gewässerqualität
(Influence of farming on water quality)
1984 (Fortsetzung)

— **Sommer, G. 1685
Bayerische Landesanstalt für Bodenkultur und Pflanzenbau, Freising-München, Abt. Boden- und Landschaftspflege

Die Nährstoffauswaschung aus landwirtschaftlichen Nutzflächen am Beispiel der Dränversuche Ottenhofen und Ellingen
(Nutrient leaching from agricultural areas exempflified by the field draining trials in Ottenhofen and Ellingen)
1968 (Fortsetzung)

— Böttcher, J. / Kölle, W. / **Strebel, O. 1688
Bundesanstalt für Geowissenschaften und Rohstoffe, Hannover, in Zusammenarbeit mit dem Niedersächsischen Landesamt für Bodenforschung und den Stadtwerken/Wasserwerken Hannover

Standort- und nutzungsspezifische Stoffanlieferung an das Grundwasser und hydrochemische Stoffumsetzungen im Grundwasser
(Site- and landuse-specific solute load into the groundwater and chemical solute reactions in the aquifer)
1983—1987
Fördernde Stelle — DFG
Publikationen

— N. N. / *Haris, J. 2426
Institut für Agrarsoziologie, Landwirtschaftliche Beratung und Angewandte Psychologie der Universität Hohenheim

Probleme der Landbewirtschaftung in Wasserschutzgebieten
(Problems of farming in protected catchment areas)
1986—1988
Fördernde Stelle — MELUF/BA-WUE

— Hinrichs, P. / Haxsen, G. / Kleinhanss, W. / *Meinhold, K. 2446
Institut für Betriebswirtschaft der Bundesforschungsanstalt für Landwirtschaft Braunschweig-Völkenrode

Die ökonomische Beurteilung der Nitrateinwaschung auf landwirtschaftlichen Flächen
(Economic evaluation of nitrate infiltration in agricultural areas)
1982 (Fortsetzung)

— Bunte, D. / *Pestemer, W. 2468
Institut für Unkrautforschung/Braunschweig der Biologischen Bundesanstalt für Land- und Forstwirtschaft, Berlin und Braunschweig, in Zusammenarbeit

mit der Technischen Universität Braunschweig, der Universität Hannover und der Bundesforschungsanstalt für Landwirtschaft Braunschweig-Völkenrode

Herbiziddynamik in Agrarökosystemen
(Herbicide dynamics in agricultural ecosystems)
1986—1988 (Dissertation)
Fördernde Stelle — DFG

— Leschber, R. / Stock, R. / Ahlsdorf, B. / Litz, N. / *Milde, G. 2472
Institut für Wasser-, Boden- und Lufthygiene des Bundesgesundheitsamtes, Berlin, Abt. Bodenhygiene und Hygiene der Wassergewinnung

Pflanzenbehandlungesmittel im Grundwasser.
Ermittlung von Richtgrößen für die Bewertung der Grundwasserbelastung in landwirtschaftlichen Anbaugebieten Norddeutschlands
(Pesticides in groundwater.
Investigations of guide values for rating groundwater contamination in agricultural areas in northern Germany)
1986—1988
Fördernde Stelle — BMI

— Schmidt, G. / Traub, R. / Binkele, V. / **Schweiger, P. 2476
Staatliche Landwirtschaftliche Untersuchungs- und Forschungsanstalt Augustenberg, Karlsruhe-Durlach, Abt. Versuchswesen und Umwelt, in Zusammenarbeit mit der Landesanstalt für Umweltschutz Baden-Württemberg, Karlsruhe

Untersuchung des Eintrags von Nitrat und Pflanzenschutzmittelrückständen ins Grundwasser des Schutzgebietes „Argen-Delta" — Bodensee — sowie ökonomische Auswirkungen künftiger Auflagen
(Investigations on nitrate and residual pesticide infiltration into groundwater aquifers in the Argen Delta water protective area — Lake Constance — with respect to economic effects of planned restrictions)
1986—1988
Fördernde Stelle — MELUF/BA-WUE

— **Boysen, P. 2491
Landwirtschaftliche Untersuchungs- und Forschungsanstalt der Landwirtschaftkammer Schleswig-Holstein, Kiel, Abt. Bodenuntersuchung

Untersuchungen zum Verbleib der Nährstoffe, insbesondere des Stickstoffs, bei Gülledüngung
(Investigations on the retention of nutrients, in particular of nitrogen in soil after semi-liquid manure fertilization)
1982 (Fortsetzung)

— Teherani-Krönner, P. / Wathem, P. / Bennet, G. / Baldock, D. / 2494
Hill, M. / Bruckmeyer, K. / *Conrad, J. / *Knoepfel, P.

Wissenschaftszentrum für Sozialforschung Berlin, Université Lausanne, Institut de Hautes Etudes en Administration Publique

Ökologisierung der Agrarpolitik: International vergleichende Analyse von Politikprozessen im Bereich Agrochemikalien, Landwirtschaft, Ernährung. Trinkwasser-Nitratbelastung
(Ecologicalisation of agricultural policies: International comparative analysis of policies concerning agro-chemicals, agriculture, nutrition. Contamination of drinking-water by nitrates)
1983—1988
Fördernde Stelle — Anglo-German Foundation; Schweizer Nationalfonds, Französisches Umweltministerium
Publikationen

7.6 Industrie-Forschung

Die am Thema Trinkwasser und Landwirtschaft interessierte und beteiligte Düngemittel- und Pflanzenschutzmittelindustrie hat mit ihren Forschungs- und Versuchseinrichtungen zahlreiche und vielfältige Forschungsvorhaben durchgeführt und fundierte Ergebnisse geliefert. Diese Aktivitäten stehen nicht nur im Zusammenhang mit der Entwicklung von Produkten, die an die Erfordernisse der Nutzer angepaßt und nach dem Stand der wissenschaftlichen Erkenntnisse und Rechtsvorschriften ausgerichtet werden müssen. Sie haben auch stets mitgeholfen, der Wissenschaft Anregungen zu geben und die Beratung mit Informationen zu unterstützen, wobei die Gegenseitigkeit des Austausches von Bedeutung ist.

Es wird jedem Interessierten geraten, sich mit den einzelnen Unternehmen ins Benehmen zu setzen, wenn spezielle Informationen wünschenswert erscheinen.

7.6 Industrieforschung

Neben den in den Aufstellungen enthaltenen Vorhaben von Bundeseinrichtungen sind insbesondere die Bundesanstalten des Bundesministers für Ernährung, Landwirtschaft und Forsten mit speziellen Forschungen zum Thema befaßt. Das gleiche trifft für die Bundesländer zu, die in der augenblicklichen Phase des Umsetzens von Trinkwasserschutz-Initiativen viele Projekte durchführen oder in Auftrag gegeben haben.

Zu nennen sind auch Wasserversorgungsunternehmen, weitere wissenschaftliche und Verbandsinstitutionen sowie die Landwirtschaftskammern, die gegebenenfalls um gezielte Informationen gebeten werden können.

8. Zusätzlicher Handlungsbedarf

Aufgrund der vorangestellten Darstellung und einer Analyse der Zusammenhänge ergeben sich für die Zukunft die folgenden wichtigsten Handlungs- bzw. Klärungsbedürfnisse. Der Integrierte Pflanzenbau entspricht den allgemeinen Erfordernissen dank seiner Anpassungsdynamik. In (sensiblen) Wasserschutzgebieten bedarf es besonderer Maßnahmen.

Die Umwandlung von Grünland in Ackerland verursacht im allgemeinen hohe und nachhaltige Nitratauswaschungsraten. Da in den vergangenen Jahrzehnten umfangreiche Areale von Grünland in Acker umgewandelt wurden, ist der hierdurch bedingte Anteil am regional zu beobachtenden Nitratanstieg im Grundwasser bedeutend. Das vorgesehene Verbot des Umbruchs von Dauergrünland in Wasserschutzgebieten ist eine konsequente Folge.

Andererseits geben die agrarpolitischen Perspektiven zu denken. Die Reduzierung der Milchproduktion läßt vielerorts eine rentable Nutzung bestimmter Teile des Grünlands nicht mehr zu, so daß die Umstellung auf Ackernutzung verständlich ist. Da Grundwasserschutz eine wichtige ökologische Komponente der Landbewirtschaftung ist, muß die Agrarpolitik den landwirtschaftlichen Betrieben Möglichkeiten für eine wirtschaftliche Nutzung des Grünlands bieten oder einen Ausgleich für den Verzicht darauf schaffen.

Die Umwandlung von Grünland wird als Maßnahme der „ordnungsgemäßen Landbewirtschaftung" angesehen, wenn es sich nicht um „absolutes Grünland" handelt. Da der Grünlandumbruch in jedem Fall hohe Stickstoffmengen in pflanzenverfügbarer Form freisetzt und damit eine potentielle Auswaschungsgefahr darstellt, sollten Wissenschaft und Beratung die Frage beantworten, ob und ggf. auf welche Weise eine derartige Nutzungsumstellung ohne nennenswerte Grundwasserbelastung durchführbar ist. Aus der Antwort lassen sich zu gegebener Zeit angemessene Konsequenzen ziehen.

Die organischen Wirtschaftsdünger sind nach dem Grünlandumbruch eine weitere bedeutende Einflußgröße für die Nitratauswaschung. Ihre Stickstoffmengen können wegen der witterungsbedingt verzögerten Mineralisierung nicht genau auf den Wachstumsbedarf der Pflanzen eingestellt werden und führen oft zu unvermeidlichen Auswaschungsverlusten. Daher sollten künftig wegen des Grundwasserschutzes folgende Grundsätze beachtet werden:

- Mindestens 75 % des in Wirtschaftsdüngern vorhandenen Gesamtstickstoffs ist als pflanzenverfügbar anzurechnen. Der Einsatz (insbesondere von Gülle) muß zu Zeiten der höchsten Ausnutzung und gezielt in Abhängigkeit von der Fruchtart (vorwiegend im Frühjahr) erfolgen. Dies setzt u. a. das Vorhandensein ausreichender Lagerkapazität voraus.
- Bei organischer Düngung sollte der Stickstoffdüngebedarf stets durch eine kombinierte Stickstoffzufuhr aus organischen und mineralischen Düngern abgedeckt werden. Dadurch ist eine treffsichere Versorgung möglich. Der Wirtschaftsdüngerstickstoff wird damit besser ausgenutzt. Der Mineral-Stickstoffdünger-Anteil sollte 20—25 % betragen.

Abbildung 48: Rahmenschema für die Beschränkung von Bodennutzung und Düngung in einem Grundwasserschutzgebiet.

Quelle: Arbeitskreis Nitrat, Gruppe Landwirtschaft 1988 (137)

Erläuterungen: Wirtschaftsdüngermengen in Dungeinheiten (DE) je ha; Düngungszeitpunkt in Ziffer des Monats;
Standortgruppe a = Nitratrückhaltevermögen günstig
b = mittel
c = ungünstig
Kulturart/Nutzungsform + = geringe Gefahr für Nitrateintrag
— = große Gefahr
( ) = Einzelbeurteilung erforderlich

Kulturart bzw. Nutzungsform (3)	Schutzzone III Standortgruppe (4) a	b	c	Schutzzone II Standortgruppe (4) a	b	c
1. Wald (ohne geschlossene Erlenbestände)	+	+	+	+	+	+
1.1 Aufforstung	+	+	+	+	+	+
1.2 Baumobst mit Graseinsaat	+	+	+	+	+	+
2. Dauergrünland	+	+	+	+	+	+
— Wirtschaftsdüngermenge	3,0—1,5	3,0—1,5	2,5—1,3	3,0—1,5	2,5—1,3	2,5—1,0
— Ausbringungszeitraum	2—9,10	2—9,10	2—9,10	2—9,10	2—9,10	2—9,10
2.1 Grünlandneuansaat	+	+	+	+	+	+
— Wirtschaftsdüngermenge	2,5—1,5	2,5—1,5	2,5—1,3	2,5—1,5	2,5—1,3	2,5—1
— Ausbringungszeitraum	2—9	2—9	2,3—8,9	2—9	2,3—8,9	2,3—8,9
2.2 Grünlandwiederansaat	+	+	+	+	+	+
— Wirtschaftsdüngermenge	2,5—1,5	2,5—1,3	2—1	2,5—1,5	2,5—1	2—1
— Ausbringungszeitraum	2—9	2,3—8,9	2,3—8,9	2,3—8,9	2,3—8,9	2,3—8,9
3. Getreide mit Zwischenfrucht	+	+	+	+	+	+
— Wirtschaftsdüngermenge	2,5—1,5	2,5—1,3	2,5—1	2,5—1	2,5—1	2—1
— Ausbringungszeitraum						
— Getreide	1,2—5	1,2—4,5	2—4,5	1,2—4,5	2—4,5	2—4,5
— Zwischenfrucht	7—8,9	7—8,9	7—8,9	7—8,9	7—8,9	7—8,9
4 a Mais, Hackfrucht, Leguminosen, Weinreben, Hopfen	( )	( )	( )	( )	( )	( )
— Wirtschaftsdüngermenge	2,0—1,5	2—0,5	2—0	2—0	2—0	1,7—0
— Ausbringungszeitraum	2—5,6	3—5,6	3—5,6	2—5,6	3—5	3—5
4 b Getreide ohne Zwischenfrucht, Futtergräser, Raps, Tabak	( )	( )	( )	( )	( )	( )
— Wirtschaftsdüngermenge	2—1	2—0,5	2—0	2—0	2—0	1,7—0
— Ausbringungszeitraum	1—4,5	2—4,5	2—4,5	2—4,5	2—4,5	2—4,5
— Herbstdüngung Raps, Futtergräser (<⅓ Wirtschaftsdüngermenge)	7—8,9	7—8,9	7—8,9	7—8,9	7—8,9	7—8,9
4 c Gemüseanbau, stark zehrend und tiefwurzelnd	( )	( )	( )	( )	( )	( )
5. Gemüseanbau, schwach zehrend und flach wurzelnd	( )	( )	( )	( )	( )	( )
6. Kulturartenwechsel (Grünlandumbruch, Waldrodung)	—	—	—	—	—	—

Anmerkungen zu 4 c und 5.: In diesem Beispiel ist unterstellt, daß kein Wirtschaftsdünger verabreicht wird, was jedoch nicht prinzipiell gefordert werden kann.

- Die Verwendung von organischen Düngern ist auf den tatsächlichen Bedarf des Betriebes (begüllbare Fläche) auszurichten. — Wenn zuviel organischer Dünger anfällt, darf dieser nicht als „Übermaß" ausgebracht, sondern muß in anderer Weise verwertet werden (z. B. Güllebank, Verkauf, Nachbarschaftshilfe, Kompostierung). Wo diese Möglichkeiten nicht gegeben sind, wird künftig eine Verringerung des Viehbestandes auf das verträgliche Maß der Wirtschaftsdüngerverwertung im Betrieb (vor allem in Wasserschutzgebieten) unvermeidbar sein. — Wenn eine solche Reduzierung des Viehbesatzes in bestimmten Wasserschutzgebieten erforderlich erscheint und in die angeordneten Nutzungsbeschränkungen aufgenommen wird, sollten zu erwartende Verluste zumindest vorübergehend in die Ausgleichsleistungen einbezogen werden.
- Der „Arbeitskreis Nitrat" (gebildet aus Vertretern der Landwirtschaft und Wasserwirtschaft) hat in seinen Strategien zur Begrenzung des Nitrateintrags (137) ein nach Standortgruppen und Kulturarten differenziertes Rahmenschema für die Anwendung von Wirtschaftsdüngermengen in Dungeinheiten erarbeitet (siehe Abbildung 48). Es weist eine große Schwankungsbreite auf. Dies deutet einerseits auf den beachtlichen Einfluß unterschiedlicher Standortbedingungen hin, andererseits aber auch auf Unsicherheiten in der Beurteilung. Daher werden in den kommenden Jahren die voneinander abweichenden Auffassungen zu überprüfen und auf eine sachgerechte Linie zu korrigieren sein.

Die richtige Bemessung der Stickstoffdüngung sollte durch Fortentwicklung der Untersuchungs-, Meß- und Schätzverfahren (Prognose der Nitratdynamik), insbesondere auch für den praktischen Landwirt, verbessert werden. Gute und preisgünstige Geräte für die Schnellbestimmung von Güllestickstoff stehen zur Verfügung, während die Schnelltestgeräte für Böden und Pflanzen verbesserungsbedürftig sind.

Die Untersuchungsmethoden sollten eine zuverlässigere Abschätzung des während der Vegetationsperiode in pflanzenverfügbare Form überführten Bodenstickstoffs erlauben. Schließlich müssen für Beratung, Praxis und Wissenschaft ausreichende Untersuchungskapazitäten zur Verfügung stehen, damit die Frühjahrsberatung rechtzeitig und die Erfolgskontrolle im Herbst ausreichend mit Ergebnissen bedient werden können.

Fruchtfolge und Zwischenfruchtanbau sollten hinsichtlich ihrer Anpassung an die Funktion des Grundwasserschutzes und ihrer Anwendbarkeit überprüft werden. Hinzuweisen ist in diesem Zusammenhang auf ein Verfahren in der Schweiz. Es geht von der Feststellung aus, daß der Nitrataustrag in das Grundwasser um so kleiner ist, je länger die Nutzflächen (im Schutzgebiet) Bewuchs aufweisen. Man stellt für jeden Bewirtschafter im Wasserschutzgebiet den sogenannten „Brache-Index" fest und stuft nach dieser Zahl die Ausgleichsleistungen ab. — Obwohl mit diesem Verfahren ein hoher Kontrollaufwand verbunden ist, sollte bei künftigen Nutzungsbeschränkungen in Wasserschutzgebieten auch der Gesichtspunkt „Immergrün" in die Überlegungen einbezogen werden.

Die Ausbringungstechnik für Mineraldünger, flüssige Wirtschaftsdünger und Pflanzenschutzmittel bedarf besonders im Hinblick auf die erhöhten Anforderungen des

Wasserschutzes weiterer Verbesserungen. Dabei geht es sowohl um die exakte Dosierung und das „Anschlußfahren" als auch um problemloses Einstellen und Handhaben der Geräte. Bei Pflanzenschutzgeräten sind bereits nennenswerte Fortschritte erzielt worden. Während auch bei der Ausbringung von Mineraldüngern praktikable Lösungen bestehen, sind für die Anwendung von flüssigen Wirtschaftsdüngern exakt arbeitende technische Lösungen dringend vonnöten.

Eine intensivere und qualifizierte Beratung der Landwirte muß als einer der wichtigsten Schwerpunkte für den Grundwasserschutz angesehen werden. Die Produktionstechnik ist im Bereich der pflanzlichen Erzeugung infolge des hohen Niveaus der Bewirtschaftungsintensität schwieriger geworden. Sie erfordert eingehende Kenntnisse über die komplizierten Zusammenhänge im Wirkungsbereich Pflanze, Boden und Umwelt.

Voraussetzung hierfür sind praxisrelevante Versuchsergebnisse und für den jeweiligen Standort repräsentative Witterungsdaten, die gerade für die sachgerechte Anwendung von Stickstoffdüngern und Pflanzenschutzmitteln bedeutsam sind und nicht überall zur Verfügung stehen. Eine regelmäßige Fortbildung der Berater ist Voraussetzung für das Umsetzen neuer Erkenntnisse.

Die Bedeutung der Beratung geht aus einer jüngsten Umfrage hervor, die die Universität Hohenheim bei Landwirten angestellt hat, die mit ihren Wirtschaftsflächen Nutzungsbeschränkungen in Wasserschutzgebieten unterworfen sind (121). Bemerkenswert sind das Verständnis für die Grundwasserproblematik, der Wille zur Berücksichtigung von schützenden Maßnahmen, aber auch der vielfach angetroffene Mangel an speziellen Kenntnissen und Informationen.

Rechtliche Maßnahmen in Wasserschutzgebieten (Anordnungen, Kontrollen, Sanktionen) werden erst durch qualifizierte Beratung sachgerecht wirksam.

Die rechtliche Festsetzung von noch erforderlichen Wasserschutzgebieten und von Erweiterungen sollte zügig vorgenommen werden, damit möglichen Beeinträchtigungen schnell begegnet werden kann. Bei der fachlichen Abgrenzung sollte geprüft werden, ob Standorte mit unterschiedlicher Auswaschungsgefährdung mit Hilfe von meßbaren Kenngrößen der Bodenkunde und Hydrologie differenziert und kartografisch ausgewiesen werden können. Dann wären gezielt abgestufte und wirksamere Maßnahmen durchführbar und eine differenzierte Festsetzung von Ausgleichsleistungen bei unterschiedlichen Nutzungsbeschränkungen möglich.

Bei den Pflanzenschutzmitteln wurden die Wasserschutzgebietsauflagen verschärft und vereinfacht. Der Anwender weiß, welche Wirkstoffe er in Wasserschutzgebieten einsetzen darf und welche nicht. Dennoch verursacht die Festlegung des Grenzwertes im Ultraspurenbereich Unbehagen und Unsicherheit, zumal der neue Wert am 1. 10. 1989 in Kraft tritt.

Daher sollte eine Überprüfung des Grenzwertes mit dem Ziel erfolgen, einen angemessenen Vorsorge-Effekt mit einer Abschätzung des toxikologischen Gefahrenpotentials für jeden Wirkstoff zu kombinieren und einen neuen vertret- und realisierbaren Maßstab festzulegen.

Agrarpolitische Maßnahmen sollten möglichst weitgehend auf die erforderlichen ökologischen Bemühungen um den Grundwasserschutz in der Landwirtschaft abgestimmt werden. Als ein Beispiel wird nur die Förderungsmaßnahme zur Stillegung von Ackerflächen genannt. Wenn in einem solchen Projekt die Bewirtschaftung landwirtschaftlicher Nutzflächen für kürzere oder längere Zeit aufgegeben (oder auch nur eingeschränkt) wird, sollte ein Anreiz geboten werden, dies bevorzugt in Wasserschutzgebieten zu tun. Dies ist derzeit nicht der Fall. Bei weiteren und künftigen Maßnahmen, die dem allgemein Ziel einer „Ökologisierung der Landwirtschaft" folgen, dürften sich günstige Kombinationswirkungen anbieten.

9. Literatur

1	Bundesminister des Innern (Hrsg.)	1982	Wasserversorgungsbericht — Bericht über die Wasserversorgung in der BRD. Erich Schmidt Verlag.
2	Ministerium f. Ernährung, Landwirtschaft u. Forsten Baden-Württemberg (Hrsg.)	1987	Wasser. Umweltschutz in Baden-Württemberg. Broschüre.
3	Rohmann, U. u. H. Sontheimer	1985	Nitrat im Grundwasser — Ursachen, Bedeutung, Lösungswege. Herausgeber: Engler-Bunte Institut der Universität Karlsruhe.
4	Bundesminister für Wirtschaft (Hrsg.)	1988	Jahresbericht 1987 des Bundesministeriums für Wirtschaft über die Wasserwirtschaft. Wasser und Boden, 40. Jahrgang, H. 6/7, S. 330. Parey Verlag.
5	Ländergemeinschaft Wasser (Hrsg.)	1988	Wer den Tropfen nicht ehrt . . . Empfehlungen zum sparsamen Umgang mit Trinkwasser im Haushalt. Faltblatt.
6	Ländergemeinschaft Wasser (Hrsg.)	1987	LAWA-Grundwasserschutzprogramm 1987. Bericht über Gefährdungspotentiale und Maßnahmen zum Schutz des Grundwassers in der Bundesrepublik Deutschland. Erich Schmidt Verlag.
7	Deutscher Verein von Gas- und Wasserfachmännern e.V. (Hrsg.)	1975	Richtlinien für Trinkwasserschutzgebiete. 1. Teil: Schutzgebiete für Grundwasser. Arbeitsblatt W 101.
8	Bundesregierung	1986	Gesetz zur Ordnung des Wasserhaushalts (Wasserhaushaltsgesetz — WHG). Bekanntmachung der Neufassung vom 23. September 1986. BGBl. S. 1529.
9	Antze, M. H.	1975	Wasserschutzgebiete und Pflanzenschutzmittel. Schriftenreihe des Vereins für Wasser-, Boden- und Lufthygiene, Nr. 46.
10	Lorenz, K. F.	1987	Wasserhaushalt und Landwirtschaft. Schule und Beratung H. 3, S. I-3—I-7. Herausgeber: Bayer. Staatsministerium für Ernährung, Landwirtschaft und Forsten.
11	Bundesgesundheitsamt, Institut f. Wasser-, Boden- u. Lufthygiene	1988	Betr. Gülle- und Klärschlammausbringung in der Zone 2 von Trinkwasserschutzgebieten (Schreiben vom 28. 6. 1988 BI4/BV6-A 796/88 an das Medizinische Landesuntersuchungssamt Stuttgart).
12	Kuratorium für Technik und Bauwesen in der Landwirtschaft e.V. (KTBL) (Hrsg.)	1988	Umweltgerechte Entsorgung von Silosickersäften (bearbeitet von Dagmar Köbrich). KTBL-Arbeitspapier 117.
13	Minister für Umwelt, Raumordnung und Landwirtschaft des Landes Nordrhein-Westfalen (Hrsg.)	1985	Die Gülleverordnung. Schriftenreihe des MURL „Umweltschutz und Landwirtschaft" Nr. 2.

14	Bundesregierung	1986	Gesetz über die Vermeidung und Entsorgung von Abfällen (Abfallgesetz — AbfG) vom 27. Aug. 1986. BGBl. I S. 1410.
15	Niedersächsischer Minister für Ernährung, Landwirtschaft und Forsten	1983	Runderlaß vom 13. 4. 1983 — 318.2-031455. Maßnahmen gegen die Überdüngung mit Gülle und Geflügelkot. Niedersächsisches Ministerialblatt Nr. 22, S. 437.
16	Landesregierung des Landes Nordrhein-Westfalen	1984	Verordnung über das Aufbringen von Gülle und Jauche (Gülleverordnung) vom 13. März 1984. Gesetz- und Verordnungsblatt für das Land Nordrhein-Westfalen, S. 210.
17	Bundesminister des Innern	1982	Klärschlammverordnung — AbfKlärV — vom 25. Juni 1982. BGBl. S. 734.
18	Regierung des Landes Baden-Württemberg	1987	Gesetz zur Änderung wasserrechtlicher Vorschriften vom 27. Juli 1987; hier: Artikel 2, Änderung des Wassergesetzes für Baden-Württemberg. Gesetzblatt Baden-Württemberg S. 228.
19	Brugger, G.	1983	Klärschlammverwertung — ein Risiko für die Landwirtschaft? Kommunalzeitschrift des Gemeindetags „Die Gemeinde" H. 3.
20	Bundesregierung	1974	Gesetz zum Schutz vor schädlichen Umwelteinwirkungen durch Luftverunreinigungen, Geräusche, Erschütterungen und ähnliche Vorgänge (Bundes-Immissionsschutzgesetz — BImSchG). BGBl. I, S. 721.
21	Minister für Ernährung, Landwirtschaft und Forsten Schleswig-Holstein	1983	Flüssigmistrichtlinien vom 24. Oktober 1983. Amtsblatt Schleswig-Holstein, S. 433.
22	Bundesregierung	1986	Gesetz zum Schutz der Kulturpflanzen (Pflanzenschutzgesetz — PflSchG) vom 15. Sept. 1986. BGBl. I, S. 1505.
23	Reschke, M., H. Bötger u. F. O. Ripke	1987	Gute fachliche Praxis im Pflanzenschutz (Correct in plant protection). Gesunde Pflanzen, 39. Jahrgang, H. 12, S. 497—509.
24	Bundesminister für Ernährung, Landwirtschaft und Forsten	1987	Verordnung über Pflanzenschutzmittel und Pflanzenschutzgeräte (Pflanzenschutzmittelverordnung) vom 28. Juli 1987. BGBl. I, S. 1754.
25	Bundesminister für Ernährung, Landwirtschaft und Forsten	1988	Verordnung über Anwendungsverbote für Pflanzenschutzmittel (Pflanzenschutz-Anwendungsordnung) vom 27. Juli 1988. BGBl. I, S. 1196.
26	Schietinger, R.	1988	Anwendungsverbote in Wasserschutzgebieten. DLG-Mitteilungen, 103. Jahrgang, H. 17, S. 908—909.
27	Rat der Europäischen Gemeinschaften	1980	Richtlinie des Rates über die Qualität von Wasser für den menschlichen Gebrauch vom 15. Juli 1980. Amtsblatt der Europäischen Gemeinschaften Nr. L 229/11—29.
28	Bundesminister für Jugend, Familie und Gesundheit	1986	Verordnung über Trinkwasser und Wasser für Lebensmittelbetriebe (Trinkwasserverordnung — TrinkwV) vom 22. Mai 1986. BGBl. I, S. 760.

29	Bundesregierung	1979	Bundes-Seuchengesetz, Fassung der Bekanntmachung vom 18. Dezember 1979. BGBl. I, S. 2262.
30	Bundesregierung	1974	Lebensmittel- und Bedarfsgegenständegesetz vom 15. August 1974. BGBl. I, S. 1945 u. 1946.
31	Regierung des Landes Baden-Württemberg (Hrsg.)	1988	Statistisch-prognostischer Bericht 1987/88 über Grund-, Quell- und Trinkwasserqualität in Baden-Württemberg. S. 95—117.
32	Bundesregierung	1987	Wasch- und Reinigungsmittelgesetz vom 20. August 1975, Bekanntmachung der Neufassung vom 5. März 1987, BGBl. I, S. 875.
33	Häfner, M.	1986	Das Öko-Testbuch. Mitmachen — die Umwelt retten. Analysen und Experimente zur Eigeninitiative. Falken-Verlag.
34	Bundesverband der Deutschen Gas- und Wasserwirtschaft e.V.		Schreiben vom 26. 8. 1988 an E. Toussaint betr. Statistik der Wasserversorgung.
35	Fachnormenausschuß Wasserwesen (FNW) im Deutschen Normenausschuß (DNA) (Hrsg.)	1973	DIN-2000, Zentrale Trinkwasserversorgung, Leitsätze für Anforderungen an Trinkwasserplanung, Bau und Betrieb der Anlagen, DK 628.1.033 vom November 1973.
36	Fachnormenausschuß Wasserwesen (FNW) im Deutschen Normenausschuß (DNA) (Hrsg.)	1959	DIN-2001, Leitsätze für die Einzel-Trinkwasserversorgung, DK 628.18.
37	Länderarbeitsgemeinschaft Wasser (Hrsg.)	1987	LAWA-Wasserversorgungsbericht 1986. Bericht über die Beschaffenheit des Trinkwassers in der BRD und Maßnahmen zur Erhaltung einer sicheren Wasserversorgung. Erich Schmidt Verlag.
38	Deutsche Landwirtschaftsgesellschaft (Hrsg.)	1988	Sauberes Wasser und moderne Landbewirtschaftung — ein Gegensatz? (Strategien zur Verminderung der Grundwasserbelastung durch Dünge- und Pflanzenschutzmittel). Vorträge und Ergebnisse des DLG-Kolloquiums am 14. und 15. Dezember 1987.
39	Statistisches Landesamt Baden-Württemberg (Hrsg.)	1984	Wasserversorgung und Abwasserbeseitigung 1983. Schriftenreihe „Statistik von Baden-Württemberg", H. 361.
40	Statistisches Landesamt Baden-Württemberg (Hrsg.)	1988	Beschaffenheit des Trinkwassers 1985. Schriftenreihe „Statistik von Baden-Württemberg", H. 381.
41	Rohmann, U.	1987	Zukünftiger Grundwasserschutz — Landwirtschaft und Wasserwirtschaft in gemeinsamer Verantwortung. Beiträge zur kommunalen Versorgungswirtschaft, H. 68, S. 73—101.
42	Hessische Landesanstalt für Umwelt (Hrsg.)	1986	Trinkwasser- und Heilquellenschutzgebiete in Hessen. Schriftenreihe „Umweltplanung, Arbeits- und Umweltschutz", H. 61.

43 Ministerium für Umwelt und Gesundheit von Rheinland-Pfalz (Hrsg.) 1985 Nitratgehalt im Grundwasser. Bericht der Landesregierung betreffend Sofortmaßnahmen zur Reduzierung des Nitratgehaltes im Grundwasser.

44 Werner, G. 1983 Die Entwicklung der Nitratkonzentration in den von der Landeswasserversorgung genutzten Grundwasservorkommen der letzten 50 Jahre. LW-Schriftenreihe des Zweckverbandes Landeswasserversorgung, H. 3.

45 Gießl, H. u. K. Hurle 1986 Pflanzenschutzmittel im Grundwasser — Untersuchungen zum Vorkommen des Herbizids Atrazin im Grundwässern der Schwäbischen Alb. Agrar- und Umweltforschung in Baden-Württemberg, H. 8.

46 Hurle, K., H. Gießl u. J. Kirchhoff 1987 Über das Vorkommen einiger ausgewählter Pflanzenschutzmittel im Grundwasser. Schriftenreihe des Vereins für Wasser-, Boden- und Lufthygiene e.V., H. 68, S. 169—190.

47 Roth, Maria 1987 Grundwasserbelastung durch Pflanzenschutzmittel in Baden-Württemberg. Konzeption — Ergebnisse — Ausblick. Schriftenreihe des Vereins für Wasser-, Boden- und Lufthygiene e.V., H. 68, S. 191—201.

48 Werner, G. 1987 Strategien und Ergebnisse der Überwachung der Rohwasserqualität von Grundwasserförderungsanlagen auf Kontamination durch Pflanzenschutzmittel. Schriftenreihe des Vereins für Wasser-, Boden- und Lufthygiene e.V., H. 68, S. 149—168.

49 Roth, Maria 1988 Pflanzenschutzmittelkontaminationen im Grund- und Trinkwasser. Eine Übersicht für Baden-Württemberg. Schriftenreihe des Vereins für Wasser-, Boden- und Lufthygiene e.V., H. 79, S. 365—373.

50 Bundesverband der Deutschen Gas- und Wasserwirtschaft e.V. 1988 Vorkommen von Pflanzenschutzmittel-Wirkungen in Brunnen-, Uferfiltrat-, Quellen- und Grundwasser. Manuskript BGW. Tabelle.

51 Industrieverband Pflanzenschutz (IPS) (Hrsg.) 1987 Pflanzenschutzwirkstoffe und Trinkwasser — Ergebnisse einer Untersuchungsreihe der Pflanzenschutzindustrie. Eigenverlag. Broschüre.

52 Amann, W., M. Schuster, W. Gilsbach, H. Kees u. A. Rappl 1988 Auftreten von Pflanzenschutzmitteln im Grundwasser in Bayern. Schriftenreihe des Vereins für Wasser-, Boden- und Lufthygiene e.V., H. 79, S. 159—181. Gustav Fischer Verlag.

53 Stock, R., P. Friesel u. G. Milde 1987 Grundwasserkontaminationen durch Pflanzenbehandlungsmittel in der Niederen Geest Schleswig-Holsteins und im Emsland. Schriftenreihe des Vereins für Wasser-, Boden- und Lufthygiene e.V., H. 68, S. 209.

54 ECETOC (European Chemical Industry, Ecology and Toxicology Centre) (Hrsg.) 1988 Nitrate and Drinking Water. ECETOC Technical Report, H. 27.

55	Kommission d. Europäischen Gemeinschaften, Generaldirektion Umwelt, Verbraucherschutz u. nukleare Sicherheit (Hrsg.)	1987	Arbeitspapier über den Schutz des Süßwassers gegen Verschmutzung durch Stallmist und übermäßigen Einsatz von Stickstoffdüngern. XI/377./87-DE.
56	Biologische Bundesanstalt für Land- und Forstwirtschaft (Hrsg.)	1986	Pflanzenschutzmittel-Verzeichnis 1986/87, Teil 1: Ackerbau — Wiesen und Weiden — Hopfenbau — Sonderkulturen — Nichtkulturland — Gewässer. S. 15.
57	Oehmichen, U.	1988	Wo liegen die derzeitigen Probleme und deren Ursachen — aus der Sicht der Trinkwasserverordnung? DLG-Arbeitsunterlagen, S. 23—26. Herausgeber: DLG-Verlag. (Sekundärquelle: Sauberes Wasser und moderne Landbewirtschaftung — ein Gegensatz?)
58	Hässelbarth, U.	1987	Zur Erfassung und Bewertung von Pflanzenbehandlungs- und Schädlingsbekämpfungsmitteln in Trinkwässern entsprechend der Novelle der Trinkwasserverordnung. Schriftenreihe des Vereins für Wasser-, Boden- und Lufthygiene e.V., H. 68, S. 45—50. Gustav Fischer Verlag, Stuttgart.
59	Niedersächsisches Ministerium für Ernährung, Landwirtschaft und Forsten (Hrsg.)	1983	Hinweise zur Reduzierung der Nitratbelastung des Grundwassers im Bereich der landwirtschaftlichen Erzeugung. Broschüre im Eigenverlag.
60	Ohnesorge, F. K.	1987	Was ist ein gutes Trinkwasser? Beurteilungskriterien, amtliche Grenzwerte — wer setzt sie, überwacht sie, glaubt an sie? Stellungnahme für das Institut für Europäische Umweltpolitik.
61	Lingk, W.	1988	Wo liegen die derzeitigen Probleme und deren mögliche Ursachen aus der Sicht der Medizin? DLG-Arbeitsunterlagen. Vorträge und Ergebnisse des DLG-Kolloquiums am 14. und 15. Dezember 1987.
62	Bundesminister für Jugend, Familie, Frauen und Gesundheit	1984	Pflanzenschutzmittel-Höchstmengenverordnung vom 18. April 1984, BGBl. I, S. 635, zuletzt geändert durch die Zweite Verordnung zur Änderung der Pflanzenschutzmittel-Höchstmengenverordnung vom 25. April 1988, BGBl. I, S. 563.
63	Welt-Gesundheits-Organisation (WHO)	1984	Guidelines for Drinking Quality (Richtwerte). Vol. 1 Recommendation, WHO, Geneva.
64	Dieter, H. H.	1988	Grenzwerte für Pflanzenschutz- und Schädlingsbekämpfungsmittel im Trinkwasser: Toxikologische contra hygienisch-ästhetische Qualitätskriterien? BGBl. 31, Nr. 1.
65	Lichtenthaler, H. K. u. C. Buschmann	1984	Das Waldsterben aus botanischer Sicht. G. Braun Druckerei, Karlsruhe.
66	Sauerbeck, D.	1984	Die land- und wasserwirtschaftliche Bedeutung des Stickstoffkreislaufs im Boden. Gewässerschutz — Wasser — Abwasser, H. 65, S. 627—661.

67	Triboi, E. u. L. Gachon	1986	Transfert des nitrates dans le sol en relation avec le système de culture. Devenir de l'azote mineral apporte comme engrais (Vortrag Internat. Kongreß „Nitrates dans les eaux", Paris). BASF-Mitteilungen für den Landbau, H. 2, S. 64, 66, 67.
68	BASF AG	1986	Nitrat im Trinkwasser — Sündenbock Landwirtschaft? BASF-Mitteilungen für den Landbau, H. 2, S. 67.
69	Vetter, H.	1985	Moderner Acker- und Pflanzenbau aus Sicht der organischen Düngung. Bibliothek und Technik. Verlag Wissenschaft und Politik, Köln.
70	Ruhr-Stickstoff AG (Hrsg.)	1988	Faustzahlen für Landwirtschaft und Gartenbau. 11. überarbeitete Auflage 1988. Verlagsunion Agrar.
71	Bundesminister für Ernährung, Landwirtschaft und Forsten (Hrsg.)	1988	Statistisches Jahrbuch über Ernährung, Landwirtschaft und Forsten 1987. Verlag Paul Parey.
72	Ministerium für Ländlichen Raum, Landwirtschaft und Forsten Baden-Württemberg (Hrsg.)	1987	Beratungsgrundlagen für die Düngung im Ackerbau und auf Grünland.
73	Vetter, H.	1987	Einfluß der organischen Substanz auf den Stickstoffvorrat im Boden. Vortrag 17. 12. 1987. Protokoll FIP Round-Table-Gespräch „Stickstoff", S. 19—22.
74	Bach, M.	1987	Die potentielle Nitrat-Belastung des Sickerwassers durch die Landwirtschaft in der Bundesrepublik Deutschland. Göttinger Bodenkundliche Berichte, H. 93, S. 1—186.
75	Becker, K. W.	1987	Die Stickstoff-Bilanz-Quantifizierung. Vortrag 17. 12. 1987. Protokoll FIP Round-Table-Gespräch „Stickstoff", S. 12—13.
76	Meyer, B.	1987	Die Stickstoff-Bilanz-Vorstellung eines Modells. Vortrag 17. 12. 1987. Protokoll FIP Round-Table-Gespräch „Stickstoff", S. 1—3.
77	Buchner, A. u. H. Sturm	1985	Gezielter düngen (intensiv — wirtschaftlich — umweltbezogen). Verlagsunion Agrar.
78	Leuchs, W. u. G. Einars	1987	Nitrateintrag und Nitratabbau. Schriftenreihe des Bundesministers für Ernährung, Landwirtschaft und Forsten „Angewandte Wissenschaft, Nitratbelastung des Grundwassers", H. 350. Landwirtschaftsverlag Hiltrup.
79	Schweiger, P.	1988	Nitratuntersuchungen von Böden in Wasserschutzgebieten — Herbst 1987. Informationen für die Pflanzenproduktion, Ministerium für den Ländlichen Raum Stuttgart, H. 1, S. 89.
80	Obermann, P.	1987	Der Nitrateintrag in das Grundwasser und der Nitratabbau im Grundwasserleiter. Dokumentation der Würzburger Tagung vom 9./10. April 1987 der Verbände der Landwirtschaftskammern und Stickstoffindustrie, S. 6—33.

81 Hille, M. 1982 Erhebung über Art und Menge von chemischen Produkten in Verwendungsbereichen, in denen sie zu Umweltbelastungen führen. Umweltforschungsplan des Bundesministers des Innern. Forschungsbericht 1060 1006.

82 Meinert, G. u. M. Häfner 1987 Möglichkeiten und Probleme bei der Anwendung von Pflanzenbehandlungsmitteln in Wasserschutzgebieten. Schriftenreihe des Vereins für Wasser-, Boden- und Lufthygiene e.V., H. 68, S. 51—63. Gustav Fischer Verlag, Stuttgart.

83 Haase, K. 1987 Emissionsvermeidung oder Immissionsbeseitigung zur Einhaltung des Nitratgrenzwertes im Trinkwasser (Eine gesamtwirtschaftliche Nutzen-Kosten-Analyse). Schriftenreihe des Bundesministers für Ernährung, Landwirtschaft und Forsten; Reihe A: Angewandete Wissenschaft, H. 347. Landwirtschaftsverlag Hiltrup.

84 Wohlrab, B. 1988 Nitratbelastung des Grundwassers durch die landwirtschaftliche Bodennutzung — Strategien zur Lösung dieses Problems. Informationen für Beratung und Verwaltung 57/88. Hessisches Landesamt für Landwirtschaft.

85 Steffen, G. 1987 Die Gestaltung und betriebswirtschaftliche Bewertung von Fruchtfolgen in integrierten Anbausystemen. Arbeit aus dem Schwerpunkt „Umweltverträgliche und standortgerechte Landwirtschaft" der Landwirtschaftlichen Fakultät der Universität Bonn.

86 Scharpf, H. C., B. Budig u. J. Wehrmann 1987 Lösungswege für das Nitratproblem am Beispiel eines Gemüsebetriebes im Wasserschutzgebiet. Integrierter Pflanzenbau, Praxis-Report 1, Informationsblatt.

87 Diercks, R. 1983 Alternativen im Landbau: Eine kritische Gesamtbilanz. Eugen Ulmer Verlag, Stuttgart.

88 Niemann, P. 1988 Das Schadensschwellenkonzept bei der Unkrautbekämpfung. Sekundärquelle: Haug, G., G. Schuhmann und G. Fischbeck: Pflanzenproduktion auf neuen Wegen. VCH-Verlag Weinheim (im Druck).

89 Ministerium für Ernährung, Landwirtschaft, Umwelt und Forsten Baden-Württemberg (Hrsg.) 1982 Integrierter Pflanzenschutz in Baden-Württemberg. Faltblatt.

90 Auswertungs- und Informationsdienst für Ernährung, Landwirtschaft und Forsten (AID) (Hrsg.) 1985 Integrierter Pflanzenschutz. Informationsheft Nr. 1032.

91 Herzel, F. 1987 Einstufung von Pflanzenschutzmitteln aus der Sicht des Trinkwasserschutzes. Nachrichtenblatt Deutscher Pflanzenschutzdienst, H. 37, S. 97—104. Eugen Ulmer Verlag, Stuttgart.

92	Toussaint, E.	1988	Maßnahmen zum Schutz des Grundwassers in Baden-Württemberg im Landwirtschaftsbereich. Produktionsfaktor Umwelt/Wasser, S. 253—271. VDI Verlag, Landwirtschaftsverlag.
93	Bundesminister für Ernährung, Landwirtschaft und Forsten (Hrsg.)	1988	BML-Jahresbericht für Wasserwirtschaft, Haushaltsjahr 1987. Wasser und Boden H. 6/7, S. 326.
94	Regierung des Landes Baden-Württemberg	1987	Gesetz zur Änderung des Wassergesetzes für Baden-Württemberg (Entgelt für Wasserentnahmen) vom 27. Juli 1987. Gesetzblatt Baden-Württemberg, S. 224.
95	Ministerium für Umwelt Baden-Württemberg	1987	Verordnung des Ministeriums für Umwelt über Schutzbestimmungen in Wasser- und Quellenschutzgebieten und die Gewährung von Ausgleichszahlungen (Schutzgebiets- und Ausgleichs-Verordnung — SchALVO). Gesetzblatt Baden-Württemberg, S. 742.
96	Scharpf, H. C., M. Budig u. J. Wehrmann	1986	Lösungswege für das Nitratproblem am Beispiel eines Gemüsebaubetriebes im Wasserschutzgebiet. VDLUFA-Schriftenreihe, Kongreßband 1985.
97	Kinzelbach, W.	1988	Hydraulische Aspekte des Nitrattransports im Untergrund und Nitratbilanzierung. Vortrag im Rahmen des deutsch-französischen Kolloquiums „Nitratbelastung des Grundwassers" am 6. 10. 1988 in Stuttgart.
98	Bayerisches Staatsministerium des Innern		Gesetz zur Änderung des Bayerischen Wassergesetzes vom 10. 12. 1987. Bayerisches Gesetz- und Verordnungsblatt (GVBl.), S. 426.
99	Anonym	1988	Landwirtschaft und Gewässerschutz. Presseartikel von Staatsministerin Irmgard Reichardt zum Entwurf des Hessischen Wassergesetzes. Hessenbauer, Nr. 30.
100	Senat von Berlin		Entwurf eines Schreibens des Senats von Berlin an das Abgeordnetenhaus von Berlin zur Änderung des Berliner Wassergesetzes. Berliner Wassergesetz (BWG) vom 23. 2. 1960, GVBl., S. 133, zuletzt geändert durch Gesetz vom 30. 11. 1981, GVBl., S. 1470.
101	Universität Stuttgart, Institut für Wasserbau (Hrsg.)	1987	Faltblatt „Forschung im Bereich Grundwasser".
102	Mull, R., W. Meier u. H. Nordmeyer	1986	Nitrat im Grundwasser — Bestandsaufnahme und Handlungsbedarf für die niedersächsische Verwaltung. Unveröffentlichte Studie der Universität Hannover.
103	Bayerische Landesregierung (Hrsg.)	1987	Antwort der Bayerischen Landesregierung auf die Interpellation der Fraktion DIE GRÜNEN im Bayerischen Landtag zum Thema Pestizidrückstände im Grundwasser (DS 11/67).
104	Anonym	1988	Klärschlamm: Zeitbombe für die Bauern? Landwirtschaftliches Wochenblatt Westfalen-Lippe vom 29. 9. 1988, Jahrgang 145, H. 39, S. 16.

105	Deutscher Bundestag (Hrsg.)	1985	Sondergutachten „Umweltprobleme der Landwirtschaft" des Rates der Sachverständigen. Bundestagsdrucksache 10/3613 (Tab. 4.41), S. 280.
106	Ditter, P.	1987	Geräte zur manometrischen und gasvolumetrischen Schnellbestimmung von Ammonium-Stickstoff in Flüssigmist. KTBL-Arbeitsblatt 0227.
107	Koppe, P. u. C. M. Hacker	1988	Entwicklung der Wassermengen- und Wassergütewirtschaft hinsichtlich ihrer Bedeutung für den Interessenkonflikt zwischen Wasserversorgung und Landwirtschaft. Produktionsfaktor Umwelt—Wasser, S. 119—135. VDI-Verlag und Landwirtschaftsverlag.
108	GEWOS (Hrsg.)	1988	Bauen und Umweltschutz, Gewässerschutz in der Bundesrepublik Deutschland, Länderberichte — Umfragen — Fallstudien. Ergebnisbericht vom Dezember 1988 der GEWOS, Hamburg.
109	Aurand, K.	1987	Zur Verbesserung des Grundwasserschutzes bei Anwendung von Pflanzenschutzmitteln. Schriftenreihe des Vereins für Wasser-, Boden- und Lufthygiene e.V., H. 68, S. 71—80. Gustav Fischer Verlag, Stuttgart.
110	König, K.	1988	Aktuelle Fragen des Pflanzenschutzes aus der Sicht des Freistaates Bayern. Vortrag in der Plenarsitzung der 46. Deutschen Pflanzenschutztagung. Mitteilungen der Biologischen Bundesanstalt Oktober 1988, H. 245, S. 17—20.
111	Statistisches Bundesamt (Hrsg.)	1988	Düngemittelerzeugung und -verwendung 1950/51 bis 1986/87. Fachserie 4, Reihe 8. Kohlhammer Verlag.
112	Deutsche Landwirtschafts-Gesellschaft (DLG) (Hrsg.)	1983	Nitrat — ein Problem für unsere Trinkwasserversorgung? Arbeiten der DLG, Heft 177.
113	Verbindungsstelle Landwirtschaft — Industrie (Hrsg.)	1988	Produktionsfaktor Umwelt: Wasser. VDI-Verlag und Landwirtschaftsverlag.
114	Deutscher Verein des Gas- und Wasserfaches (DVGW) (Hrsg.)	1988	Richtlinien für Wasserschutzgebiete — Bodennutzung und Düngung. DVGW-Merkblatt W-104, Entwurf vom September 1988.
115	Schlatter, C.	1984	Wieviel Nitrat verträgt der Mensch? (VDLUFA-Kongreßband zum Thema „Nitrat"). Landwirtschaftliche Forschung, S. 692.
116	Haber, W.	1988	Vortrag „Umweltgutachten" vor der Arbeitsgemeinschaft für Umweltfragen e.V. Bonn.
117	Werner, W.	1987	Mit gezielter Bodenbearbeitung die Ernährung der Pflanze optimieren. Integrierter Pflanzenbau — Bodenbearbeitung. FIP-Schriftenreihe, H. 3, S. 29—42.
118	Zentralstelle für Agrardokumentation und -information (Hrsg.)	1987	Forschungsvorhaben im Bereich der Landbau-, Ernährungs-, Forst- und Holzwirtschaftswissenschaften sowie der Veterinärmedizin. Teil 1. Landbauwissenschaften.

119	Welte, E. u. F. Timmermann	1982	Über den Nährstoffeintrag in Grundwasser und Oberflächengewässer aus Boden und Düngung (Auswertung eines 6jährigen Forschungsprogramms des Verbandes Deutscher Landw. Untersuchungs- u. Forschungsanstalten). Herausgeber: Verband Deutscher Landw. Untersuchungs- u. Forschungsanstalten. Selbstverlag VDLUFA.
120	Bundesregierung	1977	Düngemittelgesetz vom 15. November 1977. BGBl. I, S. 2134.
121	Institut für Agrarsoziologie, Landw. Beratung und Angewandte Psychologie (Hrsg.)	1988	Probleme der Landbewirtschaftung. Forschungsbericht der Universität Hohenheim vom September 1988.
122	Bundesminister für Ernährung, Landwirtschaft und Forsten (Hrsg.)	1987	Nitratbelastung des Grundwassers — Kurzfassungen. Schriftenreihe „Angewandte Wissenschaft", H. 350. Landwirtschaftsverlag GmbH, Hiltrup.
123	Bundesminister für Ernährung, Landwirtschaft und Forsten (Hrsg.)	1988	Denitrifikation in der ungesättigten Zone. Schriftenreihe „Angewandte Wissenschaft", H. 358. Landwirtschaftsverlag GmbH, Hiltrup.
124	Bundesminister für Umwelt, Naturschutz und Reaktorsicherheit (BMV) (Hrsg.)	1986	Leitlinien Umweltvorsorge. Umweltbrief Nr. 33 vom 17. 12. 1986.
125	Deutscher Bundestag	1987	Umweltgutachten 1987 (Unterrichtung durch die Bundesregierung). BT-Drucksache 11/1565.
126	Fördergemeinschaft Integrierter Pflanzenbau (Hrsg.)	1987	Ergebnisprotokoll Round-Table-Gespräch „Stickstoff" in Hannover. Umdruck FIP.
127	Isermann, K.	1988	Stickstoffbilanzen bzw. -salden sowie Verhältnisse von Stickstoffzufuhren und -entzügen mit den Ernteprodukten bei unterschiedlicher Landbewirtschaftung innerhalb der Bundesrepublik Deutschland. Arbeit der Landw. Versuchsstation der BASF AG.
128	Jürgens-Geschwind, S. u. T. R. Owen	1986	Nitrat im Trinkwasser — Sündenbock Landwirtschaft? BASF AG-Mitteilungen für den Landbau, H. 2.
129	Krüll, H.	1987	Möglichkeiten zur Erstellung einer Stickstoffbilanz in den Kreisen der BRD. Arbeit der Forschungsgesellschaft für Agrarpolitik und Agrarsoziologie e.V., S. 1—35.
130	Länderarbeitsgemeinschaft Wasser (Hrsg.)	1988	LAWA-Jahresbericht 1987. Wasser und Boden, 40. Jahrgang, H. 6/7, S. 331.
131	Müller-Wegener, U. u. G. Milde	1988	Schutzstrategien für Trinkwasser — Gefährdung des Grundwassers durch landwirtschaftliche Pflanzenschutzmittelanwendung. Entsorgungs-Praxis, H. 6. Zeitschrift.

132	Ritter, R.	1984	Das Nitratproblem in Grund- und Trinkwasser. Forum „Städte, Hygiene", 35. Jahrgang, S. 101—106.
133	Schnepf, R.	1987	Nitratprobleme und konkrete Lösungsansätze in Baden-Württemberg. Wiener Mitteilungen „Wasser — Abfall — Gewässer", H. 75.
134	Verein für Wasser-, Boden- und Lufthygiene (Hrsg.)	1987	Grundwasserbeeinflussung durch Pflanzenschutzmittel. Gewässer und Pflanzenschutz V, 5. Fachgespräch in Berlin vom 21. 11. 1985. Schriftenreihe des Vereins für Wasser-, Boden- und Lufthygiene, H. 68. Gustav Fischer Verlag, Stuttgart.
135	Villinger, E.	1987	Pflanzenschutzmittel und Grundwasserschutz in Baden-Württemberg — Ein Beitrag aus hydrogeologischer Sicht. Wasser und Abwasser, 128. Jahrgang, H. 12, S. 629—635.
136	Welte, E., u. F. Timmermann	1985	Düngung und Umwelt. Materialien zur Umweltforschung, herausgegeben vom Rat der Sachverständigen für Umweltfragen, H. 12. W. Kohlhammer GmbH, Stuttgart.
137	Arbeitskreis Nitrat, Gruppe Landwirtschaft (Hrsg.)	1988	Strategien zur Ermittlung der Nitratbelastung und das Festlegen von Maßnahmen zur Begrenzung des Nitrateintrages für die Landbewirtschaftung in Grundwasserschutzgebieten. Deutsche Bauernkorrespondenz, H. 10.
138	Nieder, H. (Hrsg.)	1985	Nitrat im Grundwasser — Herkunft, Wirkungen, Vermeidung. VCH-Verlag Weinheim.
139	Rengeling, H.-W.	1989	Umweltvorsorge und ihre Grenzen im EWG-Recht. Schriftenreihe Recht-Technik-Wirtschaft, H. 50. Carl Heymanns Verlag.
140	Verein für Wasser-, Boden- und Lufthygiene (Hrsg.)	1989	Pflanzenschutzmittel und Grundwasser — Bestandsaufnahme, Verhinderungs- und Sanierungsstrategien. Schriftenreihe des Vereins für Wasser-, Boden- und Lufthygiene, H. 79. Gustav Fischer Verlag Stuttgart.
141	Landesregierung Nordrhein-Westfalen	1989	Wassergesetz für das Land Nordrhein-Westfalen (Landeswassergesetz — LWG) vom 4. 7. 1979 (GV.NW. S. 488), zuletzt geändert durch Gesetz vom 14. 3. 1989 (GV.NW. S. 194).
142	Gelsenwasser AG	1989	Aufbereitung bringt erwünschten Erfolg, Aktivkohlepulver gegen Pflanzenschutz-Behandlungsmittel, Gelsenwasser stellt neue Anlage vor.

10. Verzeichnis der Abbildungen